專家和學者對本書的讚譽（依姓氏筆畫排序）

一位認真的老師穿上羅馬人的寬外袍到校，因為他要進行古羅馬的課程。他認真教學的舉措打錯靶了嗎？從認知科學的視角來詮釋，會有什麼不同的看見嗎？本書值得認真投入實務現場的老師用來思考自我的教學。

——吳麗君，國立臺北教育大學教育學系教授

十個關鍵問題、十個認知原則，這本書以有趣實用的方式告訴我們：身為教師，我們得知道大腦喜歡怎麼學，而後才能設計出幫助學生的教學活動。

——林玫伶，國立清華大學客座助理教授

把觀念有效的放進別人腦中，就跟把錢賺進自己口袋一樣的充滿挑戰。作者分析了大腦運作以及學生不愛上學的原因，值得你我一起來探索。

——邱世明，臺北市立大學教育學系副教授

如果上學像看電影一樣有趣，我相信每位學生都會樂在其中。本書不但告訴您如何有效學習，還告訴您為什麼。

——徐建國，臺北市私立衛理女子中學校長

學生為何不喜歡上學，已成為教師心中的大哉問。本書根據

認知心理學的重要研究，清楚闡述大腦運作與學習知識的程序；並以實用的觀點，提出學習的相關原則。其中如思考之後才會有記憶、反覆練習能夠降低腦力所需空間、智能可以透過努力而改善等。對於希望提升學生學習動機的教師，本書是不可或缺的教育指南，值得一讀再讀。

——秦夢群，國立政治大學教育行政與政策研究所名譽教授

學生不喜歡上學，可能是學習時沒有獲得適性的教學以及獲得成就感。本書從認知心理學的研究成果剖析大腦學習的奧祕，有助於老師及學生發展有效的教學與學習策略，獲得學習的喜悅！

——陳學志，臺灣師範大學教育心理與輔導學系研究講座教授

雖然教學是種專業，可是要讓學生更有效學習，僅僅讓學校教師負責，這種想法不太實際，很多時候家長的共同參與，同理教師面對的辛酸，也是非常必要的。因此這也是一本關心小孩課業的家長需要好好研讀的好書！

——黃貞祥，國立清華大學生命科學系副教授

學生為什麼學不會？為什麼缺乏學習意願？這些問題絕對是教育前線老師最最頭疼的難題。這本書讓我們重新了解腦袋的喜好和運作，讓我們真正「辨症論治」去探討更適合學生的教學模式。所有教育工作者，以及家長都希望學生的學習過程是愉快的，因此，這是一本值得我們仔細閱讀的好書！

——黃雪萊，馬來西亞培風中學校長

作者以清楚流暢的文字，恰到好處的案例，揭開了隱藏在關鍵學習問題背後的大腦機制。這本書值得每一位家長跟教育工作者讀三遍；如果有空，就讀十遍。我要開始讀第二遍了。

——鄭國威，泛科知識總編輯與共同創辦人

這是一本教育版的「流言終結者」，作者以學術研究、論文為基礎，讓我們破除許多教育的迷思，更清楚該怎麼面對學生。

——賴以威，臺灣師範大學電機系副教授、數感實驗室共同創辦人

國外各界對本書的讚譽

很少書能像本書一樣，專為教師而寫，並同時包含易懂的理論原則和實用的教學策略。教育工作者在年復一年的教學中，都可以反覆閱讀並重新體會這本好書。

——潔絲明・連恩（Jasmine Lane），明尼蘇達州高中英文教師

本書好讀易懂且實用，由傑出認知科學家所撰，闡述有效教學的共同根源。本書筆調風趣，又有實證研究權威，這是我所知道最佳的教育指南，是一本經典之作，從幼兒園到研究所的教育工作者都應該人手一本。

學校教師和在家自學的陪伴者都應該閱讀本書。作者是傑出的認知科學家，解說也十分精彩，讓讀者能獲取最新的科學知識，了解事實型的知識對於個人的能力和成功有多麼重要。作者教我們究竟如何能讓年輕人愛上學習事實型知識！這是很了不起的貢獻！

——赫許（E. D. Hirsch, Jr.），維吉尼亞大學榮譽教授

作者是認知科學家群中少見的優秀作家，本書內容是關於學校學習的書籍，讀起來就像在野外與冒險新國度中的一趟旅程。對教師和家長，甚至學生而言，每一頁都有驚喜，比方說，你知道我們的大腦天生不是用來思考的嗎？

——杰・馬修（Jay Mathews），《華盛頓郵報》教育專欄作家

教育工作者會喜歡這本好書。作者用清楚且有說服力的文字，告訴我們認知革命中最重要的發現，可以如何用來改善教學、啟發課堂上的學生。

——約翰・加布里埃利（John Gabrieli），麻省理工學院健康科技與認知神經科學Grover Hermann基金會教授

關於孩子如何學習，本書提供諸多研究、論據，能幫助讀者成為更有效能的教育工作者。

——喬・雷納（Joe Riener），華盛頓特區威爾森高中英文教師

精彩的分析。

——《華爾街日報》

批判性思考的傑作。

——《華盛頓郵報》

以淺顯易懂、饒富趣味的文筆，結合了認知科學對於「學習」的研究以及頗具啟發性的例子，指出學生求學時面臨的挑戰。本書一大亮點，在於作者彙整了各種明確的課堂上的應用，能增進教師的教學。本書的風格和內容上都堪稱傑作，也是每位教師的必備寶典。

——馬克・麥克丹尼爾（Mark McDaniel），聖路易斯華盛頓大學教授以及《超牢記憶法》（Make It Stick）共同作者

作者在本書中清楚揭示了能改善教育的重要想法，這些想法都來自於認知科學的研究以及學生學習方式的證據，並提供簡單易懂且發人深省的例子，不論是教育工作者，甚或是對學校教育有興趣的任何人，都會覺得這些例子很具有說服力。本書自出版以來迄至於今，對於教學和學習的文獻都有重要貢獻。作者以極具專業的眼光，從諸多方面對於「認知」進行探討，然後應用這些知識，並提出實際操作的建議，讓教師可以運用在課堂中，強化教學技巧。本書全新增訂版，正逢全美國大幅增加使用遠距教學之際，書中也專門探討了關於「科技運用於教學」的最新研究發現，並提出許多重要問題，供教育工作者自問，以判斷是否要採用新科技和新的教學工具。無庸置疑的是：這本開創性的著作，現在出版的全新增訂版恰逢其時。

——約翰・金恩（John B. King, Jr.），美國第十任教育部長，
美國教育信託（The Education Trust）總裁兼執行長

本書的全新增訂版，正逢長久以來的諸多不平等因為COVID-19而更加嚴重，此時也更需要學校教育幫學生保持學習興趣並懷抱希望。作者楚說明了要如何才能有效學習和思考，給了教師和教育政策的制定者一份強大的藍圖，幫助年輕學子不僅能面對新冠疫情的後續影響，還能茁壯成長。

——蘭迪・溫格頓（Randi Weingarten），美國教師聯盟
（American Federation of Teachers）主席

本書的全新增訂版帶領讀者更深入瞭解心智思維；書中提供了

現有的科學知識，寫作的方式也讓教育工作者對於精進教學更躍躍欲試。這不僅能改善教育，也會讓學生受益良多，能記得長期學習的內容。

——帕特里斯・貝恩（Patrice M. Bain），教育工作者、《強力教學》（Powerful Teaching）作者

學生為什麼不喜歡上學？

全新增訂版

認知心理學家解開大腦學習的運作結構，
原來大腦喜歡這樣學

Why Don't Students Like School?

A Cognitive Scientist Answers Questions About How the Mind Works and What It Means for the Classroom 2nd

丹尼爾・威靈漢（Daniel T. Willingham）◎著
謝儀霏、王傳明 ◎譯

久石文化事業有限公司　發行

國家圖書館出版品預行編目資料

學生為什麼不喜歡上學？（全新增訂版）
丹尼爾・威靈漢（Daniel T. Willingham）著　謝儀霏、王傳明 譯. --全新增訂版--
臺北市：久石文化，2025.03〔民114〕
面; 公分. --(Learning; 052)
譯自：*Why Don't Students Like School? 2nd*
ISBN 978-626-95288-7-5 (平裝)
1.學習心理學　2.有效教學策略
521.1　　　　107017541

Learning　052

學生為什麼不喜歡上學？（全新增訂版）

作　者／丹尼爾・威靈漢（Daniel T. Willingham）
譯　者／謝儀霏、王傳明
發行人／陳文龍
編　輯／黃明偉
特約編輯／王靜怡
特約校對／陳大明
出版者／久石文化事業有限公司
地　址／台北市南京東路一段二十五號十樓之四
電　話／02-2537-2498　傳　真／02-2537-4409
FB粉絲頁／https://www.facebook.com/longstonetw/
E-mail／longstonetw@gmail.com
郵撥帳號／19916227　戶　名／久石文化事業有限公司
總經銷／紅螞蟻圖書有限公司
電　話／02-27953656　傳　真／02-27954100
出版日期／2025年03月　全新增訂版

定價450元　ISBN 978-626-95288-7-5

推薦序：學生喜歡怎麼學？

黃貞祥

每年到了開學前，各大災難電影海報都會被瘋狂KUSO，然後在臉書、LINE和IG蜂湧而現，彷彿開學是學生最大的災難。對教師來說，更慘的是，他們連課都無法蹺，必須進入教室。

很少人真的喜歡上課吧，除了極少數學霸例外。我博士班指導教授在萬聖節就穿上魔鬼裝進入教室，他告訴學生，教室就是地獄。很多學生若不是迫於無奈，上學的主要動力可能就只是能和同學朋友胡搞瞎搞吧。雖然我現在在大學任教，但非常能體會學生討厭上課的心情，因為我從小就不喜歡上學。

我們的祖先十萬年前誕生於非洲熱帶稀樹草原，四處趴趴走散播至全球的過程中，為了躲避毒蛇猛獸居住在洞穴中。人類的大腦在這十幾萬年的演化過程中，主要的工作無非是讓人在草原和洞穴中能夠溫飽和繁衍後代，並不是讓我們宅在教室裡聽老師口沫橫飛地講個不停。

好吧，既然如此，我們乾脆把學校給革命掉！嗯，然後放棄手機、電玩、音樂、電影等等回到飲血茹毛的石器時代嗎？人類發明了太多機器，讓很多勞力工作不再需要人類了，未來人工智慧崛起，許多單調重複的腦力工作也可能會被取代。在現代化社會裡，我們需要學習更複雜的知識技能。

人類有別於遠親黑猩猩的是，能夠理性克制自己，因為我們有更發達的大腦前額葉皮質，儘管對大多數人來說，坐在教室學習很不好玩，不過只要乖乖暫時控制一下，還是辦得到的。可是，人的意志力畢竟有限，像肌肉一樣，一直狂操很快就會疲乏。所以拚命運用意志力來讀書，僅能事倍功半。

在學校，如果有明師指點，往往能事半功倍。我們自己或親朋好友，人生會選擇走上某一條道路，往往是因為何其有幸遇上明師。韓愈告訴我們：師者，所以傳道、受業、解惑也；而且弟子不必不如師，師不必賢於弟子；只是聞道有先後，術業有專攻而已。靈芝的好壞在多醣體，那明師的好壞又體現在哪裡呢？

雖然三人行，則必有我師，在高度專業分工的高效率現代社會，身為教師是一種專業！師資的培養，需要修習不少教育學和心理學的課程。可是在面對智慧手機盛行的今天，學生專注力的不足，加上線上課程能夠輕易地讓學習比較教師的教學方式，如果教師無法再當學生來學習，又能怎麼樣應付現在和未來更嚴峻的教學挑戰呢？

幾十年來，認知科學家對人類行為模式有了愈來愈精確的了解和預測，那麼我們是否能夠利用這些認知科學的知識，設計出更理想的教學方式呢？美國維吉尼亞大學的心理學家丹尼爾．威靈漢（Daniel Willingham）接受了這個挑戰，用認知科學學的知識來研究分析學生究竟要如何更有效地學習，於是就有了這本《學生為什麼不喜歡上學？》（Why Don’t Students Like School?）。

威靈漢告訴我們，人類大腦的演化其實是儘量不思考，因為思考的速度太慢也太耗能了，這就是為何我們不喜歡學習。然而，我們已經不是生活在充滿毒蛇猛獸的史前時代，很多時候得三思後而行。儘管我們通常懶得思考，可是很多人還是喜歡玩益智遊戲且樂此不疲，就像跑步很累、很辛苦，可是喜歡路跑的人卻沒卻步。

小時候有誰不對這個世界充滿好奇？很多學生還願意待在教室裡學習，除了來自父母和社會的壓力，也多少是懷著對知識的好奇心吧？我從小就喜科學，其他科目不太行，可是至少生物和化學，我連老師沒教的都去圖書館裡借書來自行研讀。然而，要維持學生的好奇心，太簡單的作業或太困難的作業都會澆熄學生的求知慾，稍有挑戰的問題才能激發學生的好勝心。

本書也試圖要打破不少迷思。東亞的教育一般都比較重視死背硬記的知識，而西方的教育一般較強調啟發式的教學法，更重視思辨的能力。可是威靈漢卻引用了不少心理學研究來論證指出，長期記憶在腦海中的事實和公式能夠讓我們有效進行分析與批判思考。

要把知識牢牢記住，我們需要思考！歐美的教室一般來說比我們活潑，可是威靈漢卻指出，教師花許多精力在設計教案，如果花拳繡腿比內容更有趣或花更多時間，讓學生更有印象的可能是那些玩意兒，而非要傳授的知識本身。例如，為了讓學生學習莎士比亞戲劇而讓學生製作服裝，學生記得的可能不是戲劇內容，而是那些手工藝，這就本末倒置了。或者在課堂中講了太多笑話，學生可能只記得笑話的內容了。

要有效理解這個世界，我們需要抽象思維的能力，可是我們的大腦擅長的是處理具體的事物，而非抽象的概念，因此要儘量讓學生從熟悉的事物中學習抽象的新概念。另外，學生最討厭的是不斷重複練習，可是重複的刻意練習才能有效掌握困難的能力和概念。近年，心理學家對刻意練習也有愈來愈多的了解，我們也該好好讀讀這本《刻意練習》（Peak: Secrets from the New Science of Expertise）。

有教無類是教育的終極理想目標。一樣米養百樣人，愈有活力的社會就是由愈多樣的人組成的社會，多樣化成員愈高的團體能夠解決愈複雜的問題，也能夠對越複雜的事物作出更好的預測，這無論從研究調查還是數學模型上都能取得類似的結論。然而，當我們要把多樣化的人塞進一成不變的教育體系中，對不少學生來說猶如災難。然而只要是人，我們的認知模式還是有共同之處的，否則就無法形成想像的共同體。威靈漢建議教師應關注學生能夠從教材中學到什麼，以及用變化來提升注意力。

最後，大家有聽說過「弗林效應」（Flynn effect）嗎？這是紐西蘭奧塔哥大學的心理學家弗林（James R. Flynn）發現的，就是國民智商（IQ）分數在許多國家從20世紀開始持續逐年穩定攀升。這個弗林效應還未得到充分的解釋，或許是營養狀況的改善，也可能是教育制度及方式的改良。然而，近年心理學家卻在富裕國家觀察到所謂的逆弗林效應，就是國民平均智商反而逐年下降了，或許是因為上網實在太便利了，所以富裕國家愈來愈不重視過去有助提升智商的教育方式？無論如何，我們應對這情況感到警惕吧！

雖然教學是種專業，可是要讓學生更有效學習，僅僅讓學校教師負責，這種想法不太實際，很多時候家長的共同參與，同理教師面對的辛酸，也是非常必要的。因此這也是一本關心小孩課業的家長需要好好研讀的好書！

黃貞祥，國立清華大學生命科學系副教授

前言：如何提升學生的學習力

全宇宙最大的謎團大概就是那三磅重的細胞，黏稠度和燕麥粥差不多，位置就在我們每個人的頭蓋骨裡。甚至還有人說，大腦是如此複雜，以至於人類聰明到無所不知，唯一參不透的只有為什麼人類會這麼聰明；換句話說，大腦是如此精明的設計，以至於笨到無法理解自己。我們現在知道並不是這麼一回事，在持續的科學探究之下，大腦終於吐露出秘密。過去二十五年來，我們學到有關大腦運作的知識比之前兩千五百年累積起來的還多。

看來我們對大腦所知越多，對於教育就有更多助益，畢竟，教育是以學生大腦的改變為基礎，因此瞭解學生的認知配備會讓教學更容易、更有效。但我認識的教師都不覺得他們有見到心理學家所謂「認知革命」所帶來的好處。我們都在報紙上讀過有關學習或解決問題領域的研究有突破性進展的報導，但卻一點都不清楚最先進新穎的研究可以怎樣改變教師在週一早晨的作為。

研究和實務之間的鴻溝是可以理解的。認知科學家研究大腦時，在實驗室裡會刻意將大腦歷程（如學習或注意力）獨立分出，便於研究。但各種大腦歷程在課堂上並非單獨存在，而是同時發生，又經常以難以預測的方式交互作用。舉個明顯的例子來說，實驗室研究顯示，反覆練習有助於學習，但所有教師都知道，你不可能直接採用這個結論就在課堂上執行。比如讓學生一直練習長除法，練到精熟為止。反覆練習對學習是好的，但會抹煞動機。練習過度，動機驟降，學生不再專注，學習便不會發生。課堂應用不能複製實驗室結果。

本書起始於九個認知原則，每個原則都是大腦運作的基礎，不會隨著環境而改變，在課堂是如此，在實驗室亦然，① 因此可以放心地應用在課堂上。這些原則中有許多內容完全不令人訝異，比如事實型知識很重要、練習不可或缺等等；會讓你驚訝的是隨之而來對於教學的啟示。你會瞭解為什麼把人類看成不善思考而非認知天才比較有助益。你會發現作者習慣只寫下他想傳達之意的部分內容，而我認為這對閱讀教學意義不大，但大大指出學生必須具備事實型知識。你會探究為什麼自己毫不費力就能記住《星際大戰》（Star Wars）的情節，你也會學到如何在課堂上利用這種輕鬆學習之力。你會跟著電視影集主角豪斯醫生，看他用聰明才智解決案件，你也會發現為什麼不應該要學生像真正的科學家一樣思考。你會讀到如美國政治人物朱利安・卡斯特羅（Julian Castro）和女演員史嘉蕾・喬韓森（Scarlett Johansson）如何幫助心理學家分析孩童的智能是遺傳自父母這樣顯而易見的事實，卻發現其實根本不是這麼回事，你也會瞭解為什麼把此事傳達給你的學生知道相當重要。

本書橫跨多種類型主題，致力於達到簡單明瞭但絕不容易的兩個目標：告訴你學生的大腦如何運作，並說清楚如何應用這些知識以成為更好的教師。

---

①其其實還要符合其他三個條件：(1)使用原則與否會對學生學習產生重大影響；(2)這些原則都有大量資料佐證，而非只是少數研究的結果；(3)這些原則必須能轉化為在課堂上應用之法，而這些應用是教師原本不知道的。我在本書的初版提供了九項原則；在全新增訂版中，我多加了一章，主題是科技與教育。

目錄

第 1 章

人類的大腦喜歡思考嗎？

問 大部分我認識的老師之所以會進入教職，都是因為他們小時候喜歡上學，他們想幫助自己的學生，讓學生對於學習能有同樣的興奮與熱情。所以當他們發現有些學生不怎麼喜歡上學，且身為教師的自己也難以啟發孩子時，難免有失望之情。為什麼讓孩子喜歡上學這麼困難？

答 我們普遍以為大腦的功用就是思考，但其實大腦並不是用來思考的，而是用來讓你不用思考的。因為大腦其實不那麼善於思考，思考很慢，而且不可靠。不過，如果動腦能有圓滿的結果，人會喜歡動腦。人喜歡解決問題，但不喜歡苦思不得其解的問題。如果課業對學生來說總是太難（或太容易），學生不喜歡上學也就不意外了。本章所根據的認知原則如下：

人天生好奇，但並非天生善於思考；除非認知條件恰當，否則我們會避免思考。

此原則意味著教師應重新考量如何鼓勵學生思考，盡可能增加學生得到伴隨成功思考而來的強烈喜悅之機會。

大腦不是用來思考的

身而為人的本質是什麼？是什麼讓我們和其他物種有分別？很多人會回答是推理判斷的能力——鳥會飛，魚會游，而人會思考。（我所謂的思考，是指解決問題、推理、閱讀複雜的東西，或是進行任何需要花點力氣的心智活動。）莎士比亞在《哈姆雷特》中讚揚吾輩的認知能力（cognitive ability）：「人是多麼了不起的傑作！理智是多麼高貴！」不過，三百多年後，亨利・福特（Henry Ford）則有比較偏激的觀察：「思考是最困難的事，也許正因如此，很少有人做。」①（見圖1-1）兩位都有道理，人類善於某種形式的推理判斷，尤其和其他動物相較之下，但我們不常運用那些能力。認知科學家會再加上另一種觀察：人類沒那麼常思考，因為我們的大腦不是設計來思考的，而是設計來避免思考的。思考

【圖1-1】肯伊・威斯特（Kanye West）名列最成功也最受尊敬的詞曲創作者和歌手，還是很成功的商人。但他曾說過：「我其實不喜歡思考。我猜想大家認為我很喜歡思考。但並非如此。我根本不喜歡思考。」[1]
出處：© Getty Images/ Brad Barket

不但如福特所言很費力，而且還緩慢且不可靠。

你的大腦有許多功能，思考並非大腦最擅長的。舉例來說，你的大腦也讓你能看、能動，而這些功能發揮起來，比思考能力更有效率、更可靠。大腦的大部分區域都貢獻給這些活動絕非偶然，視覺需要額外的腦力，因為看東西其實比下棋或解微積分更困難。

只要把人類的能力和電腦能力相比，你就能領會視覺系統的強大。講到數學、科學及其他傳統的「思考」活動，機器穩操勝算，怎麼比都贏人類。從四十年前起，只要花小錢就能買到能比任何人更快、更準確進行簡單的運算的計算機，且價格便宜。只需五十美元，就可以買到能擊敗全球百分之九十九以上的人類的西洋棋軟體。電腦要像人類一樣駕駛卡車，這點還尚待投入更多努力，但終有一天可以實現。目前因電腦看不見，尤其不能看清每次開車所面對之瞬息萬變的複雜環境。事實上，開發中的自動駕駛車輛通常使用雷達、雷射和其他感應器補充可見光的訊息。

機器人的動作同樣也有限制，人類可以調整身體姿勢以完成工作，即使動作很不尋常，如扭腰曲臂去清架上書籍後方的灰塵；機器人則不善於想出新穎的移動方式，多半用來做重複性的工作，如給汽車零件噴漆或在亞馬遜（Amazon）物流中心搬動貨物棧板或紙箱——工作時，要拿取的物品和要搬運的位置都是可預期的。你視為理所當然的動作，如顫顫巍巍地在礁岩海岸散步，對電腦而言遠比和層級最高的對手下棋來得困難（見圖1-2）。

相較於看和動的能力，思考就顯得緩慢、費力、靠不住。為了讓你瞭解為什麼我這麼說，請試著解出以下問題：

一間空房內有一支蠟燭、幾根火柴以及一盒圖釘。目標是要讓點燃的蠟燭離地五英尺。你已經試過融化蠟燭底部的一些蠟，再將蠟燭黏在牆上，但此法不成功。在不用手扶的情況下，要怎麼樣才能讓點燃的蠟燭離地五英尺高呢？[2]

解題時間通常最多二十分鐘，很少人能夠在這之前就想出答案，雖然一旦你聽到答案，就會發現答案其實並不特別難。把盒

【圖1-2】好萊塢機器人（圖左）很像人類，可以在複雜的環境中動作，但那僅止於電影裡；真實生活中大多數的機器人（圖右）只能在可預測的環境中動作。人類看和動的能力確實是了不起的認知技能。出處：好萊塢機器人© Getty Images/Koichi Kamoshida；工廠機器人© Getty Images/Christopher Furlong

子裡的圖釘倒出來，將盒子釘在牆上當作燭臺。這個題目闡述了思考的三個特質。第一，思考的速度緩慢。你的視覺系統能瞬間捕捉複雜畫面。當你走進朋友家的後院，你不會這麼想：「嗯，這邊有些綠色的東西，可能是草，但也可能是某種鋪在地面的東西，啊，那個豎在那裡的棕色粗糙物體是什麼？會不會是籬笆？」你能一眼就捕捉整個景象——草坪、籬笆、花圃、露臺。你的思考系統無法像視覺系統立即捕捉視覺畫面那樣，立刻運算出問題的答案。第二，思考很費力。你不需要用力就能看東西，但思考需要專注。你可以邊看東西邊做別的事，但當你專注解一道題時，就不能胡思亂想。最後，思考靠不住。你的視覺系統鮮少犯錯，要是真的犯錯，通常是你以為看到和實際物體差不多的東西；也就是說，即使不完全正確，也相去不遠。你的思考系統得出的結果就可能差得遠了；你求出的問題答案可能錯得離譜。事實上，你的思考系統可能根本提不出答案，就像大部分人嘗試解蠟燭問題時一樣。

如果我們全都不善思考，那到底是怎麼度過每一天的呢？我們怎麼找到路去上班，或是在超市裡搶到特價商品？教師是怎麼作出每天必要的數百種決定？答案是——我們只要能不思考就不思考，而是仰賴記憶。我們面對的問題多半是以前解決過的，所以我們只需依樣畫葫蘆。舉例來說，假如下星期朋友問你蠟燭問題，你能立刻回答：「噢，我聽過那個題目。把盒子釘在牆壁上就好。」就如同你的視覺系統捕捉畫面般，不需要多費力就可告訴你環境中有什麼，你的記憶系統也能輕而易舉地立刻辨識出你聽過這道題目，並提供答案。你或許覺得自己記憶力不好，也確實你的記憶系統不如視覺或動作系統來得可靠（有時候你會忘記，有時候以為自己記得但其實不然），但你的記憶系統遠比思考系統來得可靠，也能夠不費力地快速提供答案。

我們通常以為記憶就是儲存私人事件（例如我對自己婚禮的回憶）和事實（例如科普特正教會總部位於埃及）。然而我們的記憶也儲存策略來引導我們該做的事：開車回家時哪裡要轉彎、下課時間學生有糾紛該怎麼處理、爐上鍋子的水沸騰溢出時該怎麼辦（見圖1-3）。在作絕大多數決定前，我們都不會停下來考慮可能的作法、推理判斷、預期可能結果等等。舉例來說，當我決定晚餐煮義大利麵時，我不會大費周章上網找食譜，比較每道

【圖1-3】你的記憶系統運作輕鬆快速，以至於你很少注意到它在運作。你的記憶裡儲存了事物的樣貌（甘地的臉）、操作物件的方法（要熱水就轉左邊水龍頭，要冷水就轉右邊），以及處理已經遇過之問題的策略（如水沸騰溢出了怎麼辦）。出處：甘地© Getty Images/Dinodia Photos；水龍頭© Shutterstock/RVillalon；鍋子© Shutterstock/Andrey_Popov

食譜的口味、營養價值、準備難易、食材成本、色澤外觀等，我就依照一貫的作法來煮義大利麵醬汁。正如兩位心理學家所言：「大多數時候我們所做的事，就是我們大多數時候做的事。」[3]儘管你所做的事相對複雜，例如從學校開車回家，你會覺得自己好像處於「自動駕駛」（autopilot）模式，那是因為你正使用記憶來引導你的行動。使用記憶不需要太多注意力，所以你大可以在等紅燈、超車、當心行人等等之際，一邊做著白日夢。

當然，你可以深思熟慮、小心翼翼地作每個決定，所謂「跳脫框架思考」，就是在鼓勵你不要循「自動駕駛」模式，不要做你（或他人）一直以來在做的事。想想看，如果你一直努力要跳脫框架思考，生活會變成什麼樣子。假設你每次都要重新處理每一件事，試圖要見到所有可能，即使是切洋蔥、走進辦公室、或是傳簡訊這樣的日常瑣事。新奇的趣味或許能持續一陣子，但不用多久即會發現，這樣的生活很累人（見圖1-4）。

【圖1-4】對在超市選麵包這樣的日常瑣事，或許不值得大費周章「跳脫框架思考」。出處：© Shutterstock/B Brown

你可能在旅行時有類似的經驗，

尤其是在語言不通的地方。大小事都不熟悉，即使是小小的行動都需要大量思考。舉例來說，跟攤販買罐汽水時必須辨識外文包裝、找出你要的口味、努力和小販溝通、找出該用哪個硬幣或紙鈔等等。也因如此，旅行是很累人的：在故鄉可以「自動駕駛」的所有微小行動，旅行時都需要動用你全盤的注意力。

截至目前，我已描述了你的大腦讓你不用思考的兩種方式。第一，有一些最重要的功能（例如，視覺與動作）不需要思考：你不用對眼前所見進行推理判斷，就能立即知道周圍有哪些東西。第二，你偏好使用記憶而非思考來指引行動，但你的大腦不會就此滿足，大腦有能力改變，好讓你省去必須思考的麻煩。如果你一再重複相同的燒腦工作，該工作最終會變成下意識的習慣；你的大腦會改變，讓你不假思索地（automatic）完成該工作。我會在第五章更詳盡地討論此過程，但此處先提一個熟悉的例子來闡述我的意思。你大概還記得，學開車是很耗費心神的。我記得剛學會開車時，全神專注在油門要踩多深、看到前方亮紅燈時何時剎車、怎麼剎車、轉彎時方向盤要打幾度、何時看後照鏡等等。那時我開車甚至不聽音樂，害怕會分心。不過，藉由練習使開車過程變成習慣，現在我已不需要思考那些開車的小細節，開車和走路一樣自然。我可以邊開車邊和朋友聊天，空出一隻手打手勢，還能邊吃薯條。這種認知協調還蠻了不起的，只是不怎麼好看啦。[②]於是，原本需要大量思考的工作，經過練習後，成了幾乎不費力的工作。

從教育的立場來看，此事還頗令人擔憂的。如果人類不善思考且避之唯恐不及，那學生對上學的態度又能好到哪裡去呢？幸好故事還沒結束，並未在人類固執地拒絕思考就畫下句點。儘管我們不善思考，但卻是喜歡思考的。我們天生好奇，會找機會進行某種類型的思考。然而因為思考很難，必須有適切的條件才能永保好奇心，不然我們很快就會放棄思考。下一節將解釋我們什麼時候喜歡思考，什麼時候不喜歡。

人天生好奇，但好奇心很脆弱

即使大腦不是為了高效率思考而存在，人類其實是喜歡心智活動的，至少在某些情況下。玩填字遊戲、研究地圖都是常見的嗜好，我們也會收看資訊滿載的紀錄片。我們會從事具有較大腦力挑戰的職業，如教職，即使薪資低一些。我們不但願意思考，還刻意尋求需要思考的職務。

解決問題會帶來樂趣。本書所謂的「解決問題」，指的是任何接著發生的認知活動，可能是理解一段困難的文章、設計庭園、評估投資機會。成功的思考會帶來滿足感、成就感。神經科學家發現，大腦中重要的學習區域和重要的感受愉悅的區域有重疊，許多神經科學家認為這兩個系統之間有關聯。迷宮中的老鼠有乳酪當獎賞時學習得較好。當你解決了一個問題或滿足好奇心時，大腦的愉悅系統中可能會產生一股天然化學物質來自我獎勵。即使我們對神經化學尚未通盤瞭解，但似乎不可否認，人類會從解決問題中獲得樂趣。

值得注意的是，樂趣來自於解決問題，倘若絞盡腦汁想解決問題卻覺得毫無進展一點則樂趣也沒有，反倒既灰心又氣餒。同樣的，本來就知道答案也不會帶來多大樂趣。我告訴過你蠟燭問題的答案，你從中得到樂趣了嗎？想想看，若答案是你自己解出來的，一定會有趣得多，甚至覺得這道題目更高明了，就如同你原就聽得懂的笑話，要比經由別人解釋才能懂的笑話更好笑。即使沒人直接奉上問題的解答，但只要得到太多提示，你會失去已解開問題的感覺，獲得答案便不會給心理帶來同樣的滿足感了。

腦力活動之所以吸引我們，是因為若成功解題就有機會得到愉悅感受。但並非所有的思考都一樣吸引人，大家會選擇玩填字遊戲而非解代數問題；泰勒・斯威夫特（Taylor Swift）的傳記比英國詩人濟慈的傳記更暢銷。人類喜愛的腦力活動有什麼特點（見圖1-5）？

多數人的回答可能顯而易見：「我覺得填字遊戲很好玩，泰勒很酷，而數學很無聊，濟慈也一樣。」換句話說，重點在於內容。我們對某些事物比較有好奇心，對某些則無。我們描述自己興趣的方式顯然就是如此——「我愛集郵」或「我很迷中世紀交

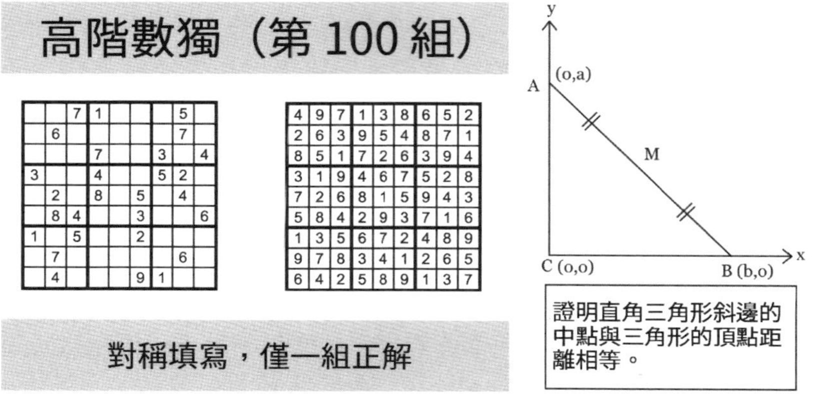

【圖1-5】為什麼那麼多人著迷於圖左的數獨，卻對圖右的題目興趣缺缺？出處：數獨© Shutterstock/Heather Wallace；幾何圖© Anne Carlyle Lindsay

響樂」。但我不認為內容會驅動興趣。我們全都聽過、看過原以為自己沒興趣之主題的演講或影片（也許是禁不住別人的說服而看的），卻發現自己很入迷；也曾對明明很有興趣的主題大呼無聊。我永遠忘不了中學時老師準備要跟我們談性的那一天，我有多雀躍。在1970年代那種一本正經的環境裡，身為青少年的我，對於任何時間、任何地點、任何有關性的談論都滿懷著期待。但當那個大日子到來，我和朋友都覺得無聊到爆，倒不是老師盡扯些花朵和授粉什麼的，他真的在講人類的性行為，但不知怎地就是沉悶。我真希望自己記得老師是怎麼辦到的，跟一幫荷爾蒙旺盛的青少年談性，竟能讓每個人感到無聊透頂，真不簡單。

有一次我和一群教師談動機與認知時，也強調了這個重點。

我講了大約五分鐘之後，放了一張如圖1-6的投影片，描述動機形成的模式。我並未以任何方式幫聽眾準備看投影片的內容，放上投影片就開始講述。大約十五秒之後，我停下來對聽眾說：「還在聽的請舉手。」只有一個人舉手。其餘的五十九人也都是自願來研習的，這個主題他們理應有興趣，而且演講也才開始而已——但不過十五秒的時間，他們的心思早已飄到別處。先說明，我沒有責怪他們的意思。問題的內容——性也好，人類動機也好——或許足以激起你的興趣，但不能維持你的興趣。

所以，如果內容不足以維持你的注意力，什麼時候好奇心能有持續力？答案似乎在於我們判斷可能學到多少東西。如果我們認為能學到很多，就會維持好奇心。

這種判斷——我會學到東西嗎？——密切相關於我們對問

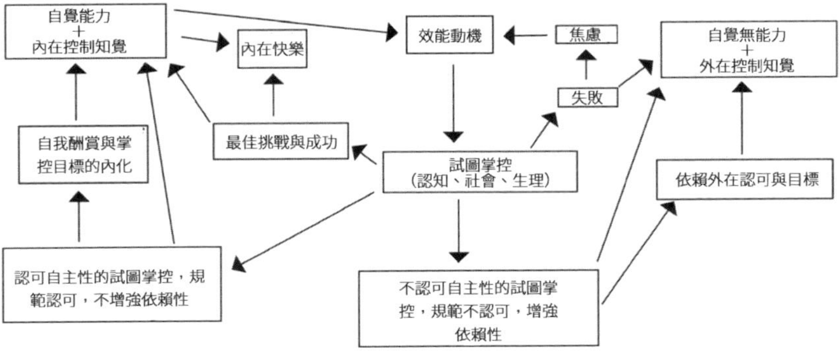

【圖1-6】這個圖晦澀難懂，除非有適切引導，否則多數人都會大呼無聊。出處：© Anne Carlyle Lindsay

題難度的感知。如果我們期待解決問題後那一股愉悅感，那麼解決太容易的問題就沒有意義——解決這種問題並不會帶來愉悅，因為那些根本就不算是問題。同樣地，如果你認為某題目過於困難，評估自己不可能解答，也就不可能得到伴隨解題而來的滿足感。太簡單的填字遊戲完全不用動腦筋：在方格中填入字詞，不需思考，即使你全都答對，也不會有成就感。但是太艱深的填字遊戲你也不太可能玩得久，你心裡明白能填出的字很少，所以只會洩氣罷了。圖1-6的投影片內容過於瑣碎，若講者引導不足，那將更難以吸收；我的聽眾很快便判定此圖過於複雜，於是自動神遊到別處去了。

總之，我說過思考是緩慢、費力、不可靠的。然而，人喜歡思考——更精確地說，只要我們判定動腦最終能有所獲，會得到伴隨解題而來的愉悅感，那麼我們就喜歡思考。所以，人會趨避思考和人天生好奇這兩種說法並無矛盾。好奇心促使人探究新的想法與問題，但當我們從事此舉時，我們會很快評估需要花多少腦力才能解決問題或理解描述的事物，過多或過少都會讓我們停止思考，如果可以的話。

分析哪一類腦力活動我們願意嘗試、哪一類傾向逃避，能讓我們知道為什麼不喜歡上學的學生占多數。思考難易程度適中的問題才有意義，倘若做太簡單或太難的問題則會不愉快。學生不像成人可以經常選擇不解答這些問題，如果一直給學生做太難的問題，那就難怪他們不喜歡上學了。我也不願意每天連做數個小時《紐約時報》週日版的填字遊戲。

那麼可有好的解決方案，比如給學生比較容易的題目？可以是可以，但要小心不要簡單過頭，連學生都覺得無聊。話說回來，稍微提升一點學生的能力不是更好嗎？與其把課業變得比較容易，有沒有可能把思考變得容易？

人類如何思考

稍微瞭解一下思考運作的方式，有助於你瞭解思考困難的原因，這樣一來就能讓你瞭解如何幫助學生把思考變容易，也就能讓學生更樂於上學。

我們從非常簡單的心智模型說起。圖1-7左邊是環境，充滿了可見可聞的事物、待解決的問題等等。右邊是你心智的一部分，科學家稱之為工作記憶，現階段暫且將其等同於意識，承載你目前正在思考的內容。從環境指向工作記憶的箭頭，表示工作記憶是你大腦內意識到周遭環境的區塊：一道光線落在佈滿灰塵桌面的景象、狗在遠方吠叫的聲音等等。當然你也同時注意到目前不存在環境中的事物；舉例來說，你可以回想起媽媽的聲音，即使她不在房間裡（或其實已不在人世）。長期記憶是儲存你對於世界的事實型知識的巨大倉庫：花豹有圓點、你最愛的冰淇淋口

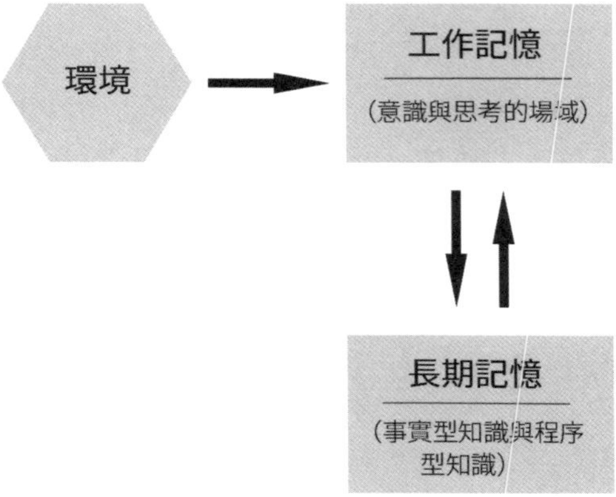

【圖1-7】最簡單的心智模型莫過於此。出處：© Greg Culley

味是巧克力、你家三歲幼兒昨天突然迸出「金桔」（kumquats）一詞讓你又驚又喜等等。事實型知識可能是抽象的，比如三角形是三個邊的封閉圖形，還有你對狗一般外型的瞭解。所有長期記憶中的訊息都存在於意識之外，靜靜蟄伏，直到被需要，這才進入工作記憶中，也因此進入意識之中。舉例來說，要是我問你：「北極熊是什麼顏色？」你幾乎會立刻回答「白色」。這個訊息三十秒前還在長期記憶中，直到我丟出問題，你才會意識到它的存在，讓訊息變得與目前思緒有關，於是進入工作記憶中。

當你用新的方式組合訊息（來自於環境和長期記憶），思考於焉產生。組合訊息的場域就是工作記憶。為了讓你感受此一過程，請閱讀圖1-8所描述的問題，並試著回答（重點倒不是解題，而是體會思考和工作記憶為何）。

稍微想一下，就能解出這個題目，③ 此時重點在於體驗工作記憶被問題占據的感覺。你一開始從環境裡汲取訊息——遊戲臺的規則與配置——然後想像移動圓盤來達到目標。在工作記憶內，你必須保持目前在謎題的狀態——圓盤的位置——並想像且評估可能的移動方式。同時你必須記住哪些移動才符合規則，如圖1-8所示。

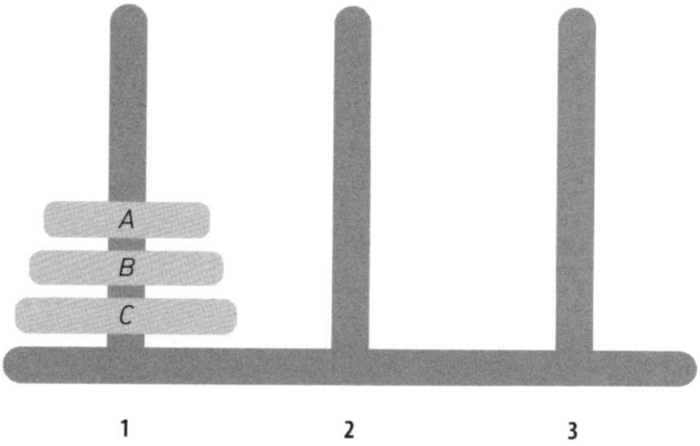

【圖1-8】本圖描繪有三根方樁的遊戲臺。最左邊的方樁上套著三塊面積由小到大的圓盤。題目要你把三塊圓盤從最左邊的方樁移到最右邊的方樁，但移動規則有二：一次只能移動一塊圓盤，而且不能把大圓盤放在小圓盤之上。出處：© Greg Culley

對於思考的描述讓我們清楚知道，在工作記憶裡如何組合及重新安排概念，是成功思考的關鍵。舉例來說，在圓盤與方樁問題中，你怎麼知道要把圓盤移到哪裡？如果你沒有見過這個問題，你或許覺得自己像在瞎猜。如圖1-9所示，長期記憶裡並沒有任何訊息來引導你。但如果你曾看過這類似問題，那麼長期記憶中很有可能有如何解題的訊息，即使訊息並不是那麼的簡單明瞭。比方說，試著心算這道數學題：

$$18 \times 7$$

你知道怎麼做這道題。我有信心你的心算步驟和以下順序相去不遠：

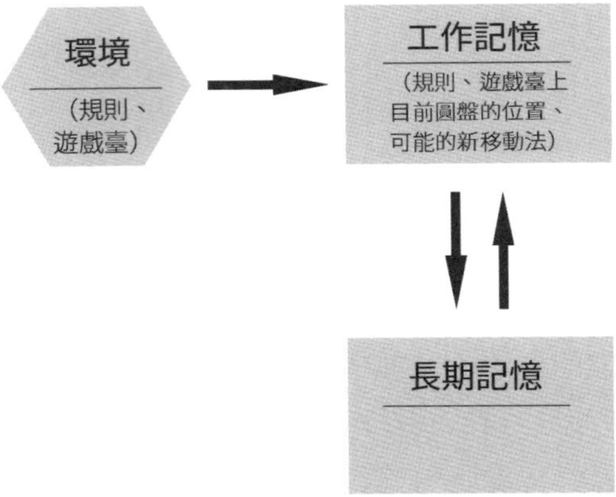

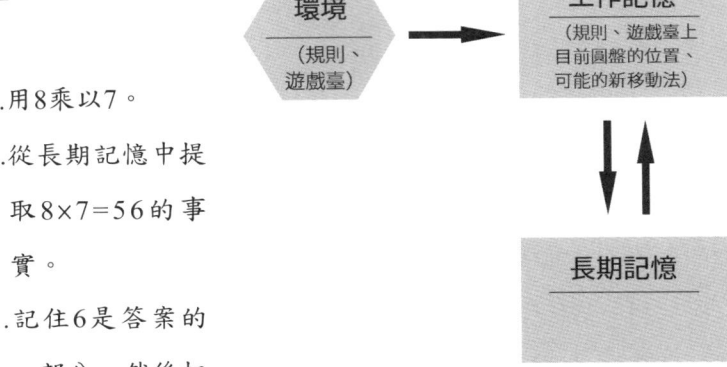

【圖1-9】你的大腦在解圖1-8謎題時是這麼運作的。出處：© Greg Culley

1.用8乘以7。

2.從長期記憶中提取8×7=56的事實。

3.記住6是答案的一部分，然後把5進位。

4.用7乘以1。

5.從長期記憶中提取7×1=7的事實。

6.把進位的5和7相加。

7.從長期記憶中提取5+7=12的事實。

8.寫下12，後面再寫6。

9.答案是126。

你的長期記憶不僅包含事實型訊息，如北極熊的顏色與8×7的數值，還包含我們所謂的程序型知識，也就是進行工作時必備的心智程序知識。如果思考是在工作記憶中組合訊息，那麼程序型知識就是組合內容與時序的清單，就像是一份處方，用以完成某種類型的思考。你可能儲存處理某些事務的程序，如計算三角形面積、用Windows複製電腦檔案，或從家裡開車去上班。

很顯然地，長期記憶中儲存適當的程序有助於我們思考。也因如此，解上述的數學題很容易，但解圓盤與方椿問題卻有難度。那麼事實型訊息也能幫助你思考嗎？答案是肯定的，而且還以好幾種不同的方式，這點在第二章中會討論。現階段請注意解數學題需要提取事實型訊息，如8×7=56這樣的事實。我說過，思考需要在工作記憶中組合訊息，通常若環境中提供的訊息不足以解決問題，你必須用來自長期記憶的訊息來補充。

思考還有最後一個必要條件。舉例說明最易理解，請看下列問題：

在某些喜馬拉雅村莊的旅店裡，有一種講究的茶道儀式。參與儀式者包含一位主人和兩位客人，不多也不少。客人抵達後在桌邊入座，主人會為他們表演三道規矩。這些規矩按照喜馬拉雅人認為的尊貴程度來排列，分別是：點火、搧風、倒茶。儀式進行時，在場者任何一位都能問其他人：「可敬的先生，能夠讓我為您進行這個繁複的規矩嗎？」不過，一個人只能向另一人詢問比他正在進行的規矩中尊貴程度最低的。此外，如果一人正在進行某一規矩，那他就不能要求比他已經做過尊貴程度最低的規矩更高階的規矩。習俗規定，茶道儀式結束之時，所有的規矩都會從主人移轉到客人中最年長者。請問該怎麼進行呢？[4]

讀完這個問題，你的第一個反應可能是「啊？」你可能會覺得必須多讀幾遍才能懂，更不用說著手解題。問題看起來很棘手，因為你的工作記憶沒有足夠空間來容納所有問題的層面。工作記憶空間有限，所以工作記憶太擁擠時，思考變得更為困難。

茶道問題其實和圖1-8的圓盤方椿問題是一樣的。主人和兩位客人就像三根方椿，而規矩就是要在這當中移動的三塊圓盤，如圖1-10（很少人看出這個類比以及類比對於教育的重要，這點會在第四章中提到）。

這個版本的問題顯得困難許多，因為在圖1-8中清楚明瞭的內容現在必須憑空想像。舉例來說，圖1-8提供了方椿的圖片，有助於我們在思考移動步驟時，在心裡保有圓盤的影像，而茶道問題的版本則未提供這樣的輔助。茶道版的問題用較長篇幅描述移動規則，因此佔去很大的工作記憶空間，以致於籌畫解決方法就變得困難。

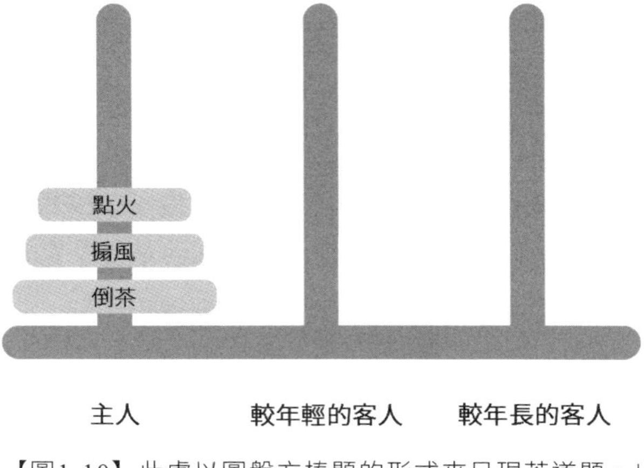

【圖1-10】此處以圓盤方椿題的形式來呈現茶道題。出處：© Greg Culley

亞里士多德說過：「思考和學習產

生的愉悅會使人更多加思考和學習。」[5]你已經知道這種看法過於樂觀。真正讓學生愉快而且想要學更多的，是成功的學習。我們已經瞭解，成功學習的要素之一是需要在長期記憶中有正確的資料。我們在下一章將更仔細探討此一要素。

總結

人類心智並沒有特別適合思考；思考很緩慢、費力、不可靠。因此，大多數情況下引導人類行動的，並非深思熟慮；實際上人們反而是仰賴記憶，遵循過去採取過的行動。不過，人們覺得成功的思考有樂趣、喜歡解決問題、瞭解新的概念等等。因此，人們會找機會思考，但這麼做是有選擇性的；我們選擇那些有點難度，但看似有機會解決的問題，因為這些問題能帶來愉悅及滿足感。要解決問題，思考者需具備來自環境的足夠訊息、工作記憶的空間以及長期記憶中不可或缺的事實與程序。

課堂上的應用

讓我們再回到本章開始的問題：學生為什麼不喜歡上學？或更精確來說，為什麼喜歡上學的學生不能再多一點？所有教師都知道，學生喜歡或不喜歡上學的原因相當多（我太太喜歡上學是因為可以交朋友）。從認知的角度來看，關鍵要素就是學生能不能持續體驗到學習新知與解決問題的愉悅感。教師能怎麼做來確保每位學生都獲得樂趣？

確保有需要解決的問題

此處我所謂的問題，不見得是教師對學生提出的問題或是數學題目，我指的是有適度挑戰的認知活動，包括理解詩詞、想出回收物品的創新用法等。這類認知活動當然是教學的主要內容，畢竟我們都希望學生思考。但是稍不注意，教學計畫可能會變成教師的長篇大論，少有機會讓學生解決問題。所以，檢視每一個教案，特別注意其中給學生進行的認知活動。這類活動多久出現一次？認知活動間有留休息時間嗎？你給學生的是真正的認知活動，能促使學生有發現感，而不僅僅是從記憶中取得答案？（請特別多想想在對全班授課時所提出的問題——研究顯示，教師很容易養成習慣，詢問的大多是事實檢索的問題。）確認有這些挑戰活動之後，思考一下活動是否會帶來負面結果，例如學生無法理解該做什麼、學生不可能解出問題，或是學生只是在猜測你要他們說或做什麼。

尊重學生的認知限制

當你嘗試開發有效的腦力挑戰給學生時，別忘了本章所討論到的認知限制。舉例來說，假設你在歷史課一開始就拋出以下問題：「大家剛剛讀到，第一次波斯灣戰爭時有三十五個國家聯合出兵，將伊拉克從科威特境內驅逐離開，這是自第二次世界大戰以來最大的軍事聯盟。你認為有這麼多國家參與的原因是什麼？」你學生的記憶裡有足夠的背景知識（background knowledge）來思考這個問題嗎？關於參與聯盟的鄰近國家與伊拉克之間的戰前關係，學生了解多少？伊拉克在入侵之前，曾將與科威特的爭端帶到阿拉伯聯盟，學生知道這一點嗎？石油對世界經濟的重要性以及入侵對經濟的預期影響，學生是否了解？學生能否為發動入侵的國家提出合理的替代行動方案？如果學生缺少恰當的背景知識，你提出的問題很快就會讓學生覺得「無聊」。如果學生缺少背景知識來思考問題，那就把問題留到他們有先備知識後再說。

工作記憶的限制也同等重要。別忘了，我們同一時間只能保留一定數量的訊息，就像你在閱讀茶道儀式版本的圓盤方椿題那樣。工作記憶過量的原因包括步驟繁雜的操作說明、毫無關聯的事實列表、超過兩三個步驟的一連串邏輯，以及才剛學會的概念就要應用在新的資料上（除非概念很簡單）。解決工作記憶過量很簡單：放慢速度並使用記憶輔助，如在白板上書寫訊息，減輕學生工作記憶的負擔。

闡明有待解決的問題

要如何把問題變得有趣？常見的策略就是讓內容與學生「相關」。這個策略有時候效果不錯，但對於某些內容來說難以見效，而學生通常看得出來你努力想使他們對教學內容有感。另一個困難是，一個班級裡可能有熱愛橄欖球的學生、有喜歡蒐集洋娃娃的、有瘋納斯卡賽車的，還有馬術高手……你懂我的意思。在歷史課上提到流行歌手可能讓學生發笑，但也僅止於此。我強調過，我們的好奇心只有在我們察覺可以解決問題時才會被激發。哪一種問題能抓住學生注意力，讓他們想找出答案？

我們可以把學生的課業看成一連串的答案。我們希望學生瞭解波以耳定律（Boyle's law），或是第一次世界大戰的三大起因，或是為什麼愛倫坡筆下的烏鴉一直重複「不復矣」。我認為身為教師的我們，有時候太急於得到答案，卻沒有用足夠的時間來闡述問題。會發生這種狀況，其原因或許在於老師覺得問題的答案太明顯了。但想當然耳，對學生而言並非如此，而我在這章已經說過，問題才能激起興趣，被動獲得答案一點用也沒有。你可能注意到，我大可以從認知心理學的原則出發來編排此書，但我沒有，反而是從教師可能有興趣的問題為出發點來編排。

備課時，從希望學生下課前能獲得的訊息著手。下一步，你應考慮這堂課的中心問題為何，該怎麼提問才能讓問題難易適中，吸引學生注意，並顧及學生的認知限制。

重新思考何時對學生提問

教師通常會藉由提出認為能引發學生興趣的問題，來吸引學生學習（比方說問學生「為什麼法令會規定你必須上學？」來切入法令通過之程序這個主題）。另外，也可以實地示範，或是提出我們認為學生會覺得詫異的事實。不論用哪種方法，目的都在讓學生思考，引發他們的好奇。這是有用的技巧，也值得讓我們思考這些策略是否不只能用在課程一開始，也可運用在已能掌握基本概念之後。舉例來說，有個經典的科學實驗是將燃燒的紙張放入牛奶瓶中，然後在瓶口放一顆白煮蛋；等紙張燃燒殆盡，蛋似乎就被吸入瓶中。學生絕對會驚嘆連連，但若他們不懂背後的道理，這個操作示範就只是像變魔術，只是一時的興奮愉悅，況且學生想要去理解的好奇心可能維持不久。另一個策略是，在學生瞭解熱空氣膨脹、冷空氣收縮可能會造成真空狀態之後，再進行實際演示。在學生有正確背景知識之前能誘使學生思考的每個事實或演示，都有可能成為能引發學生短暫思考的經驗，進而帶來解決問題的愉悅感。何時運用雞蛋掉入瓶中這樣令人驚嘆的把戲，值得我們思考。

因材施教、彈性調整

我之後會在第八章提到，我無法接受某些學生「就是沒那麼聰明」、需要被分到後段班的說法。但假裝班上所有學生全都準備好要出類拔萃，也是過分天真的想法。學生的準備程度不同，家庭的支持也不同，也因此能力會有差異，也對自我的學生身分有不同的認知。接著，學生的毅力和面對挫敗的韌性也會因此受到那些因素的影響。如果事實如此，如果我在本章所言不虛，那麼給班上所有學生同樣的功課，絕對是自打嘴巴。能力較差的學生會覺得太難，最後會放棄學業。我認為，在你的能力範圍之內，根據個別或小組學生當前的能力來指派功課會比較明智。當然你要小心處理，以免部分學生覺得自己不如他人。雖然事實上他們確實落後，若給他們超過能力的作業，不可能幫助他們迎頭趕上，反而可能讓他們落後更多。

改變速度

我們免不了會有無法抓住學生之注意力的時候，正如本章所言，學生感到困惑時更是如此，他們上課就神遊去了。還好，把學生的注意力抓回來相對簡單。變化能吸引注意力，這點你一定知道。教室外若有一聲巨響，所有學生都會轉頭張望。當你改變話題、開始新的活動，或是以其他方式表示你正在「換檔」，基本上所有學生的注意力會回到你身上，你就有新的機會吸引他們的注意。所以，規劃一些「換檔」活動，觀察班上學生的注意力，根據學生反應來調整頻率。

教學日誌

本章所提出的核心概念是，解決問題會給我們帶來樂趣，但問題必須夠簡單，能解得出來，也必須夠難，需要花點腦力。找到難易適中的點並不容易。你在課堂上的經驗會是最佳指南，行得通的作法就繼續用，行不通的就捨棄。但不要期待自己會記得一年之前的教案哪裡成功。不管課程是順利出色還是糟糕透頂，當下我們都會覺得那是畢生難忘的；然而記憶斑駁的程度遠超乎我們想像，所以請務必當下記錄。即使只是草草塗寫的便利貼也不要丟，養成習慣記下你成功估量給學生問題之難易度的時刻。

成功思考的關鍵因素之一，就是長期記憶中訊息的質量。在第二章裡，我會闡述背景知識對有效思考的重要性。

問題與討論

1. 唯有相信自己的思考能成功時，我們才會喜歡思考。如果你想更經常思考，可以如何改變環境，讓自己更常遇到適當的心智挑戰？或者可以對自己說些什麼，讓自己能多多嘗試？
2. 你的學生何時會進入「自動駕駛」模式？學生應該要努力擺脫「自動駕駛」模式，多思考，這說起來容易，但做起來會遇到哪些阻礙？有些問題學生會利用「自動駕駛」模式來解答，但若以思考的方式其實似乎更有益，你能夠想出什麼方式來挑選出這類問題嗎？
3. 學生需要多少回報，才願意進行思考的任務？這個問題沒有標準答案。我們當然會猜測，答案會因年齡而異，即使同一班級裡的學生也有不同，可能是因為他們如何看待自我的學生身分，或是各自與生俱來的毅力。但這些仍是值得思考的問題：你希望學生平均多久感受到思考成功的喜悅？同樣重要的問題還有：你怎麼知道學生確實感受到這種喜悅？如果學生解決了一個問題，你確定他們有成就感嗎？如果沒有，你能做些什麼來促成學生的成就感呢？
4. 請想幾樣你的學生固定會喜歡的作業，並以「成功思考的認知型工作」的標準來審視這些作業。這些作業有共通點嗎？
5. 我在本章中提到，對於要根據教材內容才能回答的問題，學生並不能完全了解或欣賞。這種情況在你的教學中有多常發生？讓學生既能理解問題又感興趣，究竟可能多容易或多困難？

6. 在本章的「課堂上的應用」小節裡，我隨口提到：解決工作記憶過量很簡單。我說你該放慢速度，把問題拆解成小部分，這麼說本來沒錯。相對較難處理的是，個別學生感到工作記憶過量的原因各不相同。我們可以如何因應這些差異？

【延伸閱讀】

大眾閱讀

1. Coalition for Psychology in Schools and Education. (2015). Top 20 principles from psychology for preK-12 teaching and learning. https://www.apa.org/ed/schools/ teaching-learning/top-twenty-principles.pdf (accessed 13 July 2020). 以簡潔易懂的方式介紹如何將心理學知識應用在課堂上，並提供免費下載。

2. Csikszentmihalyi, M. (1990). Flow: The psychology of optimal experience. New York: Harper Perennial. 作者描述專注於有興趣事物時的最佳狀態，一個人完全沉浸於正在進行的活動中，感覺時間都靜止了。本書並沒有告訴你如何進入心流狀態，但絕對是一本有趣的好書。

3. Didau, D., & Rose, N. (2016). What Every Teacher Needs to Know About Psychology. Melton, UK: John Catt. 簡短的篇章，涵蓋題材很廣，包括演化、創造力、動機及其他主題，且很大部分是根據的是教師的觀點。

4. National Academies of Sciences, Engineering, and Medicine. (2018). How People Learn II: Learners, Contexts, and Cultures. National Academies

Press. https://www.nap.edu/ catalog/24783/how-people-learn-ii-learners-contexts-and-cultures (accessed 13 July 2020). 旨在概述認知在教育方面的應用，有時過於龐雜，會論及延伸話題，但仍值得一讀。可免費下載。

5. Willingham, D. T. (2019a). The high price of multitasking. New York Times (15 July), p. A21. https://www.nytimes.com/2019/07/14/opinion/multitasking-brain.html. 證據顯示人們並不如自己認為得那麼擅長處理工作記憶超載，此文獻簡要檢視了這些證據。

6. Willingham, D. T. (2019b). Why aren’t we curious about the things we want to be curious about? New York Times (20 October), p. SR9. https://www.nytimes .com/2019/10/18/opinion/sunday/curiosity-brain.html. 這篇特稿討論了什麼會引發好奇心，以及對於與我們長期興趣相符的事物，要怎麼產生好奇心。

專業文獻

1. Baddeley, A. (2018). Exploring Working Memory: Selected Works of Alan Baddely. Oxford, UK: Routledge. 是艾倫・巴德利（Alan Baddeley）最重要的文章的回顧，一般認為巴德利是過去五十年來建立工作記憶理論的核心人物。

2. Berridge, K. C., & Kringelbach, M. L. (2015). Pleasure systems in the brain. Neuron, 86(3), 646–664.有證據證明人們感受的各種愉悅，不論是使用成癮性藥物、聆聽音樂、體驗愛情、或享用美食，都來自於同樣的大腦結構性根源；此文獻審視了這些證據。

3. Kidd, C., & Hayden, B. Y. (2015). The psychology and neuroscience of curiosity. Neuron, 88(3), 449–460. 概述當代的好奇心理論，重點概念是：動物（也包括人類）演化出好奇心，以確保能夠了解其環境。當

我們認為某個環境能提供最大的學習機會，就會產生最旺盛的好奇心。

4. Long, N. M., Kuhl, B. A., & Chun, M. M. (2018). Memory and attention. Stevens' Handbook of Experimental Psychology and Cognitive Neuroscience, 1–37. Hoboken, NJ: Wiley. 你或許不需要別人多費唇舌，就已知道注意力是學習的先決條件。而此文獻說得更為詳細，而且可想而知，裡面也包含警語和說明複雜的情況。

5. Willingham, D. T., & Riener, C. (2019). Cognition: The Thinking Animal, 4. Cambridge, UK: Cambridge University Press. 本書為大學程度的認知心理學教科書，是此領域的入門書籍，不需要先備知識就可閱讀。但因為是教科書，內容仔細，可能比你想要得更詳盡一些。

注釋

①18世紀英國畫家約書亞・雷諾茲爵士（Sir Joshua Reynolds）的說法更有說服力：「人總是無所不用其極地逃避思考的辛苦。」

②實際上，開車時多工會使駕駛技術變差很多，駕駛人卻不自知。請不要以身試法！

③如果你解不出來，答案如下：從圖中可見圓盤標示為A、B、C，方樁標示為1、2、3，解法就是A3、B2、A2、C3、A1、B3、A3。

第 2 章

學生應該學習什麼樣的知識？

問 事實學習一事已有許多人撰文討論，多半是負面的。目光短淺的教師要求學生死記一知半解的事實，已成美國教育的老生常談，而且這樣的陳規並非新鮮事，也不只存在於美國——狄更斯在1854年出版的小說《艱難時世》（Hard Times）中就有同樣描述。2000年代初以來，隨著標準化測驗愈加重要，人們對事實學習也愈加關注；標準化測驗鮮少提供學生機會去分析、綜合或批判，反而要求學生機械性地重複記憶個別的事實。許多教師認為，原本教授學生能力的時間被準備標準化測驗給擠壓了。事實學習到底是有用還是沒用呢？

答 毫無疑問，強迫學生背誦一堆個別的事實不太有幫助，但同時，在缺乏事實型知識的前提下，要教學生分析或綜合等技巧是不可能的（雖然通常比較少人意識到這一點）。認知科學研究指出，教師希望學生培養的能力，如分析與批判思考，都需要廣泛的事實型知識。本章所根據的認知原則如下：

思考技巧需依賴事實型的知識。

這表示：學生必須有機會學習事實知識，且應該要邊學邊實踐思維技巧，最好從學前教育就開始，甚至更早。

今日，要是科學教育墮落至只是累積不相干的事實與不經解釋的公式，沒有培養理解力，反倒成了記憶的負擔，那就相當危險了。[1]

——艾佛瑞特（J. D. Everett），寫於1873年

大一時，我宿舍對門的樓友貼了張海報，上頭是一頭亂髮的傑出物理學家愛因斯坦，還有一句他的名言：「想像力比知識更重要。」我當時覺得這句話超有深度。也許我在演練成績低落時要怎麼對父母解釋。「沒錯，我是拿了丙，但我有想像力！而且愛因斯坦說……。」

四十多年後，教師對於「知識」心存提防又有點厭煩的原因已經不同了。各州政府希望能確保學校的品質。這通常表示孩子需要接受測驗，而這些測驗的重點，通常是需要直接回想事實的選擇題。以下兩道題目出自我居住的維吉尼亞州，一道是八年級的科學測驗，一道是三年級的歷史測驗。[2]

1.海葵有毒。但小丑魚發展出一層體外黏液，可以保護其免受海葵的刺細胞的傷害。這種黏液最適合被稱為：

A.適應性　B.關連性　C.能源需求　D.社會階層

2.喬治・華盛頓・卡弗（George Washington Carver）發明

新方法來使用：

A.紙 B.電 C.花生 D.香蕉

不難看出何以教師、家長或學生會抗議了，知道這些問題的答案並不能證明真的明白科學或歷史。我們希望學生思考，而不單單只是記憶。當一個人展現出批判思考的蛛絲馬跡時，我們就會認為他很聰明，受過良好教育。若有人滔滔不絕地吐出沒頭沒尾的事實，我們就會覺得他很無趣，或只是在炫耀。

話雖如此，還是有很明顯的案例能讓每個人都同意事實型知識不可或缺。當講者使用生僻的詞彙，你可能不懂他的意思。舉例來說，若有朋友傳簡訊給你，告訴你她認為你女兒正在跟一個「yegg」約會，你絕對會想要知道「yegg」一字的定義（見圖2-1）。同樣地，你可能知道所有單詞的意思，卻缺少了概念型知識好把所有的字詞組織成可理解的事物。舉例來說，專業期刊《科學》最近一期有篇文章叫作〈極端條件下測量相關聯電子系統中的磁場紋理〉[3]。我知道每個字的個別意思，但是我對磁場的了解不夠，無法理解磁場紋理是什麼，更不知道為什麼要測量它。

背景知識對於理解不可或缺，此事顯而易見，至少從我剛剛的描述中可見一斑。在英文裡，「think」（思考）一字是及物動

【圖2-1】如果有人說你女兒和一個yegg在約會，你一定會想知道yegg的意思是「帥哥」、「網路成癮者」或「闖空門的賊」。出處：帥哥© Shutterstock/G-Stock Studio；網路成癮者© Shutterstock/Kopytin Georgy；闖空門的賊© Shutterstock/Lisa_S

詞，必須接受詞，需要有思考之物。但你也可以反駁說（我也常聽到這個論點），你不需要記住這些訊息——反正都查得到。回想一下第一章的心智模型（圖2-2）。

我認為思考是以新的方式組合訊息。訊息可能來自長期記憶，也就是你記住的那些事實，或者是來自環境。在現今的世界裡，為何還要記憶訊息？透過網際網路，數秒內就能找到所需的事實型訊息，包括yegg的定義。同樣的，世事變化迅速，你記憶中的訊息有一半在五年內就會過時了，至少理論上如此。與其學習事實，倒不如練習批判思考，讓學生評估網路上能取得的所有訊息，而非把其中一小部分刻到腦海裡。

我在本章會闡述這個理論是錯的。（本書第九章會探討查

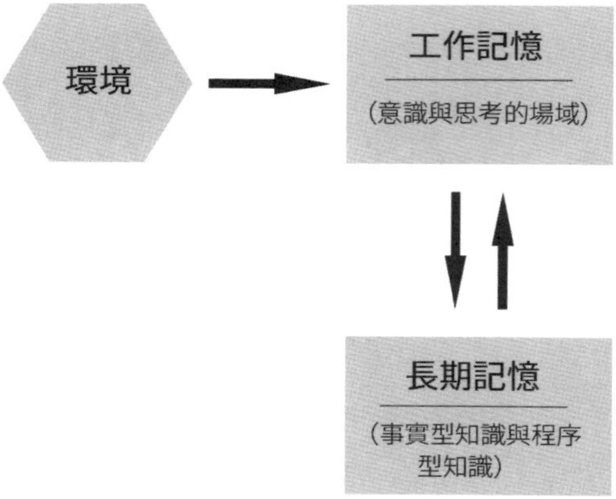

【圖2-2】我們的簡單版心智模型。出處：© Greg Culley

找資料）過去四十年來的資料引導出一個科學上無法反駁的結論：縝密思考需要瞭解事實，而且不只是因為需要事情才能思考。教師最關心的環節——批判思考過程，如推理和解決問題——都和儲存在長期記憶裡（不只是在環境中的）的事實型知識密不可分。

對很多人來說，要承認思考過程和知識密不可分並不容易。多數人認為，思考過程類似計算機的功能。計算機有現成的一套程序（加法、乘法等）能夠操作數字，而這些程序可以應用在任何一組數字上。資料（那些數字）與處理資料的操作是分開的。因此，如果你學了新的思考方式（比方說，如何批判分析歷史文件），那種方式就能應用在所有的歷史文件上，猶如能運算正弦值的高功能計算機，不管輸入什麼數字都能運算一樣。

然而人腦的運作方式卻非如此。當我們學會對第二次世界大戰所導致的歐洲地緣政治批判思考時，並不代表我們也能對西洋棋、目前中東局勢，或甚至法國大革命所導致的地緣政治進行批判思考。批判思考過程和背景知識密不可分（儘管其關係緊密的程度會隨著我們的經驗大幅增加而減少，此點將在第六章詳述）。認知科學研究所得的結論是明確的：我們必須確保學生在練習批判思考能力的同時，也能掌握背景知識。（見圖2-3）

本章我將闡述認知科學家如何領略思考能力和知識兩者密不可分。

【圖2-3】與其說人類心智像是計算機，其實更像是這樣的星盤。這個星盤有許多功能，包含可以測量天體在地平線上方的高度，但知道這個功能需要知識。星盤的知識表述——上面刻的數字，以及各個零件的相對運動——這些組成了星盤的結構。當然，你需要思考過程——你需要知道如何使用星盤——但也少不了知識表述。出處：© Getty Images/Science & Society Picture Library

知識對於閱讀理解是不可或缺的

背景知識幫助你瞭解別人說話和書寫的內容。上一節我給了幾個蠻明顯的例子：如果一個單字（比如yegg）或一個概念（比如磁場紋理）不存在於你的長期記憶中，你很有可能一頭霧水。而對背景知識的需求遠比對一個語詞的定義深。

假設一個句子中包含兩個概念，就稱為A和B好了。即使字詞你都會，也對A和B兩者都能了解，你可能還是需要背景知識來理解該句子。舉例來說，假設你在小說裡讀到以下句子：

「我不該在老闆來吃晚飯時使用新的燒烤爐！」馬克說。

我們可以說，概念A就是「馬克不該使用新燒烤爐」，概念B則是「老闆來吃晚餐」。顯然，你要理解的不僅是 A 和 B；作者期望你理解這兩個概念之間的關係，即 B（老闆來）是 A（不該使用新燒烤爐）的原因。但作者省略了有助於你將 A 和 B兩概念連接起來的兩則資訊：其一，首次使用新家電用品時我們常犯錯；其二，馬克想給老闆留下好印象。把這些事實拼湊起來後，便有助於你瞭解馬克擔心他會在第一次使用新燒烤爐時搞砸，他不希望端給老闆的是失敗的料理。

閱讀理解需要綜合段落裡的概念，而不只是理解個別的概念。但作者通常不會提供讀者連接概念所需的一切資訊，而是設想讀者在其長期記憶中已具備這些知識。以方才所舉之例來說，作者假設讀者知道關於新燒烤爐與老闆的相關事實。

為什麼作者要略去不表呢？這樣不就冒著讀者可能沒有正確背景知識的風險，而會一頭霧水嗎？風險確實存在，但作者無法囊括所有的事實型細節。果真如此的話，文章就會無比冗長。想像一下若你讀到以下文章：

「我不該在老闆來吃晚飯時使用新的燒烤爐！」馬克說。然後他又說：「讓我解釋得更清楚些，此處我所謂的『老闆』指的是我的直屬上司，不是公司的董事長，也不是其他領導階層。我所說的『晚飯』，指的就是晚上吃的那頓正餐。而我說的『燒烤』也不太明確，因為其實我說的是『炙烤』。『燒烤』指的是較長時間的烘烤，而我計畫要用的是高溫炙烤。總之，當然我擔心的是我對燒烤（其實是炙烤）不熟練，食物會不可口，而我希望給老闆留下好印象。因為我相信，要是給老闆留下好印象，我在公司就能升遷。搞砸的食物絕不會給他留下好印象。」

我們或許也都認識會這麼說話的人（而且我們一向對之能躲則躲），但為數不多；多數作者及演講者基於此，都會認為省略部分訊息無關緊要。

作者（和講者）如何決定哪些內容要省略？這得看他們的受眾是什麼人。假設你正在辦公室使用筆記電腦工作，這時有人進來問你：「你在做什麼？」你會如何回應？

這要看問話的人是誰。如果這天是「帶子女來上班」的日子，而問話的人是某同事的兩歲小孩，那麼你可以回答：「我在用電腦打字。」但以同樣的答案回答成人，那就太荒謬了。為什麼呢？因為打字的女士應該會假定成年人知道她在打字，所以「我在填表」會是比較適切的回答。我們會調整答案，判斷對方的知識程度來提供更多或更少（或不同）的訊息，以此決定我們可以安然省略哪些訊息，或多加解釋哪些訊息。（圖2-4）[①]

當訊息缺失時會發生什麼事？假設你讀到下列句子：

他說他有棟湖畔小屋時我還相信他，但他說漲潮時小屋距離湖水只有四十英呎遠，我就不信了。

如果你跟我一樣，你一定也困惑不解。我曾讀過相似的句子，後來我岳母跟我解釋，湖泊的潮汐並不明顯。我沒有作者以為我應該具備的背景知識，所以看不懂那段文字。

【圖2-4】想想看，說話對象是配偶或朋友時，與說話對象是教師時，你描述教學計畫的方式有何差異？
圖片出處：© Shutterstock/Monkey Business Images

因此，詞彙背景知識能幫我們理解單一的概念（稱之為A），而要了解兩個概念（A和B）之間的關聯性，通常也需要背景知識。實際上，作者經常接連快速地提出多個概念——A、B、C、D、E、F——期待讀者能夠結合所有概念，形成條理分明的整體。看看出自《白鯨記》第三十五章的這段話：

斯利特船長一向對於鉅細靡遺地描述他那瞭望臺上所有的精巧裝置樂此不疲，此刻他也是如是。雖然他那樣如數家珍地說明，雖然他不斷對我們和盤托出他在瞭望臺上的科學實驗——他在那裡放了個小羅盤，目的是要抵銷所有羅盤櫃磁鐵所謂「局部吸引」所造成的誤差，這個誤差要歸因於船體甲板鐵塊的平行位置；而在格拉西亞號，這誤差也許要歸因於船員中有那麼多衰弱的鐵匠。我認為，雖然船長小心謹慎又講究科學，懂那些「羅盤櫃誤差」、「方位角羅盤觀察」及「近似誤差」什麼的，但他自己心知肚明，與其說自己埋頭於那些深奧的磁力思考，不如說是無法被那個裝得滿滿的小套瓶引誘，偶一為之都不行。而那瓶子就好端端地塞在他瞭望臺的一側，伸手可及。[4]

為什麼這段話這麼難懂？因為你的心智空間用完了。字裡行間概念太多，雖然原文只是一段句子，但你想要把所有內容同時儲存在腦海裡，建立其中的關聯時，卻因為訊息龐雜，使你無法同時記住。套用第一章的術語，你的工作記憶沒有足夠的容量。

在某些情況下，背景知識有助於解決此問題。

要瞭解個中原因，我們先進行以下示範。請先讀過一遍下列的字母表，然後遮住，看看你記得幾個字母。

XXCN

NPH

D L O

L G M

T F A

Q X

好，你能記住多少個？如果你和大多數人一樣，答案大概是七個左右。現在用下面的字母表再試一次。

X

CNN

PHD

L O L

G M T

F A Q

X

第二份字母表中，你答對的比率可能比較高，你一定也注意到因為這些字母是你熟悉的首字母縮略詞，所以容易許多。但你注意到第一份字母表和第二份字母表其實內容相同嗎？我只是改變了換行的位置，讓第二份的首字母縮略詞變得更明顯。

這是工作記憶的任務。第一章提到工作記憶是大腦裡組合與操作訊息的區域，你可以把工作記憶設想成意識。工作記憶容量有限，所以你無法在工作記憶裡容納第一份字母表的所有字母；但第二份就可以，為什麼？因為工作記憶的空間量並非由字母多寡決定，而是由有意義的單位而定。如果你能記住七個字母，你就能記住七個（或接近七個）有意義的首字母縮略詞或生字。F、A、Q三個字母只算一個單位，因為合起來對你而言是有意義的。

把環境中個別的訊息拼在一起的現象就稱為意義組塊（chunking），其優點顯而易見：如果訊息可以拼組成塊，工作記憶就能容納更多東西。不過，妙就妙在只有在你的長期記憶中有適用的事實型知識時，才有辦法進行組塊。比方說，只有在你已經知道CNN是什麼之後，你才能把CNN視為意義單位。第一份字母表裡，三個字母的組合之一是NPH。如果你是神經學家，就可能將這一組字母視為一個意義組塊，因為NPH代表著一種腦部疾病，即「常壓性水腦症」（normal pressure hydrocephalus）。如果你的長期記憶中沒有這項知識，你就不會將NPH視為一個意義組塊。這個基本現象——使用背景知識在工作記憶中將訊息分類

——不單能應用在字母上，且可以運用在任何事情上，如橋牌玩家手上的牌、舞蹈家的舞步等等皆可。

由此可知，長期記憶中的事實型知識有助於意義組塊，意義組塊後就能增加工作記憶的空間。那麼，有能力將訊息根據意義來組塊又和閱讀理解有什麼關係呢？我之前說過，如果你讀到概念A、B、C、D、E、F，你會需要將上述概念的關係找出來，才能理解其含義，那在工作記憶裡可占據不少空間。但假如你可以把A到F串成一個單一概念呢？理解就會容易得多。舉例來說，請思考以下這段話：

艾許彭給游擊手沃茲擊出一記滾地球，沃茲將球丟給二壘手達克。達克踩上壘包，迫使從一壘跑來的克雷明出局，然後將球丟給一壘手安德森。艾許彭沒來得及上壘。

這段話對我來說很難理解，內容包含許多個別動作，很難聯繫起來。但對瞭解棒球的人來說，這是很熟悉的模式，就如同CNN一詞。這些句子描述了一個常見的事件序，稱為「雙殺」。

許多研究顯示，若對主題稍有背景知識，就能大大增進閱讀理解力，部分原因就是意義組塊。針對此點有一個設計精巧的研究，對象是國中學生。[5]據標準化閱讀測驗成績將學生分為兩組，一組閱讀能力佳，一組很差。研究者請學生讀一則描述半局棒球比賽故事。在閱讀過程中，學生定時被打斷，並被要求用棒球場與球員的模型，來展現他們對故事內容的瞭解。該研究有趣的部分是，有些學生對棒球相當嫻熟，有些只略懂皮毛。研究者確定每個人都能理解個別動作，如什麼叫雙殺。研究結果很引人注目，如圖2-5所示，學生對棒球的知識決定了他們對故事的瞭解程度。在此，他們的閱讀能力不如背景知識那麼重要。可見，有背景知識才有意義組塊，讓工作記憶騰出更多空間，也就更能找出概念間的關聯，因此也更易於理解。

背景知識也會澄清原本可能模稜兩可、令人糊塗的細節。在一個闡述這個現象的實驗中，[6]受試者閱讀以下段落：

步驟其實很簡單。首先，你把東西分門別類，當然，數量不多時一堆也就足夠了。如果因為缺乏設備，不得已要去別處，那就有下一步；否則，其實差不多就緒了。重要的是，不要做過頭，也就是說，一次寧可少一點也不要多一點。

這段文字繼續以這種風格寫下去，含糊而迂迴，令人很難理解。倒不是有什麼字看不懂，而是一切都很含糊。不意外地，當讀者之後被問起這段話的內容，通常都不太記得。但是如果他們一開始就知道這個段落的標題是「洗衣服」，那記得的內容可就多得多。現在你知道標題了，再讀一次這段文字，標題告訴你

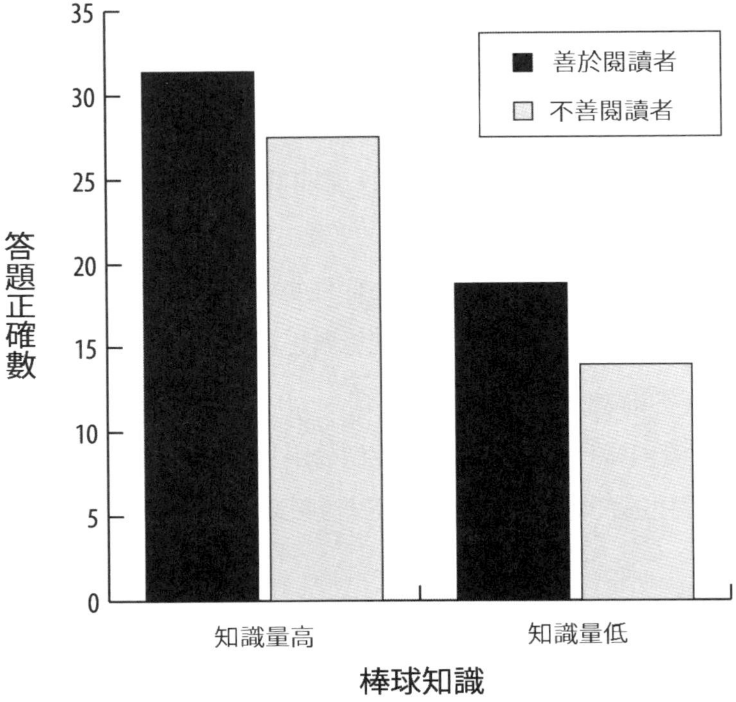

【圖2-5】一個閱讀研究的結果。正如所料，善於閱讀者（深色柱狀體）比不善閱讀者（淺色柱狀體）的理解力高，但此時閱讀能力的影響其實不大，知識量的影響才大。很懂棒球的人（最左邊柱狀體）對文章的理解，大大高於不懂棒球的人，不管他們的閱讀能力在標準化閱讀測驗評量下是好還是壞。數據出處："Effect of prior knowledge on good and poor readers' memory of text" by D. R. Recht and L. Leslie in Journal of Educational Psychology 80: 16–20. Copyright © 1988 by the American Psychological Association

哪些背景知識是相關的，你就可以使用那些知識來澄清模糊地帶。比如說，「把東西分門別類」可解釋為將淺色、深色和白色的衣服分開來。這個實驗告訴我們，我們不是在真空環境中吸收新知，我們會根據對於該主題已有的知識，來解讀我們讀到的新知，在此例中，「洗衣服」這個標題告訴讀者要使用哪種背景知識，才能理解段落。當然，我們所讀的大部分內容都沒有這麼模糊不清，通常都知道哪些背景知識是相關。因此，當我們讀到一句模稜兩可的句子時，會直接運用背景知識來詮釋，很可能根本沒注意到有可能的含糊之處。（見圖2-6）

我已列出背景知識對閱讀理解的重要之處：(1)提供詞彙；(2)讓你能填補作者留下的邏輯空隙；(3)讓意義單位能組塊，增加工作記憶的空間，也更容易串連起概念；(4)有助於詮釋模稜兩可的句子。事實上，背景知識還有其他方式能協助閱讀，只是這些是最精彩的。

【圖2-6】大多數人甚至沒注意到圖片中的「it」意義含糊不清，因為背景知識讓我們知道什麼該撿、什麼不該撿。出處：抱狗的人@istock/Aleksandr Zotov；狗排泄物處理站© Daniel Willingham；Photoshop© nyretouch/Nihal Organ

有些觀察

家認為，知識對於閱讀的重要性，是造成四年級落後群（fourth-grade slump）現象的原因之一。若你還不熟悉「四年級落後群」，這一詞指的是社經地位較低的學童，他們直到三年級時閱讀能力表現都還在常軌上，然而到了四年級卻突然落後。對於該現象可以這麼解釋：一直到三年級，閱讀指導大部分著重於識字與正確發音，閱讀測驗也強調這部分。等到四年級，多數學生都已能掌握識字發音，所以閱讀測驗開始強調理解。如同此處所言，理解建立在背景知識之上，來自社經地位較高家庭的學童就有優勢，和家庭社經地位較差的學童相比，他們的詞彙量較多，各方面知識更廣。而因為知道得越多，學習新事物就越容易。下一節會提到，這兩類學生之間的差距持續拉大。

要培養認知能力，要先具備背景知識

背景知識不但能提升閱讀力，還是思考力的源頭。我們最希望能培養學生批判思考、邏輯推理的能力，但若沒有背景知識則都是空談。

首先，你要知道，多半時候當我們見到他人在進行邏輯思考時，他其實是在進行記憶檢索。正如我在第一章所言，記憶是我們認知過程的第一個資源。面對問題時，你會先在記憶裡找解決方法，如果有的話，你很有可能會直接使用。這麼做很省事，

【圖2-7】每張卡片的一面是字母，一面是數字。規則如下：如果字母那面是母音，那數字那面就是偶數。你的任務是要查核這四張卡片是否符合上述規則，而翻的卡片數量要降到最少。你應該翻哪幾張卡片？出處：© Greg Culley

也很可能有效；你會記得那個解決方法，多半也是因為上回使用時奏效，而不是行不通。要理解這個效果，請先試著去解你缺乏相關背景知識的問題，如圖2-7所示。[7]

圖2-7闡述的題目比看起來難。實際上，只有百分之十五至二十的大學生答對。正確答案就是翻開卡片A和卡片3。多數人能正確答出卡片A，顯然若該卡片反面不是偶數，那麼就會違反規則。很多人誤以為需要翻開卡片2，但是規則裡並沒有說偶數牌的背面一定要是什麼。卡片3必須翻開，因為若反面印的是母音字母，那就違反規則了。

現在再來看看這個問題的其他版本，如圖2-8所示。[8]

對大多數人來說，這個題目相對簡單：你會翻開寫著啤酒的卡片（確認顧客已經滿二十一歲）和數字17的卡片（確認這個未成年人沒喝啤酒）。從邏輯上來看，卡片17和前一個版本問題的卡片3角色相同，但卡片3卻是大家都沒答對的那張卡。為什麼第

【圖2-8】假設你是酒吧的大門保全人員。每張卡片代表一位客人，卡片一面寫著客人的年齡，一面是他喝的飲料。你要執行以下規定：喝啤酒的人一定要滿二十一歲。你的任務是查核上述四個人是否符合這個規定，但你只能翻最少數量的卡片。你應該翻哪幾張卡片？出處：© Greg Culley

二版的問題容易許多？原因之一（但並非唯一的原因）就是這個主題你很熟悉。你具有飲酒年齡的背景知識，也知道該怎麼執法，因此不需要邏輯推理。你對此問題有經驗，也記得該怎麼做，於是便不需要思考推理。

事實上，大家憑記憶來解決問題的頻率，比你想像中要高出許多。舉例來說，世界頂尖西洋棋好手的過人之處，不是他們對於棋局推理的能力，也不是能下一著絕妙好棋，而是他們關於棋譜的記憶。之所以有這個結論，最主要的發現如下：西洋棋賽是有計時的，每位棋手都有一小時來走完他的棋。還有所謂的超快棋錦標賽，棋手只有五分鐘來下完一局（見圖2-9）。大家在超快棋錦標賽中下得比較差是意料中事。 但令人訝異的是，頂尖棋手表現還是最優異，次優的依然是次優，以此類推。[2]這個發現指出，讓頂尖選手優於其他人的原因，在超快棋錦標賽中依然存在；他們具有的優勢，並不是花很多時間的過程，因為倘若如此，那在超快棋錦標賽中就會失去優勢。

頂尖棋手之所以卓越超群，原因似乎是記憶。錦標賽等級的西洋棋手在選擇走法時會先評估局勢，判斷棋盤上哪塊區域最危急、自己與敵手防禦最弱之處等等。這個過程要靠棋手對於類似棋譜的記憶，而且因為那是記憶處理過程，花費時間極少，也許不過幾秒而已。經過評估之後，大幅縮小了棋手可能走的步數。只有到這個時候棋手才會進行較慢的推理過程，從好幾個可能的步數中選定最佳走法。也因如此，頂尖棋手在超快棋錦標賽中表現依然亮眼。大部分的重活都是靠記憶完成，這個過程所花時間極少。根據這個和其他研究，心理學家預估，頂尖西洋棋手的長期記憶中可能儲存了五萬份棋譜。因此，即使在西洋棋這種大家認為是典型的思考推理遊戲中，背景知識依然具有

【圖2-9】這個裝置叫棋鐘，是西洋棋計時器。黑色指針倒數剩下的分鐘數。每下完一步棋，棋手按下自己棋鐘上的按鈕，停止自己的計時，同時也開始對手時鐘的倒數。棋手在時鐘上設定的時間是一樣的，超快棋錦標賽只有五分鐘，也就是說在這段時間內要走完所有的棋。黑色指針快要走到12時，靠近12的小旗就會被指針推到一旁。一旦小旗倒下，就代表棋手超過規定的時間，於是喪失比賽資格。出處：© Shutterstock/Gavran333

決定性的作用。

這並不表示所有的問題都是藉由比對你過去見過的案例來解決的。當然，你有時候確實會思考推理，但即時在思考推理時，背景知識也有幫助。先前我在本章討論過意義組塊，也就是讓我們把個別部件視為一個整體單位的過程（比方說C、N、N變成CNN），好為工作記憶騰出更多空間。我強調過，在閱讀中因為意義組塊而多出的腦力空間，可以用來連結句子之間的意思。這個多出來的空間對推理思考也很有用。

舉個例子來說，你有沒有那種能夠走入別人家廚房，快速地用現有素材做出一整桌美味佳餚，讓主人家驚訝不已的朋友？你的朋友看食物儲藏櫃時，眼中看到的不是烹調原料，而是食譜，她利用了自己對於食物與烹飪的淵博背景知識。請看看圖2-10中的食品儲藏櫃。

【圖2-10】假設你到朋友家，朋友請你用一些雞肉和現成素材烹煮晚餐。你會怎麼做？出處：© Shutterstock/ Darryl Brooks

美食專家具備背景知識，能從中端詳出諸多可能的菜餚，例如壓碎山核桃，配上爐頂牌（Stove Top）餡料包覆雞肉外層，或者用茶來調味米飯。

必備原料會在工作記憶中形成意義組塊，於是專家的工作記憶就有空間來進行規劃的其他層面，比如考量可以為這道菜增色的其他菜餚，或是開始規劃烹調步驟。

意義組塊也可應用在課堂活動中。就拿代數課上的兩位學生來說吧，其中一位對分配律還不太熟悉，另一位則非常熟練。當第一位學生試著要解題，看到a(b+c)，不確定那表示ab+c，還是b+ac，抑或是ab+ac。因此他停下來，拿幾個簡單數字代入a(b+c)，確定他沒搞錯。第二位學生把a(b+c)視為意義單位，不需要停下來釐清，不會多占工作記憶。顯然第二位學生更可能成功解出題目。

關於知識與思考技巧，還有最後一個重點。專家告訴我們，他們在思考有關其領域的過程中，許多都需要背景知識，即使並非那麼描述。舉科學為例，我們可以告訴學生許多科學家如何思考事情，學生也能記住那些建言。比方說，我們能告訴學生詮釋實驗結果時，科學家對異常（也就是出乎意料的）結果特別有興趣。出乎意料的結果顯示他們的知識不盡完全，而這個實驗包含了新知識蘊藏的種子。若想結果能出乎意料，你得先有所預料！而對於結果的預料，則是根據你對該領域的知識。我們告訴學生所有關於科學思考的策略，多數或全部都不可能在缺少恰當背景知識之下運用，或者，正如知名地質學家赫伯特・哈羅德・里德（Herbert Harold Read）所言：「看過最多岩石，才能成為頂尖的地質學家。」（見圖2-11）。

同樣道理在歷史、語言、藝術、音樂等也通用。我們可以提供學生關於某領域中如何成功思考推理的概論通則，這些或許看似不需要背景知識，但當你考量怎麼去應用時，通常是需要的。

事實型知識能提升你的記憶

【圖2-11】莎朗・紐康（Sharon Newcomb）擔任美國「西敏犬展」裁判，正在檢查一隻迷你杜賓犬。她的專業部分來自看過數千隻狗的經驗。要成為美國犬業俱樂部（American Kennel Club）的狗展裁判，不僅需要直接表現知識（要通過犬隻解剖學和犬隻展場程序的考試），還需要有相關的經驗（在地區性的活動中擔任助理裁判）；想成為犬展裁判的人必須見過大量的犬隻，而且要與希望評判的品種犬有至少十二年的相處經驗。出處：© Getty Images/Sarah Stier

說到知識，具備越多知識的人，知識增長得也越快。運用同樣的基本方法，許多實驗都確認了背景知識對記憶的好處。研究者請一些具備專業領域知識的人（比如說橄欖球或舞蹈或電子電路），以及另一些不具備任何專業知識的人來做實驗。所有人都會讀到一則故事或一篇短文，內容很簡單，即使對該領域不擅長的人也能理解，也就是說他們可以告訴你每句話代表的意思。但到了隔天，有背景知識的人比沒有的人記得的內容要多出許多。

你可能會認為，這個結果是因為注意力造成的。如果我是籃球迷，我會樂於閱讀籃球相關內容，也會讀得特別仔細；相反地，若我不是球迷，我就會覺得無聊。在其他的研究中，研究者請受試者學習對他們來說新鮮的主題（比方說百老匯音樂劇），一半受試者學很多，一半只學一點點。之後研究者請受試者閱讀其他有關該主題的新事實，然後他們發現「專家群」（也就是之前學很多的人）學習新知學得更快更好，勝過那些「新手」（之前只學一點點的人）。[9]

為什麼對主題稍有瞭解後，更容易記住內容？我之前說過，如果你對特定主題知道越多，就越容易理解該主題的新訊息。舉例來說，懂棒球的人比不懂的人更容易理解關於棒球的故事。事情有意義，我們會比較有印象。下一章會對歸納推論更深入討論，但為了讓你先有概念，請讀以下兩段短文：

運動技能學習是執行熟練動作能力的改變，這些動作能達到環境中的行為目標。神經科學界有個根本且未解的問題，就是有沒有獨立的神經系統來代表習得的連續運動技能反應。用腦成像及其他方法來定義該系統，需要詳細描述為了特定的排序任務要

學習的確切內容是什麼。

戚風蛋糕將傳統蛋糕所用的奶油換掉，改用植物油。烘焙界有個根本且未解的問題，就是何時烤奶油蛋糕、何時烤戚風蛋糕。以專家品嚐會及其他方法來回答這個問題，必須詳細描述理想中的蛋糕有哪些特色。

第一段文字擷取自一篇學術研究論文。[10]每個句子都可以理解，如果你花點時間，就能看出句子之間的關聯：第一句提供定義；第二句提出問題；第三句闡述在解決問題前，必須先描述正在研究中的事物（技巧）。第二段文字是我模擬第一段的結構所寫的，每一句的結構都是一樣的。你覺得到了明天再來回想，你會對哪一篇比較有印象？

第二段文字較容易理解（因此較易記住），因為你可以將內容和已知的事物連結起來。經驗告訴你，好吃的蛋糕滑順有奶油香，而非植物油的油膩，所以有些蛋糕改用植物油這個事實就足夠引起你的注意了。同樣地，最後一句提到「理想中的蛋糕有哪些特色」，你能想像蛋糕的特色可能是鬆軟、濕潤等等。請注意，這些結果和理解無關；儘管缺乏背景知識，你也能理解第一段文字，不過少了點廣度和深度。那是因為當你有背景知識時，儘管不自覺，你的大腦也會將你所閱讀的內容，和你對該主題已知的資訊連起來。

幫助記憶的關鍵就是這些連結。記住東西基本上就是給記憶提示。當我們想起和目前正試著要記起來的事物有關的東西時，就是在記憶裡搜索。因此，當我說：「想想你昨天讀過的短文」，你會對自己說：「嗯，跟蛋糕有關」，然後自動地（也許完全不自覺），關於蛋糕的訊息開始閃過你的腦海——是烤的……有糖霜……生日派對……用麵粉、蛋、奶油做的……突然之間，那個背景知識（蛋糕是用奶油做的）為回想起短文提供了立足點：「啊哈，是關於棄奶油改用植物油來烤的蛋糕。」把短文中的這些句子加入你的背景知識，會讓短文更容易理解，也更好記。但是啊，運動技能的短文卻孤立無援，獨立於任何背景知識之外，所以之後比較難想起。

長期記憶中存在事實型知識使得獲取更多事實型知識更容易，這個背景知識的最後效應值得多加思考。你能持有的訊息量多寡，端賴你已經具備的訊息量。所以，如果你具備的訊息量比我多，那你能獲得的就比我更多。為了讓這個概念更具體（但讓數字清楚可辨），假設你的記憶中有一萬筆事實，但我只有九千筆，我們各自記住一定比例的新事實，比例多少視個人記憶中原本有多少而定。你可記得你聽聞之新訊息的百分之十，但因為我長期記憶中的知識較少，我只能記住百分之九的新訊息。假設我們兩人每個月都接觸五百則新訊息，表2-1顯示了十個月之後我們

【表2-1】從表中可見，談到知識，富者越富。

累積月數	你記憶中的訊息量	你記得的新訊息比例	我記憶中的訊息量	我記得的新訊息比例
1	10,000	10.000	9,000	9.000
2	10,050	10.050	9,045	9.045
3	10,100	10.100	9,090	9.090
4	10,151	10.151	9,135	9.135
5	10,202	10.202	9,181	9.181
6	10,253	10.253	9,227	9.227
7	10,304	10.304	9,273	9.273
8	10,356	10.356	9,319	9.319
9	10,408	10.408	9,366	9.366
10	10,460	10.460	9,413	9.413

兩人長期記憶中所有的訊息量。

十個月之後，我們之間的差距從1000筆訊息拉大成1043筆訊息。因為長期記憶中儲存內容越多的人，學習就越容易，所以差距只會越來越大。我要迎頭趕上別無他法，只能接觸比你更多的事物。就拿求學來說，我得努力趕上，但執行起來很難，因為你以持續增加的速度在拉大我們之間的差距。

前例中的數字當然都是我編的，但基本觀念正確無誤——富者越富。我們都知道豐饒物產哪裡可以找到。如果你想接觸新單字與新觀念，你要從書本與報章雜誌裡找。看影片、玩遊戲、使用社交媒體以及與朋友傳簡訊時，較不易接觸新的想法和詞彙。

我在本章一開始引用了愛因斯坦的名言：「想像力比知識更重要。」希望現在你已經相信愛因斯坦是錯的。知識更重要，因為知識是想像力的先決條件，或至少是引發解決問題、作出決策與創造力之想像力的前提。其他名人也曾發表過知識無用之類的言論，見表2-2。

我不知道為什麼一些偉大的思想家（他們毫無疑問相當博學）那麼喜歡詆毀學校，視學校為只讓學生進行無用知識背誦的工廠。我想我們應該把這些看法視為反諷，或至少是趣談，且我不需要傑出、能力過人的智者告訴我（和我的孩子）知識無用。正如我在本章所言，最高階的認知過程——邏輯思考、問題解決等等——都和知識密不可分。確實，沒有能力使用知識，空有知

【表2-2】偉大思想家貶低事實型知識重要性的言論摘錄。

當所學知識都被遺忘時，留下的就是教育。	心理學家史金納（B. F. Skinner）
我從不讓上學妨礙我的教育。	作家馬克・吐溫（Mark Twain）
教育最令人震驚的，莫過於以死板的事實形式累積起來的大量無知。	作家亞當斯（Henry Brooks Adams）
你的學習一點用處都沒有，除非你丟掉教科書、燒掉上課筆記、忘掉為了考試而熟記的枝微末節。	哲學家懷爾德（Alfred North Whitehead）
我們被關在中學和大學課堂裡十年或十五年，最後終於帶著滿腹經綸出來，卻一無所知。	詩人愛默生（Ralph Waldo Emerson）

識也是枉然；但同樣地，沒有事實型知識絕對不可能有效運用思考能力。

在此我引用一句西班牙諺語，提出與表2-2語錄不同的見解：「Mas sabe El Diablo por viejo que por Diablo」。大致是說：「魔鬼之所以是魔鬼，並非因為有智慧，而是因為有年紀。」這句話強調經驗很重要，由此推斷知識亦然。

總結

如今，大部分人不會認為學校教育的目標是要使學生為了認識事物而獲取知識。學校教育的目標是讓學生學會思考。此外，我們很自然地會將思考描述為過程，並因此下結論說知識不太重要。但我們在本章中已經了解，良好的思考在很多方面依賴於知識。知識使你能夠填補文章作者心照不宣的部分，句子含糊不清時還能引導你作出解釋。必須要先有知識，才能用「意義組塊」為工作記憶節省空間，因此知識可以促進推理。有時候，你只要回想先前的問題解答，就可以用知識代替推理；但在別的時候，運用思考技巧也必須要有知識，例如科學家思考實驗結果是否異常。與其將知識視為可以安插入思考過程的資料，倒不如將知識和思考看作是緊密相連的。

課堂上的應用

如果事實型知識能讓認知過程運作更順暢，顯然我們必須協助學童學習背景知識。那要怎麼確保他們學到了呢？

學生該學哪些知識？

我們可以自問，學生該學哪些知識？這個問題往往會迅速引發政治熱議。當我們開始具體指出哪些應該教、哪些可以略過時，顯然正在對知識的重要性分級。對於該納入或摒除哪些歷史事件與人物、劇作家、科學成就等等，都會導致文化偏見的指控。認知科學家對這些議題則有不同看法：「該教哪些知識給學生？」這並不等同於「哪些知識重要？」而是「你想要學生具備做什麼事的能力？」這個問題有兩個答案。

以閱讀來說，學生必須知道作者認為他們應該知道而省略掉的訊息。所以關鍵的問題是：你希望學生有能力閱讀什麼？有個常見的答案——但當然不是唯一的答案——是「為受過教育的非專業人士所寫的日報、書籍和期刊」。例如，要充分讀懂《華盛頓郵報》，必須在長期記憶中掌握《華盛頓郵報》的撰文者和編輯認定讀者已具備了的知識。他們認定的讀者知識非常廣泛，因為《華盛頓郵報》刊登的文章內容涵蓋政治、視覺藝術、文學、公民學、歷史、戲劇、舞蹈、科學、建築等方面。但《華盛頓郵報》的撰文者和編輯並不期望讀者具有很深層的知識。 例如他們可能認定讀者知道畢卡索（Picasso）是畫家，但不一定知道他是立體派畫家（cubist）。

我必須補充的是：教師或許會為學生的閱讀訂定其他的目標。 我以「受過教育的非專業人士」為例子，是因為我認為這是很多家長為子女訂定的目標。如果你希望學生能夠閱讀其他類型的題材，就應該著重於該類型題材的撰文者認定讀者已具備的知識。學生若具備文章主題的相關知識，就很可能成功讀懂文本。

「哪些知識是重要的」問題的第二個回答，針對的是核心科目課程的內容。對於科學、歷史、數學等核心科目，學生應該具備哪些知識？這不同於第一個問題，因為在核心科目領域中的知識，功能不同於非專業閱讀時的知識。例如《華盛頓郵報》的文章或許不會解釋「星雲（nebula）」是什麼，但撰文者會認定讀者知道星雲是一種「天體」即可，不需要更深層的相關知識。但若是天體物理學的學科研讀，需要的知識就深層得多。

學生沒辦法樣樣學，那麼他們應該要會哪一些？認知科學家的結論頗為明確：學生必須學習一再出現的概念，也就是每個學科的統合概念。有些教育思想家建議，應該教學生少量精深的概念，從低年級就要開始，並貫徹在數年的課程中，因為不同的主題會透過一個或多個這些概念反覆出現並受檢視。從認知科學的觀點來看，這種作法有其道理。

確定學生具備充分閱讀所需相關知識，才要求他們進行批判思考

我們的目標不只是讓學生知識廣博，而是要讓他們具備足夠知識，藉此能進行有效思考。正如本章所強調的，批判思考需要背景知識。批判思考不是一套脫離背景知識即能單獨實踐與修正的程序，因此，在指派學生批判思考任務前，一定要考量學生是否具備必要的背景知識。有一次我觀察到一位教師問他四年級的學生，生活在雨林裡會是什麼樣子。雖然已經花了好幾天和學生們談論雨林，他們仍欠缺背景知識，只能提出相對粗淺的回答，如：「那裡常常下雨」。教師在單元結束前又問了同樣的問題，這次學生的回答就豐富多了。有個學生馬上說她不會住在雨林，因為那裡土壤貧瘠、缺乏日照，她可能必須改變原本素食的飲食習慣，把肉類納入飲食。

請注意，我的意思不是「先把學生教到知識豐富，然後才鼓勵他們思考！」你當然會希望學生即使還在學習知識，也能進行思考。要有知識才能批判思考，認清這一點，教師就可以調整現有的那些批判性思考型的問題和任務，以便更能反映出學生的知識。

對「思考」多加思索，這很重要……但還不夠

教師希望學生能夠批判性思考，就會自然嘗試直接進行批判性思考的教學。思索應該如何思考，就是「後設認知（metacognition）」，有充分的證據顯示教學生後設認知策略是有益的。後設認知策略的優點在於這些策略很簡單，教起來也很快，並且可望能運用於各式各樣的內容。但這些策略也可能華而不實。

閱讀理解策略當中有個常見的例子。教師會對學生這麼說：「遇到不熟悉的字詞，可以看上下文是否有助於理解含義」，或是「閱讀文章前，先用標題來預測內容」。這些閱讀策略能夠控制思考方式，增進閱讀理解。

但你已知閱讀理解的關鍵之一，在於能從記憶提取作者略而不提的知識，就像「馬克的新燒烤爐」那個例子的情況。「不應該用新燒烤爐」和「老闆要來晚餐」兩個概念要合併起來，需要作者略而不提的知識，而且這個略而不提的知識僅適用於那個句子，是句中兩個概念合併的關鍵。但策略則必須是通用的，因為策略應該適用於多種情況。因此，策略不能教你如何合併多個概念——每次的概念合併都專屬於某個特定的句子。

我在別的著作中提出這個類比：[11]假設你去IKEA買家具，回家後把零件倒在地板上，看了一眼說明書，然後僅對自己說道：

「開始組裝前，想想我曾看過的家具。然後開始組裝這一件。慢慢來，不要用蠻力。還有，開始後要三不五時暫停一下，檢視組裝的進展，看看這東西是否開始有家具的雛形。」

這番建議的確有幫助！但這還不夠——你需要知道哪幾個零件應該用螺絲栓在一起。閱讀也是一樣，需要知道各個概念應該如何連接的特定方法，但也需要一般通用的策略，例如「閱讀時要注意自己是否理解」。

我認為後設認知策略當中絕大多數，甚至全部，都符合這種描述。例如有個後設認知策略：「判斷某科學實驗是否完善時，需要評估控制條件是否搭配實驗條件。」你可以把這個後設認知策略背下來，知道要這麼做是有益的，雖然背策略並不能讓你知道該怎麼辦。要知道該怎麼辦，需要的是背景知識。

淺層知識勝過沒有知識

有時候，事實型知識要能發揮作用，需要有一定的深度才行。比方說，推理時，你需要知道你推理的對象可能扮演的眾多角色。但有些時候，具備粗淺的知識就足夠了。閱讀時我們通常不需要擁有某一概念的深層知識（deep knowledge），就能夠理解該概念在上下文中的意思。比方說，我對棒球幾乎一竅不通，但在一般閱讀中，知道粗淺的定義如「兩隊以球和球棒所進行的競爭運動」通常就足夠了。當然，深層知識會比略懂好，但我們不可能樣樣精通，而有淺層知識當然勝過毫無知識。

盡你所能推動兒童閱讀……但這麼做還不夠

本章描述了知識效用，同時也強調閱讀的重要性。閱讀比其他活動更能讓孩童接觸到事實及大量語彙，此外，諸多資料顯示，因為樂趣而閱讀的人一輩子都能享受到認知益處。

有些人會問：圖像小說（graphic novels）或是有聲書「夠不夠格」，我要強調回答：「夠格！」圖像小說在情節、詞彙等方面都可能具有高水準，而聽有聲書與閱讀印刷書很大部分是相同的。當然，聽有聲書時，孩子沒有在練習解碼印刷字或培養閱讀流暢度，但無論是閱讀或聆聽書籍，理解的過程是類似的，所以若要增進詞彙和背景知識，有聲書是很好的選擇，尤其在運動或通勤等不方便閱讀印刷書的時候，有聲書更是好選擇。

話雖如此，我並不認為「只要他們在讀就好」，讀什麼都可以。當然，如果孩子以前曾經拒絕閱讀，我會很高興見到他拿起任何一本書。不過一旦孩子習慣了閱讀，如果我判斷他不會因為多了點挑戰就減低了閱讀動機，我就會開始引領他去讀適合其程度的書籍。我並不是說孩子絕不應該重覆閱讀某些書。孩子可能第一次閱讀某書時沒有真正理解全部的內容，或者可能在難過時重讀一本心愛的書，讓自己心情好一點。話雖如此，如果孩子讀遠低於他程度的書籍，顯然不會有太大收穫，而各種程度的書籍中都找得到有趣、精彩的書，所以何不鼓勵孩子讀適合他們實際程度的書呢？同樣地，太艱澀的書籍也不好，學生無法理解就會產生挫折感。學校圖書館員有相當的能力可幫助學童愛上閱讀，毫無疑問是學校閱讀風氣的重要推手。

雖然我很贊成休閒閱讀，但是我們為學生設定的長期目標之中，大多不是僅靠休閒閱讀就可以達成的。學生在休閒閱讀時獲得的背景知識會與興趣相符，例如喜歡歷史小說的學生可能會學到許多英國君主的相關知識，而喜歡奇幻的學生則會學到神話生物的相關知識。這一點是意料之中的事，但如果我們希望學生能擅長閱讀一般性的題材，那麼前述喜歡歷史小說和喜歡奇幻的兩位學生都需要學習一般性的知識，例如「太陽系是什麼」。要建立背景知識，休閒閱讀會有幫助，但高強度的課程對學生仍是必要的。

獲取知識可能是偶然的

請務必記得：獲取事實型知識可能是偶然的，也就是透過不經意的接觸，而非只透過專注學習或背誦。你或許會閱讀書籍和雜誌取樂、看紀錄片、看新聞報導、與朋友交談或欲罷不能的上網等等，請想想你在做這些活動時獲取的大量知識。學校也提供許多類似的機會。學生獲取知識的管道很多，從數學題目、學文法時的例句，或是你在選班長時的遣詞用字都有可能。每位教師都知道許多學生不知道的事情，要把握機會將這些知識融入到每日的課堂中。

及早開始

上一節的結尾，我指出在知識方面起步落後的孩子，除非有外力介入，否則會越來越落後。這毫無疑問是有些孩子學業表現不佳的主因。家庭環境的影響很大。父母親用的詞彙屬於哪一類？父母會對孩子提問、傾聽孩子的回答嗎？父母會帶孩子去博物館或水族館嗎？父母會為孩子準備書籍嗎？孩子會看到父母在閱讀嗎？上述種種原因都會影響孩子在入學前所具備的知識。換句話說，孩子在遇到人生第一位老師前，他學習過程是否順利這一點，可能就已經落後隔壁同學了。努力營造公平競爭的環境是教師最大的挑戰。要增進孩童在家未得到的事實型知識沒有捷徑，也別無他法。

我得說清楚，我無意指責未達成上列事項的父母；父母的時間和其他資源都有限，不見得都能為子女提供這樣的環境。我想只要每個學生能在學校獲得類似的資源，老師就會感到心滿意足了。

知識一定要有意義

教師千萬不可因為知識重要就逐條列表（不管是淺顯的還是詳細的）要求學生背誦。當然這麼做可能有用，但效果非常有限。知識要能發揮作用，必須是概念上的，而且各項知識間得彼此相關才行，所以列表學習是沒有用的。此外，所有教師都知道，列表學習既困難又枯燥，也因此弊大於利，會促使學生將學校視為無聊沉悶之處，而非啟發與愉悅的園地。既然我們已下結論說學習事實型知識很重要，那麼該怎麼做才能確定學生有學到呢？換個角度想，為什麼有些事情會停留在我們的記憶中，而有些事情卻記不住？下一章我們便要探討這個問題。

問題與討論

1. 請務必記得：能輔助思考技巧的知識，可能來自學校課程，更有可能來自學校以外的地方。但若只是告訴家長「要確保你的孩子在校外也能獲得知識」，這麼說太籠統，效果不大。教育工作者該怎麼說或怎麼做才會更有效果呢？

2. 請想想本章中引述《白鯨記》的那個非常長的句子。我已經說過，讀那個長句時會耗盡心智空間，也因此可能會無法讀懂。你上課時也會遇到令學生困惑的教材或時刻嗎？我在上一章中提到一種解決方法，就是將複雜的教材分解成較小的部分。我在本章中提到的另一種解決方法，是獲取足夠的知識來進行「意義組塊」。這個方法能否應用於你上課時發生的所有複雜情況？
3. 本章提到的棒球知識和閱讀的研究指出，知識能夠大幅影響理解。這也讓我想到，平時不擅長閱讀但有豐富的棒球知識的人，閱讀那篇棒球故事時有什麼體驗？他們是否會因為自己能成功閱讀而感到驚訝？我們知道，讀者信心是預測某人閒暇時是否會閱讀的重要指標，而不擅長閱讀的讀者當然有許多令他們失去信心的經驗。我們如何利用像棒球知識與閱讀的研究的相關發現，想方法為不擅長閱讀的讀者建立自信心？
4. 那篇關於「洗衣服」的文章指出：背景知識能有效釐清模棱兩可的文句。你可以想像自己有時候也會以類似的方式說話——話語內容意義不清，但因為你有相關的背景知識，所以能清楚自己的意思。你可否想個例子是關於你和學生之間發生的誤解？你和學生擁有的背景知識各不相同，是否有可靠的方法讓你別忘了這一點？
5. 知識愈豐富，就愈容易學習新知。這表示：剛入學的孩子若知識不足，就會落後得愈差愈遠。這種狀況對於早期教育有何意義？又對小學及更高的教育有何意義呢？

6. 現今這個世代，有時候人們不完全相信專業。政客呼籲大家相信的觀念是：無須擁有某一主題的豐富知識，比起所謂的專家，有常識且聰明的人其實能做出更好的決定。關於如何看待知識的價值，你覺得你所處的社會文化，向學生傳遞了什麼隱晦（或明顯）的訊息？你的學校又傳遞了什麼相關訊息呢？

【延伸閱讀】

大眾閱讀

1. Goodwin, B. (2011). Research says... don’t wait until 4th grade to address the slump. Educational Leadership, 68(7), 88–89. 文章簡述了此一概念：弱勢兒童閱讀分數下降，部分原因是缺乏背景知識；也說明該如何處理。
2. Lareau, A. (2003) Unequal childhoods. Berkeley: University of California Press. 有趣的民族誌研究，研究生長於不同社經階層家庭裡的兒童其童年樣貌。
3. Shing, Y. L., & Brod, G. (2016). Effects of prior knowledge on memory: implications for education. Mind, Brain, and Education, 10(3), 153–161. 以易懂的方式，審視記憶對於學習新事物的作用，且著重於教育方面的應用。
4. Willingham, D. T. (2017). How to get your mind to read. New York Times

(25 November), p. SR6. https://www.nytimes.com/2017/11/25/opinion/sunday/how-to-get-yourmind-to-read.html. 此一特寫稿探討背景知識對閱讀理解的重要性。若有人想要快速了解本章所述概念，可以將此文轉寄給他。

專業文獻

1. Best, R. M., Floyd, R. G., & McNamara, D. S. (2008). Differential competencies contributing to children’s comprehension of narrative and expository texts. Reading Psychology, 29(2), 137–164. 此文檢視背景知識對於閱讀理解的影響，以及知識不足如何造成了「四年級落後群」現象。

2. Cromley, J. G., & Kunze, A. J. (2020). Metacognition in education: translational research. Translational Issues in Psychological Science 6(1), 15–20. 研究顯示後設認知策略在課堂情境中非常有用，此文獻審視了這些研究。

3. Fernández, G., & Morris, R. G. (2018). Memory, novelty and prior knowledge. Trends in Neurosciences, 41(10), 654–659. 簡要的文章，對於先備知識如何影響新事物的學習，摘要說明了一些關鍵的發現。

4. Gobet, F., & Charness, N. (2018). Expertise in chess. In The Cambridge Handbook of Expertise and Expert Performance, 2 (eds. K. Ericsson, R. Hoffman, A. Kozbelt, & A. Williams) 597–615. Cambridge, UK: Cambridge University Press. 本章概述許多重要研究，研究顯示知識是西洋棋技巧的基礎。

5. Mol, S. E., & Bus, A. G. (2011). To read or not to read: a meta-analysis of print exposure from infancy to early adulthood. Psychological Bulletin, 137(2), 267–296. 有九十九份研究都指出閱讀會產生良性循環：休閒閱

讀會增進閱讀的要素（包括知識和其他），這會使閱讀變得更容易，也因此更增進閱讀傾向；此文獻審視了這些研究。

6. Pfost, M., Hattie, J., Dörfler, T., & Artelt, C. (2014). Individual differences in reading development: a review of 25 years of empirical research on Matthew effects in reading. Review of Educational Research, 84(2), 203–244. 許多研究指出：學生若擁有愈多的知識，就能從閱讀當中學到更多知識；此文獻審視了這些研究。

注釋

①知心好友間的樂趣之一就是「彼此才懂的笑話」。因此，如果打字女士的摯友問她在做什麼，她可能會說：「我在畫碎石路」——那是他們私下的密碼，根據共同經驗而來，指的是冗長無意義的工作。那是假定你的聽眾瞭解訊息的另一種極端例子。

②錦標賽等級的西洋棋手都有排名，名次代表技巧等級，是根據棋手之間的勝負紀錄計算出來的。

第 3 章

為什麼學生比較記得住偶像劇劇情？

問記憶很神祕。你可能會失去十五秒前出現的記憶，比如你站在廚房裡卻想不起進來是要拿什麼東西；但看似微不足道的回憶（如廣告）卻可能一輩子都記得。為什麼有些事情會留在記憶裡？又有哪些事情容易忘記？

答人無法把每件經歷過的事情都儲存在記憶裡，太多事情了。那記憶系統該儲存哪些內容？一再重複的事情？那像婚禮那樣極其重要的單一事件該怎麼辦？還是該記住引發情緒的事情呢？可是那你就不會記得重要但不帶感情色彩的事件，如大部分的學校作業。記憶系統如何知道你未來需要記住的事情呢？你的記憶系統是這麼估量的：如果你仔細思考某事，你就很有可能會再思考此事，所以應該儲存起來。因此，你的記憶不是你想記住的事，也不是你努力要記住的事，而是你所思考的事。曾有教師告訴我，教到四年級課程「地下鐵路」（美國南北戰爭前，協助南方黑奴逃往北方的脫逃網絡）單元時，他要學生烤餅乾，因為那是當時企圖逃離奴役者的主食。他問我對於這個功課的想法，我指出他的學生花在想餅乾和「地下鐵路」之間關係的時間大概只有四十秒，其他四十分鐘都在量麵粉、拌酥油等等。學生所思考的內容就是將來會記得的內容。本章所根據的認知原則如下：

記憶是思考的殘餘物。

要達到有效教學，你必須仔細留意作業會讓學生實際思考到什麼（而非你希望他們思考什麼），因為那才是他們之後會記得的。

記憶的重要

每位教師都曾有以下經驗：你自以為課上得精采絕倫、深入淺出，你舉例生動、設計問題讓學生去解，中心思想清楚明確，但是隔天學生除了你講的一個笑話和你岔題聊到的自家事之外，[1]什麼都不記得；或是情況更糟，當你竭力保持聲音冷靜，說道：「昨天課程的重點就是一加一等於二」，學生竟然不可置信地看著你說：「等等，你是說一加一等於二？」顯然，如果第二章的要旨是「背景知識很重要」，那我們就必須謹慎思考該怎麼讓學生學到背景知識。那麼，為什麼學生有些事記得，有些事卻記不得？

我們先來想想為什麼你會記不得某些事。假如我對你說：「你可以歸納簡述上一回你參加的專業發展會議嗎？」又假設你爽快地回答：「沒辦法耶。」為什麼你記不得？

圖3-1是我們之前看過的大腦示意圖，不過稍微複雜一點，

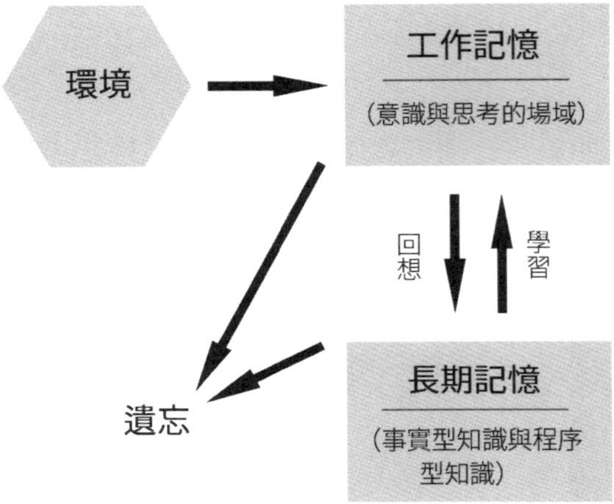

【圖3-1】簡易心智模型之稍加修改版。出處：© Greg Culley

四件事中發生了一件事。你還記得工作記憶是大腦儲存事情的地方，也就是意識的位置。環境中有許多訊息，多半我們都沒有察覺。舉例來說，當我在寫這行字時，冰箱正發出嗡嗡聲，外頭鳥兒啁啾鳴，我所坐的椅子正給我的背部施加壓力，但這些都不在我的工作記憶（也就是我的意識）中，除非我對此加以關注。如圖3-1所示，事情要進入長期記憶中，必先進入工作記憶。簡單來說：不專心就學不會！如果你參加專業發展會議時在想別的事情，就不會記得會議的許多內容。

訊息不只從環境中進入工作記憶，也會從長期記憶中進入工作記憶；那就是我所謂的「回想」，如箭頭上所標示。所以你想不起來還有另一個可能原因，從長期記憶提取訊息的過程失敗。我會在第四章討論原因。

第三個可能是，訊息不存在於長期記憶中，也就是被遺忘了。此處我不討論遺忘，但值得花點時間來澄清一個常見的迷思。你偶爾會聽到這種說法：大腦像一部錄影機，會鉅細靡遺記錄下所有發生在你周遭的事物，但是大多數的訊息你無法取得，也就是說，不復記憶其實是提取記憶這一環出了問題。這個理論認為，如果有恰當的提示（cue），曾經發生在你身上的所有事都能找回。比如說，你可能以為自己完全不記得五歲就離開的童年故居，但當你舊地重遊，院子裡山茶花的香味會突破歲月的隔閡，你以為已經失去的回憶又被拉了出來，像拉出項鍊上的小飾物一樣。這樣的經驗讓你覺得任何你以為遺失的記憶都有可能追回。催眠情況下成功憶起過去種種的經驗，常用來當作支持這個理論的證據。如果找不到恰當的提示（如山茶花或其他可能事物），催眠可讓你直接探究記憶的殿堂。

縱然這個想法很吸引人，但其實是錯的。我們知道催眠並不能幫助記憶，這點很容易就能用實驗證實。只要給受試者一些東西去記，然後將半數催眠，再比較被催眠者和未被催眠者的記憶。這樣的實驗已經做過數十次，典型的結果如圖3-2所示。[2]催眠對記憶沒有幫助。雖然催眠確實能讓你對自己的記憶有自信，但卻不能讓你的記憶更準確。

另一方面的證據——恰當的提示，如山茶花香，可以找回佚失已久的記憶——就很難用實驗來證實了，不過大部分記憶研究人員相信這類記憶恢復是有可能的。但即使我們讓佚失的記憶用這種方法回復，也不代表所有看似忘卻的記憶都可以找回，只代表部分可以。總而言之，記憶研究人員找不出有任何理由相信，所有記憶都可以永久保存。

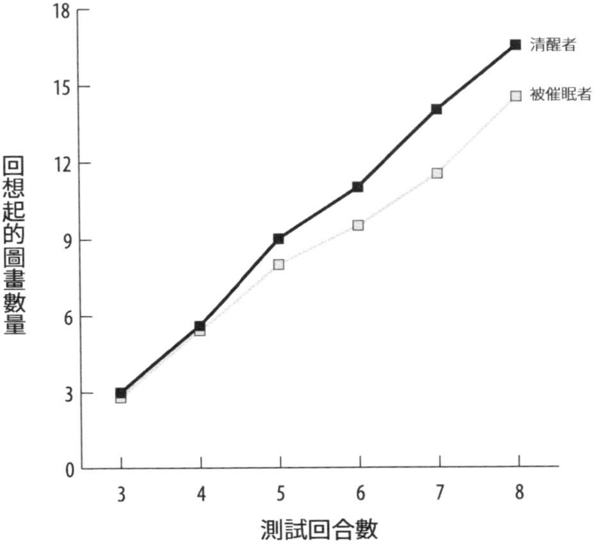

【圖3-2】受試者觀看四十幅日常物品的圖畫，然後試著回想。第一回合是當場進行；第二到第八回合一週後進行。當然在這一週內會出現顯著的遺忘，但在一次次努力回想之下，受試者平均來說都想起更多。另外，被催眠的受試者並沒有比清醒的受試者記得更多。出處："Evaluating hypnotic memory enhancement (Hypermnesia and Reminiscence) using multitrial forced recall" by David F. Dinges, Wayne G. Whitehouse, Emily C. Orne, John W. Powell, Martin T. Orne, and M. H. Erdelyi in Journal of Experimental Psychology: Learning, Memory and Cognition 18, figure 1, p. 1142. Copyright © 1992 by the American Psychological Association

現在回到我們對於遺忘的討論。有時候你的確專注於某事上，於是訊息在工作記憶裡活躍一陣子，但卻從來沒進入長期記憶中。根據我自己的經驗，我舉幾種這類的訊息，見圖3-3。「側線」（lateral line）這個詞我查過不只一次，但

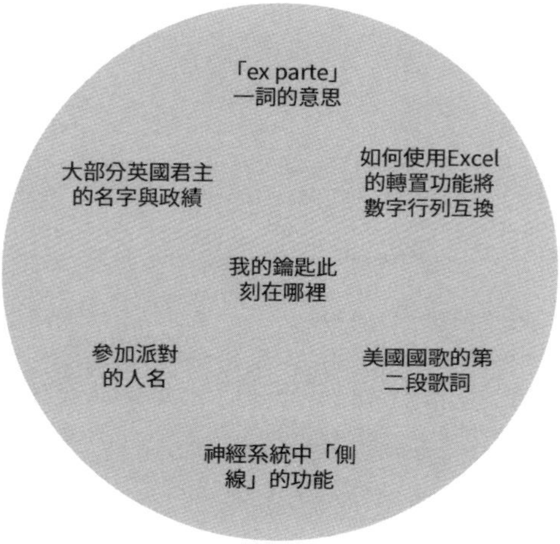

【圖3-3】我確定上述訊息我全都關注過，因此都曾進駐我的工作記憶，但這些訊息卻從未進入我的長期記憶裡。出處：© Greg Culley

我還是說不出那是什麼意思。你一定也有過相同的經驗，有些東西你確定你應該知道，因為你查過或聽過（所以才會存在於工作記憶內），但這些東西卻從未進入長期記憶。

奇怪的是，有些事情會存在長期記憶裡好多年，儘管你根本無意去學習，而且那些事也沒有特別吸引你。比方說，為什麼我會記得1970年代大黃蜂牌鮪魚罐頭（Bumble Bee）的廣告歌呢（見圖3-4）？

理解圖3-3和圖3-4之間的差異，是教育的核心問題之一，這點你絕對可以振振有詞。我們都知道，學生如果不專注就無法學習。比較弔詭的是，當學生真的專心了，卻有時候能學習，有時

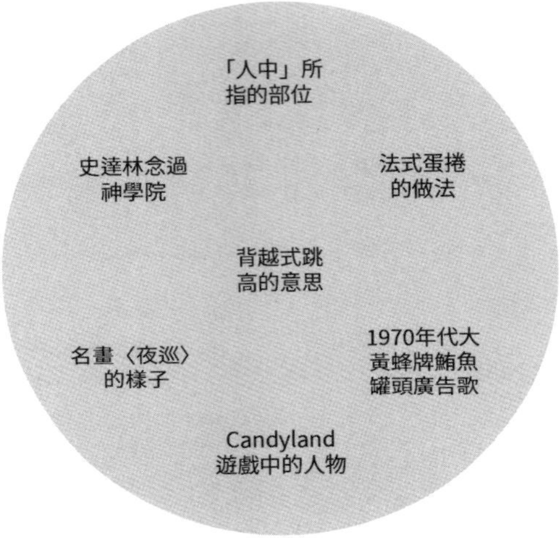

【圖3-4】存在於筆者長期記憶中的訊息，即使筆者無意學習這些訊息，且對內容也根本沒興趣。出處：© Greg Culley

候不能。到底除了注意力之外，還需要什麼呢？

合理的猜測是，我們記得能引發情緒的事情。你不也比較容易記住開心雀躍的時刻，如婚禮；或是非常悲傷的時刻，例如聽到深愛的親人剛過世的噩耗？事實上，如果你請別人說說自己最鮮活的記憶時，他們提到的事件多半都帶有感情色彩，如第一次約會或是慶生會（如圖3-5）。

我們自然地會特別注意帶有情感的事件，也可能在事後談論那些事。所以科學家進行了非常仔細的研究，結果顯示能提升記憶的真的是情感，而非一再重複想到這些事件。情感對於記憶的影響是確實存在的，研究人員也找出背後的一些生物化學機制，

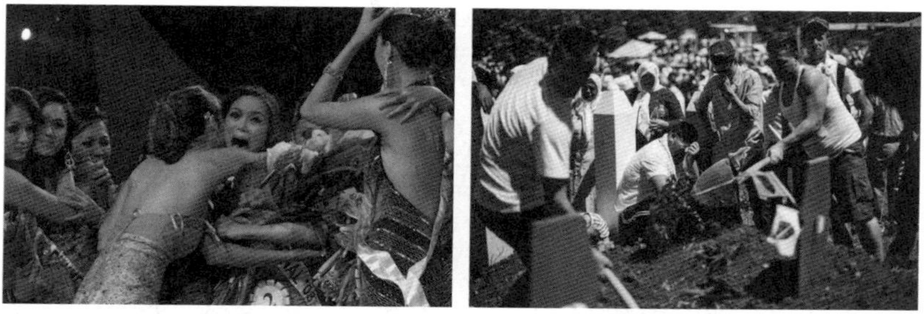

【圖3-5】帶著感情色彩的事件比較容易記得，無論是開心的事，例如左邊照片裡的女士贏得菲律賓小姐的頭銜，或是痛苦的的事，例如右邊照片裡的波斯尼亞男子哀悼已故的親人。出處：菲律賓小姐© Getty Images/Majority World；哀悼© Getty Images /DIMITAR DILKOFF

但情感必須要夠強才會有影響。如果記憶必須仰賴情感，那我們對學校裡的事情應該沒什麼印象。可見只有引發情感反應的事情才會進入長期記憶，這樣的說法不太對。比較正確的說法是：引發情感反應的事情比較容易記得住，但是情感並不是學習的必要條件。

重複是另一個有助於學習的明顯方式。也許我記得四十年前大黃蜂牌鮪魚罐頭的廣告歌（見圖3-4），是因為我聽了很多遍。重複非常重要，我在第五章會加以討論，但其實不是所有的重複都有用。有可能內容重複無數次，但仍無法留在你的腦海裡，舉例來說，請看看圖3-6，你能分辨哪一枚硬幣是真的嗎？

你若在美國待過，一定看過幾百或上千枚的一美分硬幣，那可是大量的重複。然而，你可能和多數人一樣，不太知道一美分

【圖3-6】你可以在眾多偽幣中找出真正的一美分硬幣嗎？這個題目對大家來說都很難，即使我們看過一美分硬幣不下數千次。出處："Long term memory for a common object" by R. S. Nickerson and M. J. Adams in Cognitive Psychology 11: 287–307. Copyright © 1979. Reprinted with permission from Elsevier

硬幣長什麼樣子[3]（順道一提：正確答案是A）。

所以，單有重複也不夠。此外，純粹想要記住也沒有用。要是記憶真的如此該有多好：學生只要拿著書本，對自己說：「我想要記住這些內容」，然後就能如他所願，過目不忘！若真如此，你就能記住所遇過的每一個人的名字，也從不會忘記車鑰匙放在哪裡。很遺憾地，記憶並非如此，這點從一個經典實驗可以知道。[4]受試者坐在螢幕前，螢幕上一次出現一個字，然後受試者要對每個字做出簡單的判斷（有些受試者必須說這個字是否有A或

Q字母；有一些受試者必須說這些字詞是否讓他們有愉快或不愉快的聯想）。這個實驗有一點很重要，一半的受試者被告知在全部單字出現完畢後，他們須接受測驗，看看記住多少單字。實驗結果顯示，預知之後會有測驗並不能提升受試者的記憶，這點相當值得注意。其他實驗也顯示，告訴受試者他們每記一個字就能得到獎金，也沒有多大幫助。可見只是想要記住並沒有效果，或甚至根本無濟於事。

不過，這個實驗還有另一項重要發現。受試者看到每個單字時，都必須做出判斷，第一組判斷單字裡有無字母A或Q，第二組判斷單字能不能讓他們聯想到愉快或不愉快的事情。結果，第二組記住的單字量幾乎是第一組的兩倍。現在我們似乎有點頭緒了，我們發現可以讓記憶大幅提升的情況。但是為什麼去想單字給人愉快與否的感受會有所助益呢？

因為判斷愉快與否會讓你思考這個單字的意義，並思考其他與該意義相關的字詞。因此，當你看到oven（烤箱）這個字時，你可能會想到蛋糕、烤肉和你家廚房那不太靈光的烤箱等等。但如果你只需要判斷oven這個單字裡有無字母A或Q，你就完全不會想到意義。

因此，我們好像可以放心地說，針對意義進行思考對記憶有益。這種說法很接近了，但還不完全正確。一美分硬幣的例子就不符合這個原則，而且還恰恰相反。我說過，你已經看過硬幣至少幾千次，多數時間裡也都想著這枚硬幣的意義，也就是硬幣的功用，作為貨幣它所代表的價值。即使只有一美分，但對於硬幣意義的思考並不能幫助你記起硬幣的樣子，也就是圖3-6的測試所要求的。

此外，還有另一思考的角度。假設你走過學校的走廊，見到一位學生在打開的置物櫃前喃喃自語，你聽不見他在說什麼，但從他的語調可以得知他氣呼呼的。有幾件事情你可以注意：這個學生的聲音、長相，或是這個事件的意義（為什麼學生會生氣，該不該和他談談之類的）。你所想的內容會影響隔天你對這件事情的記憶。如果你只想著學生的聲音語調，隔天你大概會比較記得他的聲音，而非他的樣貌。如果你專注於視覺細節，那隔天就會記得這部分，而對學生的聲音沒印象。同樣的，如果你只想著一美分硬幣的意義，卻從來沒注意硬幣的圖案，你自然不會記得視覺細節，即使硬幣在你眼前出現幾千次。

你想什麼就會記住什麼。這麼一來，記憶是思考的殘餘物，這個結論就再清楚不過了，這其實是建立記憶系統相當合理的方式。既然你無法儲存所有事物，你該怎麼決定什麼要儲存、什麼要捨棄？你的大腦是這麼盤算的：如果你沒有用力思考某事，那你大概不會想要再想起那件事，於是就沒有儲存的必要。如果你努力思考某事，那麼未來你很有可能會想要以同樣方式再次思考。如果我看到學生時注意了他的長相，那麼他的外表就是我之後再想到該生時會想知道的部分。

關於這個顯而易見的結論，還有幾個小重點在此必須提出。首先，在學校教育中，我們通常希望學生記住事物的意義。有時候事物的外表也很重要，比如說帕德嫩神廟的外觀、貝南共和國的國土形狀，但多半時候我們希望學生去思考意義。學生在校學習的內容，有百分之九十五和意義有關，而非事物的外表或聲音。[①] 因此，教師的目標幾乎都是讓學生去思考事物意義。

第二個小重點（一樣是江湖一點訣，說破不值錢），就是同樣一件東西，可能會有不同的意義層面。比方說「鋼琴」這個詞有很多意義上的特性（見圖3-7）。你可以想到鋼琴能演奏出音樂，或者鋼琴很貴，或者非常重，或者是由高品質的木頭所製作等等。有個實驗我一直很喜歡，研究者讓受試者讀句子，引導他

【圖3-7】我們雖然很少注意到這一點，但即使只是個簡單的字詞，我們思想的情境也會影響自己關注該字詞的哪一方面的用途：我們可能會想「鋼琴會發出音樂」、「鋼琴可以當座位」、或「鋼琴很沉重」。出處：演奏鋼琴© Getty Images/Frank Hoensch；把鋼琴當座位© Getty Images/ Harry Dempster；搬動鋼琴© Shutterstock/Volodymyr TVERDOKHLIB

們去想單詞在句子中的特性，如：「搬家工人使勁將『鋼琴』拖上階梯」或是「音樂家演奏『鋼琴』，琴聲渾厚豐美。」[5]受試者知道他們只需要記住引號內的單詞。之後，實驗者針對那些字詞進行記憶測驗，並給予提示。例如『鋼琴』一詞，提示會是「某種重物」或是「某種會產生音樂的物品」。實驗結果顯示，如果提示符合受試者記住「鋼琴」時的意思，那麼他們的記憶表現就很好，反之則差。也就是說，如果受試者讀的句子是搬家工人那句，那麼聽到「某種會產生音樂的物品」這個提示時，不會幫助他們想起「鋼琴」一詞。所以光說「你應該思考意義」是不夠的，你必須思考正確的意義層面。

讓我歸納一下到目前為止關於學習的重點。要讓訊息被學會（也就是說進入長期記憶），訊息必須停留在工作記憶一陣子；也就是說，學生必須專心於訊息上。再者，學生如何想起這個經驗，完全決定了最後什麼會進入長期記憶。

教師要應用這個概念，顯然在設計教學活動上，要確認學生有思考教材的意義。我外甥的六年級教師就曾出過一個完全不符合這項原則的功課。學生必須畫出最近讀完的一本書籍的情節圖，目的是為了讓學生可以想想故事的情節，以及各個元素間有什麼關聯。我相信教師的目的是鼓勵學生去思考小說是有「架構」的，而教師認為把美術融入這個功課會有幫助，於是他要學生用畫圖來展現故事情節。這意味著我外甥因此對於不同情節之間的關係花的心思並不多，反而都在想著要怎麼樣畫出好看的城堡。我女兒幾年前也做過類似的功課，但她的老師要學生用文字來表現，而不是用畫的。我認為那樣的作業更能有效達到教師原本預期的目標，因為我女兒想比較多的是書中的概念是怎麼相連的。

現在你可能心想：「好喔，認知心理學家能夠解釋學生為什麼必須思考教材的意義，但我其實早就知道他們應該要想那些。你可以告訴我如何確保學生針對意義進行思考嗎？」真高興你開口問了。

好老師的共通點

如果你讀過第一章，應該就能猜出我不會推薦一個常見的技巧來讓學生思考事物意義：試圖把每個主題和學生的興趣結合。我知道聽起來很怪，所以容我解釋一下。

試圖把教材內容和學生的興趣結合，其實並不是好方法。正如我在第一章中所提的，內容很少是我們興趣能否持續的決定因素。舉例來說，我喜歡認知心理學，所以你可能會想：「嗯，要讓威靈漢專心於這道數學題上，我們得把題目用認知心理學的外衣包裝。」但是威靈漢常會覺得認知心理學無聊，這點可以由我參加過的學術會議一再證實。另一個試圖用內容來吸引學生注意的問題就是有時候很難執行，而且顯得太刻意。數學教師要怎麼讓代數符合我十三歲女兒有興趣的話題？用「真實世界」IG點讚數當例子？我前不久才說任何教材都有不同層面的意義，如果數學教師以IG點讚數入題，是不是有可能使我女兒聯想到IG，而不是數學題目呢？而想到IG就會想到她稍早收到的簡訊，接著又想起潔思明小題大作好討厭喔，接著她就會想著到底要不要邀請潔思明來參加生日晚宴……。

那麼要是內容行不通，那風格呢？學生通常覺得好老師就是能把「內容教得有趣」的老師。老師並沒有在內容上投學生所好，反而是和學生互動很有一套，能抓住學生的心。讓我舉幾個我周遭的實例，幾位能讓學生持續思考意義的大學教師。

A.教師喜感十足。她常常講笑話，從不會錯過用無厘頭例子的機會。

B.教師是媽媽型的。她關心學生，愛下指導棋，不聽都不行；但她也很溫暖，所以學生會買帳。學生私下都叫她「老媽」。

C.教師善於講故事。他能用自己生活中的故事解釋一切，課堂步調緩慢，不慍不火；而他本人很靜，不愛出風頭。

D.教師舉手投足相當吸睛。要是能在課堂裡煽風點火，他絕對會這麼做。他教的內容不容易表達，但他投注許多時

間、精力去想出有趣的應用，其中許多都會運用他在家自製的小教具。

在學生心目中，上述教師都能把無聊教材變得有趣，也都讓學生思考意義。每一種風格都很不錯，但顯然並非套用在每個人身上都適合，這是個性問題。

教學風格是學生會注意到的面向，但不是這些教師效能卓著的唯一因素。大學教授在每學期課程結束時會收到學生的書面評價，大多數學校都有表格給學生填寫，上面列出「教授尊重學生意見」、「教授能有效帶領討論」等等項目，請學生標明對這些敘述是否同意。研究人員檢視這些評價問卷，找出哪些教授評比高，並分析個中原因。其中一個有趣的發現是，大多數的項目敘述都是多餘的，一份只有兩題的問卷和三十題的問卷幾乎一樣有用，因為很多題都是從這兩題變化而來的：教授看起來人好不好？課程是否有條有理？（見圖3-8）。雖然學生沒發現，但他們其實把問卷上的三十題都當成是這兩大核心問題的重複。重點就只有認知和連結。

雖然高中以下的學生不會填寫關於教師的問卷，不過我們知道這個道理也適用。學生和教師之間的情感聯繫，不管是好是壞，都對學生的學習有所影響。學生覺得兇巴巴的四年級老師，即使課程條理分明、規劃得當，教學也不會太有成效。但是幽默

【圖3-8】這兩個人當老師會是什麼樣子？影集《權力遊戲》（Game of Thrones）裡的角色泰溫・蘭尼斯特（由Charles Dance飾演）非常聰明，但冷漠且疏離。影集《六人行》（Friends）裡的角色喬伊（由Matt LeBlanc飾演）熱情友善，但不太聰明。教師必須兩者兼備，有條有理又和藹可親。出處：LeBlanc © Getty Images/NBCUniversal；Dance © Getty Images/WireImage

風趣、溫和會講故事的老師，如果課程亂無章法，教學效果自然也不會好。有效能的教師必須兩者兼具，他們能夠和學生建立關係，同時也能將教材安排得很有趣、容易理解。

我提出不同類型的教師，用意就在於此。在我們心目中，好老師的評斷標準大多是個性與風格，但那只達成了有效教學的一半。笑話、故事、和藹態度都會激發善意，吸引學生注意力。但是我們怎麼能確定學生會去思考意義呢？這就是好老師的第二個特質了——條理清晰地組織教案中的概念，讓學生能夠理解並記住。認知心理學無法教我們怎麼變得討人喜歡，但我可以告訴你認知心理學家知道的一套原則，能讓學生思考課程內容的意義。

故事的威力

人腦似乎非常善於理解和記住故事，程度之甚，心理學家有時候會稱故事「享有心理上的特權」，意思是說相較於其他訊息，故事在記憶中享有特殊的地位。我建議以故事的方式來組織教案，那會是幫助學生理解記憶的有效方式。這也恰巧是我之前描述的四位教師安排教案的原則，四位教師和學生之間的互動模式大相逕庭，但是他們讓學生思考教材意義的方式卻如出一轍。

在我們談論故事結構該怎麼應用於課堂之前，必須先複習什麼叫作故事結構。關於故事如何組成並沒有統一標準，但大部分的文獻都提到下列四個原則，通常簡稱為4C。第一個C是因果關係（causality），也就是事件彼此之間的關聯。比方說：「我看到珍；我離開屋子」這句話，只是以前後順序排列事件。但如果你讀到「我看到珍，我那無緣的舊情人；我離開屋子」，你就會理解兩件事有因果關係。第二個C是衝突（conflict）。故事裡都有個苦苦追尋某個目標的主角。《星際大戰》的主角是天行者路克

（Luke），他的目標是遞送偷來的計畫圖紙，並協助摧毀死星。達成目標的半途出現障礙之時，就是所謂的衝突。如果路克沒有可敬的敵人達斯・維德（Darth Vader），那這部電影就沒戲唱了。每個故事裡的主角都要經過奮鬥才能達到目標。第三個C是複雜難題（complications），如果路克整整九十分鐘都在朝遞送計畫的目標努力，那故事就無聊至極。複雜情節是從主要目標橫生出的枝節問題。在《星際大戰》中，如果路克想要送設計圖，他必須先從他的母行星塔圖因（Tatooine）出發，但是他沒有交通工具，於是就有以下的複雜情節。路克他遇到另一位主角韓索羅（Han Solo），並在槍林彈雨中離開行星，這一項是電影的附加紅利。最後一個C是角色（character）。好的故事是建立在色彩鮮明、有趣的角色上，而這些特質的關鍵是動作。經驗老道的說故事者不只動口，還會手舞足蹈地表演出角色的模樣。舉例來說，《星際大戰》的觀眾第一次見到莉亞（Leia）公主時，她正在掃射帝國風暴兵，她驍勇善戰的形象不言而喻。

如果我們想和他人溝通，利用故事結構有幾個重要優點。首先，故事易於理解。因為聽眾瞭解結構，有助於解釋動作。比方說，聽眾知道故事中的事件不會隨機發生，當中必有關聯，所以當原因還不明朗時，聽眾會仔細回顧思索之前的動作，將其和目前的事件連結。舉例來說，在《星際大戰》裡，路克、丘巴卡（Chewbacca）與韓索羅一度躲在帝國艦上，他們必須到船艦的另一頭。路克建議給丘巴卡銬上手銬，這個建議讓人有點困惑，因為路克和丘巴卡是同一陣線。觀眾必須看懂路克想要假裝丘巴卡是犯人，而他和韓索羅是警衛。觀眾必須動點腦，因為他們知道事出必有因。

第二，故事引人入勝。閱讀研究者做過實驗，請受試者讀不同類型的文本，並針對是否有趣進行評比，結果故事的趣味評比始終高於其他形式的文本（如說明文），即使呈現的是同樣的資訊。故事會引人入勝，或許是因為故事需要推論。正如我在第一章中提到的，問題（例如填字遊戲）只有在難易適中時才會顯得有趣；故事也需要這些中等難度的推論，正如剛才所舉的上手銬例子。

正式的實驗指出，如果故事當中訊息過多，讓閱聽人無推論空間，故事的趣味評等便會降低。其實根本不需要正式的研究來證實此現象，我們身邊一定會有一、兩個朋友，講故事時總說得太多，讓故事趣味盡失（見圖3-9）。我有個朋友曾經花了十分鐘，只為了說自己一年沒光顧最心愛的中式餐廳，因為餐廳不再收支票，但她後來偶遇餐廳老闆，老闆說很樂意為她破例。如果她用十五秒洋洋得意地說這件事，這個小故事還算可愛。但是她講得鉅細靡遺（還不讓我有推論空間），整整十分鐘不停歇，我都差點忍不住想尖叫了。

第三，故事容易記住。個中原因至少有兩點：因為理解故事

【圖3-9】在美國總統川普2020年彈劾審判期間，參議員覺得難以在聽取證詞時集中注意力；有幾位參議員甚至看似睡著了，就像一位畫家看見參議員瑞胥（Risch）的樣子。（參議院內禁用相機攝影。）聽取證詞會那麼無聊，部分原因在於聽眾已經從新聞報導和簡報中知道了所有的證據。印第安納州參議員麥克・布勞恩（Mike Braun）向記者解釋為什麼大家看起來那麼無聊，他說：「我們全都聽過這個主題了。」[6]出處：© Art Lien

需要大量的難易適中推論，你就必須從頭到尾思考故事的意義。正如本章之前所描述，思考意義是幫助記憶的絕佳方式，因為事物的意義通常就是你想記住的部分。故事的因果關係結構也能幫助你記憶故事。如果你記住部分的情節，那麼接下來發生的那件事，或許就是你記住的那段情節所造成，便能合理猜測。舉例來說，如果你想憶起路克給丘巴卡上銬之後發生什麼事，記得他們之前在帝國艦上（因此有此計策）會有幫助，也就會幫助你想起他們要去拯救被監禁的莉亞公主。

實際應用故事結構

剛才我們舉的電影情節只是插曲，給你點樂子（至少我希望如此），而這和課堂有什麼關係？我的用意不是建議你說故事就好，雖然這麼做也沒錯。我反而是要建議你用稍微不同的方法，模擬故事結構的方式來組織你的課程，也就是運用4C原則：因果關係、衝突、複雜難題、角色。這並不表示你一定要一直說話，小組活動或專題或任何其他的方式都可以運用。故事結構是應用在你組織教材的方式，讓學生針對教材思考，而非應用在你授課的方式。

對於某些課程來說，用故事結構來組織課程還蠻常見的。舉例來說，歷史課就能看成是一系列的故事，事件之間因果相關，也經常會有衝突等等。此外，規劃教案時仔細思考4C原則也很有助益，能鼓勵你思考要從哪個不同的觀點來說故事。舉例來說，假設你在美國教書，要設計「珍珠港事件」的教案，你一開始想的架構可能如圖3-10所示，按照時間排列，且以美國為中心，以美國的觀點來定義事件。你的目標是要學生思考三個重點：珍珠港事件前的美國孤立主義、日軍攻擊珍珠港，以及之後的「首攻德國」決策及美國正式宣戰。

不過，假設你在備課時想到4C原則，從那樣的觀點來思考，會發現美國並非最主要的角色，日本才是，因為日本有驅動事件發展的目標——區域稱霸，也有阻礙其達成目標的絆腳石——缺乏自然資源，而且與中國的長久戰事陷入泥沼。這樣的處境衍生了一個次要目標：掃蕩南太平洋的歐洲殖民地。達成此目標會提升日本身為世界強權的地位，並能有助於取得關鍵的原物料來結束與中國的戰爭。但那個次要目標引發另一個複雜難題：美國是太平洋另一個主要的海上軍事強權。日本要怎麼面對這個問題？與其侵吞歐屬殖民地，挑釁美國來干預五千英里外的海域（雖然美國大概不會這麼做），日本選擇用突襲，試圖一舉殲滅這個威脅。如果教師想把教案設計成故事形式，那麼圖3-10的結構不如圖

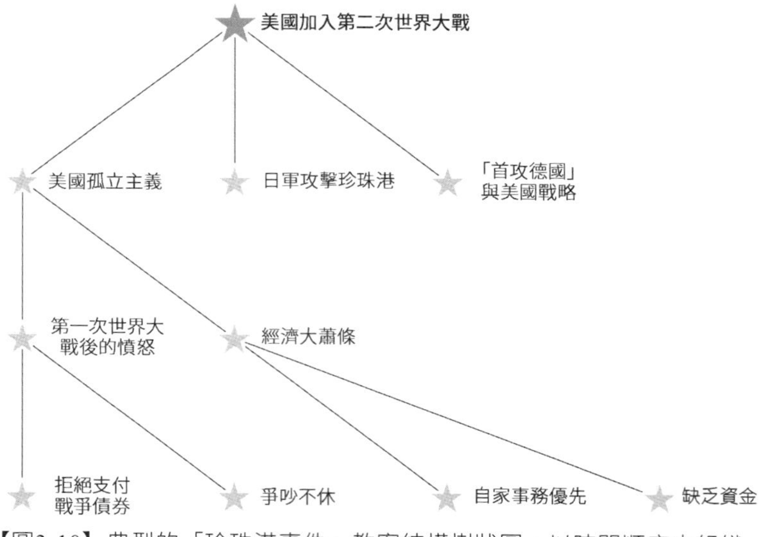

【圖3-10】典型的「珍珠港事件」教案結構樹狀圖，以時間順序來組織。出處：© Greg Culley

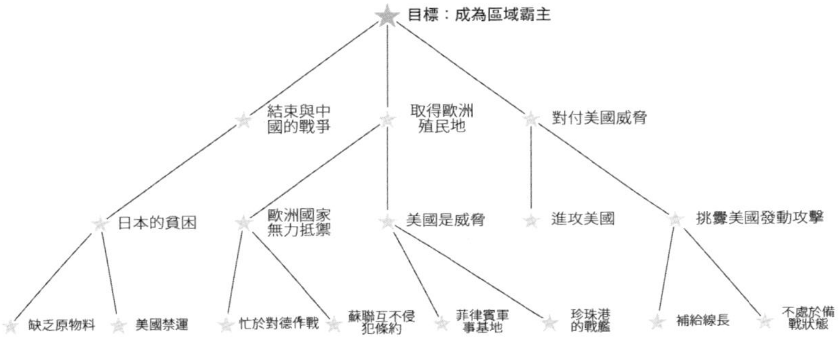

【【圖3-11】另一種「珍珠港事件」的教案結構。從說故事的觀點來看，日本位居要角，因為日本主導故事的發展。出處：© Greg Culley

3-11來得扣人心弦。

我建議以日本的觀點來切入珍珠港事件，並不表示美國觀點應該被忽視，也不代表美國觀點比較不重要。我也能夠想像美國教師因為不能接受在美國歷史課上採用日本觀點，而故意不選用這個故事結構。我的重點是，使用故事結構或許能讓你以從未想過的方式來組織課程。而故事結構確實帶來認知上的優點。

用說故事的方式來教歷史似乎很簡單，但你真的能夠把故事結構應用在數學課上嗎？絕對可以。以下的例子是我教初等統計學時介紹Z分數（一種轉換資料的常見方法）概念的方式。假設我有一枚不公平硬幣，拋擲落下時總是正面朝上。為了證明給你看，我拋了一次，硬幣確實也正面朝上。你就相信了嗎？大學生會知道並非如此，因為一枚正常的硬幣本來就有百分之五十的機率會正面朝上。那如果連續一百次都是正面朝上呢？顯然正常硬幣會這樣的機率真的微乎其微，所以你可以斷定這枚硬幣真的是不公平的。

我們判定一枚硬幣公平與否的邏輯，也能用來評估許多科學實驗的結果。在報紙上看到「阿茲海默症新藥證實有效」、「駕駛年紀越大，越不安全」或是「幼兒看電視，詞彙量較少」等標題時，這些結論其實取決於和拋擲硬幣相同的邏輯。為什麼呢？

假設我們想知道某則廣告是否有效。我們詢問兩百人：「高露潔牙膏讓你變得性感嗎？」受訪者中有一百位看過高露潔牙膏的廣告，一百位沒看過。我們想知道，看過廣告的那群人中說牙膏讓自己變性感的比例，是否比沒看過的那群人說牙膏讓自己變性感的比例高。此處的問題和拋硬幣例子是一樣的，看過廣告組的比例較高的機率大約百分之五十。其中一組的比例必須比較高（如果剛好平手，我們就會假定廣告無效）。

這個問題運用的邏輯和拋擲硬幣運用的邏輯是一樣的。在拋硬幣的案例中，我們認為出現連續一百次正面朝上的情況，就一枚公平正常的硬幣來說是高度不可能。一枚公平硬幣連續一百次都正面朝上的機率非常小，所以如果有這樣的情形，我們會認為硬幣是公平的假定必然有誤，也就是那枚硬幣一定有問題。同理，看過廣告組比另一組的比例高或許不是不可能，但要是比例高出許多呢？就像我們懷疑那枚硬幣有鬼一樣，我們也會認為看過廣告組哪裡有異樣，至少就回答我們的問題這件事來說。

當然，「有異樣」在此指的是「不太可能」。在硬幣的案例中，我們知道如何計算事件的「異樣程度」，也就是「不太可能率」，因為我們知道可能結果的數量（兩種）與單獨結果的可能性為50%，所以要算出連續事件的機率很容易，如表3-1所示。但我們也面臨下一個問題：如何計算其他種類事件的不太可能率呢？看電視的孩子比起沒看電視的孩子的詞彙量，到底要低到多少我們才能說「嘿，這兩組孩子不一樣。如果他們都一樣，那詞彙量也會一樣。但是他們的詞彙量明顯不一樣。」

這些關於硬幣、廣告與實驗的描述，都只是課程的序曲。我想要讓學生瞭解並在乎這堂課的目標，在於解釋我們如何找出隨機事件發生的機率。這就是這門課的衝突。我們可敬的對手不再是達斯・維達，而是我們在意的多數事件都不像拋擲硬幣，這些

【表3-1】投擲十次硬幣出現連續正面朝上的機率

投擲次數	全部正面向上的大概機率
1	.5
2	.25
3	.125
4	.063
5	.031
6	.016
7	.008
8	.004
9	.002
10	.001

事件的結果沒有限度（不像硬幣只有向上或朝下），所以機率也不是我們所知的50%。如此複雜情節，我們會用特定類型的圖表——長條圖來處理，且必須經過複雜的運算，這點可以用Z分數來解決，這便是這堂課的重點（見圖3-12）。

有幾件事值得一提。一堂七十五分鐘的課當中，通常會有十到十五分鐘的時間是花在建立目標上，換句話說，要說服學生，讓他們知道如何判定隨機事件的機率是很重要的。建立目標時所引用的內容只和課程間接相關，拋擲硬幣與廣告活動這些話題其實和Z分數關聯不大，純粹為了闡明此事的核心衝突。

花大量時間來澄清衝突，遵循了好萊塢說故事的模式。一部

【圖3-12】統計學課堂上Z分數轉換教案的部分結構。出處：© Greg Culley

標準的一百分鐘好萊塢電影裡，主要衝突通常都在開始後二十分鐘出現。編劇用前二十分鐘讓你熟悉角色及其所處情況，所以當主要衝突出現時，你已經入戲了，開始關心各個角色的遭遇。電影有時候開場就是一連串動作鏡頭，但那通常和故事主線沒有太大關係。007電影開始時常常呈現追逐場景，但那多半是其他案子，不是龐德在該部電影的主軸，而主軸案件的衝突會在電影開場後二十分鐘才出現。

回到教學上，我是這麼想的：我要學生學習的內容，說白了就是一個問題的答案。答案本身一點都不有趣，但如果你知道問題的話，答案可能會很有意思。所以把問題說清楚才那麼重要。但如第一章所述，我有時候覺得，身為教師，我們都太強調求出答案，而沒花足夠時間讓學生理解問題，並瞭解問題的重要性。教師會覺得問題及其重要性都很明顯，但學生可不這麼認為。

我再次強調，成為好教師的方式很多。我並沒有要求每位教師都應該根據認知心理學，使用故事結構來形塑教案，那只是有助於我們確保學生思考意義的方式之一。我的意思是，每位教師應該讓他的學生思考內容的意義，有些例外我會在下一節提到。

但要是根本沒有意義呢？

本章一開始提出這個問題：我們如何讓學生記住事情？從認

知科學而來的答案直截了當：讓學生思考事情的意義。在前一節裡，我建議使用故事結構的方式，來讓學生思考意義。

不過，我們也應該問，是否有學生非學不可，但近乎無意義的教學內容？比如說，當學生在學「Wednesday」這種怪拼字、背「enfranchise」是給某人選舉權的意思，或是法文單字「travailler」是工作的意思等等之時，你要怎麼強調意義呢？有些內容就是沒什麼意義呀，就算有意義，例如星期三（Wednesday）一字的起源與日耳曼天神沃坦（Wodan）有關，你也不確定這是否值得一提。似乎在我們剛要進入新知識領域時，就會遇到特別多這類沒意義的內容。（見圖3-13）

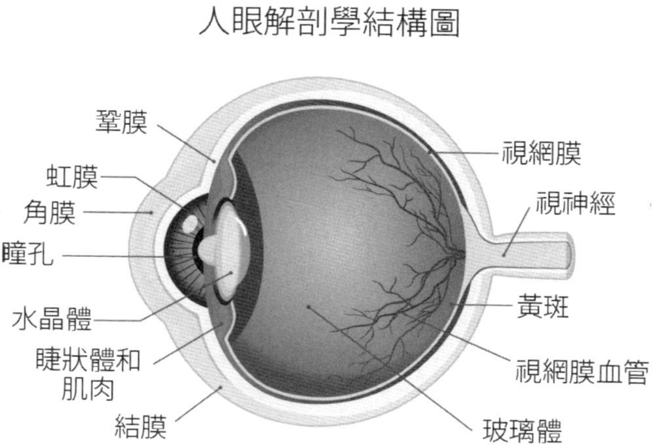

【圖3-13】或許生物老師最希望的是學生能了解眼睛的生理學構造和功能……但如果叫不出眼睛構造名稱，就很難談論眼睛的功能。因此，剛上到這個單元時，老師可以選擇要學生記住一些構造的名稱。出處：© Shutterstock/solar22

記住無意義的內容通常稱為「機械式學習」，我會在第四章進一步解釋。目前我們只要知道，背起來元素週期表前九個元素的學生，其實對為什麼要背、元素順序代表什麼意義並不瞭解。有時候教師認為學生記住這些內容很重要，先儲存在長期記憶中，作為瞭解更深入教材的墊腳石。那麼教師該怎麼幫助學生將內容儲存在長期記憶中呢？

有一些記憶小訣竅可以幫助學生記住無意義的內容，也就是所謂「記憶術」。表3-2列出一些例子。

我不是很推薦字鉤法和位置記憶法，因為很難應用於不同領域之中。如果我用位置記憶法（後陽臺、枯梨樹、碎石車道等等）來記住元素週期表中的一些元素，那我還能用同樣的熟悉場景來記法文動詞的變化嗎？問題就在於這兩組詞組之間可能會有些干擾；當我在腦海中漫遊到碎石車道時，我會很困惑那裡有什麼，因為我曾經把兩個項目與該場景連結。

其他幾種方法就比較彈性，因為學生可以為每項內容創造獨特的助記法。首字母組合詞法和首字母聯想法雖說有效，但學生必須對他們要記的內容有一定的熟悉度。例如，需要記得生物分類學的各個階層時，我都會想著這個句子：「親愛的凱特，請過來吃美味的義大利麵（Dear Kate, Please Come Over For Great Spaghetti）」。但若並非本來就知道這些生物分類學的詞彙，這些首字母的提示對我就幫助不大，但因為我知道這些生物分類詞

【表3-2】常用的記憶術（mnemonic ）方法

記憶術	運用方式	範例
字鉤法	藉由押韻記住一系列的「字鉤」，比方說，一是麵包、二是鞋子、三是樹木等等。接著把新內容透過視覺意象和字鉤聯起來，記住新的內容。	要記住「收音機、貝殼、護士」這組字，你可以想像一臺收音機被夾在麵包裡、沙灘上一只鞋子裡有個海螺、一棵樹上結滿了護士帽果實。
位置記憶法	記住熟悉生活場景中的一連串地點，比方說，你家的後陽臺、快枯死的梨樹、碎石鋪面的車道等等。接著把新內容視覺化，放入場景中的各個位置。	要記住「收音機、貝殼、護士」這組字，你可以想像一臺收音機懸吊在你家後陽臺的欄杆上；有人正在把貝殼磨成粉當肥料，施灑在梨樹旁；一名護士在你家車道上鏟著碎石。
連結法	想像每個項目之間以某種方式連結。	要記住「收音機、貝殼、護士」這組字，你可以想像一名護士認真聽著收音機，她腳上穿的不是鞋子，而是巨大的海螺殼。
首字母組合詞法	提取欲記住之字詞的首字母，將首字母組合詞背起來。	要記住「收音機（RAdio）、貝殼（Shell）、護士（Nurse）」這組英文字，你可以背RAiSiN（葡萄乾）一詞，因為每個單字的首字母合併起來便是這個詞的大部分。
首字母聯想法	和首字母組合詞類似，此法需要你想出一個片語，片語中每個字詞都對應你欲記住之詞組的第一個字母。	要記住「收音機（Radio）、貝殼（Shell）、護士（Nurse）」這組英文字，你可以記Roses smell nasty（玫瑰花很難聞）這個短句，然後用每個字的第一個字母當作詞組的提示。
歌謠法	用熟悉的曲調唱出你欲記住的詞彙。	要記住「收音機、貝殼、護士」這組字，你可以把字詞套入生日快樂歌的曲調中。

彙，所以這個首字母聯想法的每個字母都能幫我越過舌間現象，馬上想起是哪個字。首字母組合詞的操作方法也一樣，也有同樣的侷限。

把欲記住的訊息套入旋律，或是以有節奏的方式吟唱，兩者效果都不錯。說英語的人大多是唱著ABC字母歌來記住英語的二十六個字母的，我還聽過元素週期表被配上作曲家奧芬巴赫（Offenbach）的「康康舞曲（Can-Can Music）」。音樂和節奏確實讓字詞變得好記許多。我（和好幾百萬個其他小孩一樣）成長過程中都會在星期六早晨收看《搖滾學習樂》（School House Rocks）的卡通，學習一段一段的地理、公民教育、數學或文法知識。我還記得上中學時，我在英文課時低聲哼著一首叫做〈連接詞交會點〉（Conjunction Junction）的歌：[2]

連接詞交會點，你有什麼功能？連接單字、片語和子句（Conjunction Junction, what's your function? Hooking up words and phrases and clauses）

歌曲助記法的困難在於，給曲調填詞沒有那麼容易。

記憶術為什麼有用？主要在於給了你提示。首字母組合詞ROY G. BIV告訴你可見光譜中所有顏色（紅、橙、黃、綠、藍、靛、紫）的首字母，這對記憶來說是很有用的提示。我在下一章會討論，記憶的運作是奠基於提示上。如果你對某主題一無所知，或者假如你努力要記住的事物因為過於專斷而令人困惑（如：紅色的波長比綠色長，完全無道理可言），此時可以藉助記憶術，因為這樣能把想要記住的內容變得井然有序。

總結

如果我們同意背景知識很重要，就必須仔細思考學生該如何獲得那些背景知識，也就是要思考學習運作的機制。學習受到許多因素影響，其中一個因素影響最大：學生記得他們思考的內容。該原則強調讓學生適時思考適當內容的重要性。我們通常希望學生能瞭解事物的意義，那也是課程規劃的主旨。我們該如何確保學生能思考意義？我提供了一個建議，也就是利用故事的結構。故事易於理解記住，而且很有趣；不過當內容沒有意義時，我們也無法讓學生思考意義，若是如此，就適合借助記憶術。

課堂上的應用

思考意義有助於記憶。教師該如何確保學生在課堂上針對意義進行思考呢？以下是幾個實用的建議。

從學生會思考什麼的角度來審視教案

這句話也許是認知心理學可以提供給教師最籠統、最實用的建議了。學校教育最重要的一點就是，放學之後學生會記得什麼，而學生在校所思考的和之後的記憶有直接相關。因此，再次審視教案，揣想該課程實際上會讓學生思考什麼（而非你希望學生思考什麼）。檢查過後你或許會發現，學生不太可能會得到教師原本要他們學的東西。

舉例來說，有一次我觀察一堂高中社會課，學生三人一組，針對西班牙內戰做專題。每一組分別檢視內戰衝突的一個層面（比方說和美國內戰進行比較，或是思考該戰爭對今日西班牙的影響），之後再教班上其他人他們學到的知識，方式可自由選擇。教師帶學生到電腦教室，上網查資料（他們也利用圖書館）。有一組的學生注意到電腦裡安裝了PowerPoint，非常想用此簡報程式來報告。（這是好幾年前的事了，當時很多高中尚未普遍使用PowerPoint。）教師很欣賞他們的動機，於是批准他們使用。很快地，所有的組別都在使用PowerPoint。很多學生對該軟體有基本瞭解，用起來效果不錯。問題在於學生焦點改變了，從「研究西班牙內戰」變成「學習PowerPoint的花俏功能」。課堂上討論氣氛依然熱烈，但焦點變成使用動畫、融入影片、找特殊字型等。那時候，教師發現要請所有組別轉移焦點為時已晚，所以他花了大半個星期苦勸學生報告一定要有內容，而不只是flash動畫。

這件事說明了資深教師的優點之一。這位教師顯然隔年不會再同意讓學生用PowerPoint報告了，甚至可能想辦法讓學生聚焦於內容。在你具備這些經驗之前，最好的辦法就是仔細思考你的學生會對作業有什麼反應，以及作業到底會讓學生思考到什麼。

小心使用抓住學生注意力的活動

幾乎我所認識的每位教師，不時都會用能吸引學生目光的小活動當課堂的開場。如果在課堂之初能抓住學生的注意力，就能激起他們的好奇心，進而探究讓他們如此驚嘆的事物背後有什麼玄機。但是吸引學生的活動不見得總是有效。我女兒六年級時，我們曾有以下對話：

父：今天在學校學了什麼呀？

女：自然課來了一位客座教師，教我們化學物質。

父：喔？那妳學到化學物質的什麼？

女：他拿了個玻璃杯，裡面看似有裝水，然後他把一個金屬物品丟進去，之後水就滾了。超酷的。大家都在大叫。

父：嗯哼。他為什麼做那個實驗？

女：我不知道。

客座教師規劃這個實驗，必然是想激起全班學生的興趣，而這個目標也達到了。我打賭，教師之後一定以適合學生年齡程度的方式解釋了這個現象，但是這部分的訊息卻沒留在學生腦海。我女兒不記得，因為當時她還在想著實驗好酷啊。你記得的事情就是你思考過的事情。

另一教師告訴我，有一天她穿了羅馬人的寬外袍到校，她準備開始進入古羅馬的課程。我很確定她那麼做能抓住學生的注意力，我也確定那種穿著會持續吸引孩子的目光；也就是說，當教師要讓學生思考別的內容時，她那襲羅馬袍其實會讓孩子分心。

還有另一個例子。一位教師在生物課上請學生想想他們這輩子看到的第一樣東西。學生仔細思索後，說出「婦產科醫師」、「媽咪」等等答案。教師接著說：「其實，你們每個人看到的第一樣東西都一樣，是穿透你媽媽肚皮照進來的粉紅色漫射光。今天我們要談談那樣的首次視覺經驗，如何影響你視覺系統的發展，以及如何持續影響你今天看東西的方式。」我喜歡這個例子，因為這個問題抓住學生的注意力，並讓學生想聽到更多有關於該主題的內容。

我在本章前面也有提到，課堂一開始就引發學生對教材的興趣是很有用的，要讓學生知道當天課程內容的基礎是什麼問題

——依照故事結構的說法，就是要「發展衝突」。但你可能要想想，在課堂一開始時祭出吸睛的活動是否真是學生所需要的。就我的經驗來說，科目之間的轉換（或對高年級學生來說，換教室與教師）就足以爭取到學生幾分鐘的注意力。通常在一堂課的中間會需要來點變化，把已經雲遊四海的學生抓回來。但不管你用什麼方法，都要好好思考該如何把吸睛活動和課程重點作連結。學生能瞭解其中關聯，並把對活動的興奮放到一旁繼續課程嗎？如果不行的話，有辦法調整活動內容，幫助學生順利轉換嗎？也許教師可以將羅馬寬袍罩在平時的服裝外，課堂開始後幾分鐘就脫掉。也許「某樣金屬物品」的實驗可以在解釋完基本原理，當學生心裡有底了之後再進行。

小心運用發現式學習法

發現式學習法指的是學生的學習是透過探索事物、與同學討論問題、設計實驗來學習，或是任何其他利用學生好奇心的技巧，而非由教師直接傳授知識。甚至在理想的情況下，教師比較像是資源，而非主導課堂的人。就增進記憶而言，發現式學習法有許多優點。如果學生有權決定他們想著手解決的問題，他們就較能專注於自己選擇的問題，也較可能深入思考教材，收穫更大。然而，此法有一大缺點，就是較無法預測學生思考的內容。

如果學生自主探索概念，可能會走出一條徒勞無功的心理路徑。若說記憶是思考的殘餘物，那麼學生除了記得正確的訊息外，同樣也會記得錯誤的「發現」。（發現式學習法有其他的優、缺點，但我現在要談的重點在於記憶。）

不過，也不需因此就不用發現式學習法。至於何時運用倒是有個原則：當環境能夠給予即時回饋，指出學生是否思考問題的方式是否有益，此時發現式學習法便能發揮最大效用。最好的例子就是學生學習用電腦，不管是在學作業系統、某個複雜遊戲或是網路應用程式。學生在這些情境下展現了美妙的獨創力與膽量，不畏懼嘗試新事物，不會把失敗放在心上。學習就是一場發現之旅。不過，請注意，電腦應用程式有一大特性：一犯錯就知道。電腦的反應和你的原意不同，這種立即回饋能創造出很好的環境，讓「胡搞瞎弄」有收穫（其他的環境則不然。想像學生在生物課上自行「胡搞瞎弄」青蛙解剖會是什麼慘況）。如果教師沒有主導課程，將學生要探索之心理途徑加以限制，那麼環境本身便會在發現式學習法的情境下發揮效能，而那就會幫助記憶。

設計作業，讓學生自然而然地去思考意義

如果課程的目標是讓學生思考某些內容的意義，那麼很顯然的，最棒的作業就是讓學生自然而然去思考意義。身為記憶的研

究者，有件事始終讓我驚訝：人們對於自己記憶系統運作的方式竟然知道得這麼少。跟別人說「嘿，待會兒我要測驗你對這些單字的記憶」，其實根本沒用，因為對方不知道要該怎麼做才能把單字記起來。但如果你給他們一個簡單任務，任務當中他們必須想到單字意義，比方說，針對他們對每個字的喜愛程度評分，他們就能牢記單字。

這個概念可以應用在課堂上，也能應用於實驗室裡。本章一開始我說過，讓四年級學生烤餅乾不是使他們感受「地下鐵路」生活樣貌的好方法，因為學生花太多時間在思考該用多少麵粉與牛奶。該課程的目標是要學生思考黑奴脫逃的危險經驗，所以比較有效的課程應該是引導學生思考該經驗，比如說可以問學生他們認為在「地下鐵路」生活的人會上哪兒找食物、又該如何準備食物、如何能付出伙食費等等。

別害怕使用記憶術

我遇到許多老師對利用記憶術很反感。記憶術總讓他們想到十九世紀教室裡學童搖頭晃腦吟誦美國各州首府名的畫面。教師只用記憶術固然不妙，但記憶術確實有其好處，我不認為教師應該完全捨棄不用。

什麼時候才適合要學生在知道事物意義前先背下來？這種情

況大概不多，但有時候教師覺得有些內容或許現在看似無意義，學生卻一定要學起來才能進入下一階段。最典型的例子就是在學習外語字彙及閱讀外文之前，要先學會字母與發音的關聯。

運用記憶術背誦部分內容的同時，也去記其他強調意義的內容，這也不失是個好方法。我小學時未強迫自己背九九乘法表，我用強調乘法表意義的其他教材與技巧來練習。這些技巧很有效，我很快就能掌握概念。但是到了五年級，沒把九九乘法表背起來確實拖慢我的學習速度，因為我想學的新知識和乘法密不可分。所以每次我看到題目裡有8×7，就得停下來先推敲出兩數相乘的積。六年級時我轉學，新學校的老師很快就看出問題所在，要我把九九乘法表背起來，於是數學對我來說變簡單了，雖然我花了幾個星期才願意承認這點。

以衝突為核心來規劃教案

如果你仔細找的話，幾乎每份教案中都有衝突；換句話說，我們要學生瞭解的內容就是問題的答案，而問題就是衝突。清楚掌握衝突的優點就是衝突會使主題自然前進。在電影中，想辦法解決衝突會引發新的複雜情節。教材通常也是如此。

從你想要學生學習的教材著手，往回思考教材所提出的知識問題。舉例來說，州政府可能規定六年級學生要學習二十世紀初各家爭鳴的原子模型。那些就是「答案」。那「問題」該怎麼問？在這個例子裡，目標是瞭解物質的本質；障礙則是不同實驗的結果似乎會彼此衝突。每一種被提出的新模型（拉塞福、電子雲、波耳）似乎都能解決衝突，但又產生新的複雜情節，也就是說，驗證模型的實驗似乎會和其他實驗衝突。如果這樣的結構對你而言可用，你可以花點時間思考如何對學生闡述解釋以下問題：「物質的本質是什麼？」這個問題如何能吸引六年級學生的注意？

正如我所強調的，以衝突為核心來規劃教案，對學生學習有實際幫助。另一個我喜歡的特性是，如果你成功做到這點，就能讓學生思考了專業學門的實質內容。我一直對「讓教材貼近學生生活經驗」這個建議很不以為然。原因有二。其一，此點根本無法應用。《吉爾伽美什史詩》（Epic of Gilgamesh）有任何方面是學生可以立即了解而產生共鳴的嗎？三角函數又何嘗有？硬要讓這些主題貼近學生的日常生活不過是牽強附會，學生也會覺得矯情。其二，若我無法說服學生相信某件事物與他們的生活相關，那是不是意味著就不應該教這件事呢？如果我持續把學生的日常生活和學校科目連結起來，學生可能會以為學校教育始終繞著他們轉。其實我認為學習和自己不見得有關的事物也有其價值、好處與優勢。我並不是說談論學生有興趣的事物沒有意義，而是學生的興趣不應該是課程設計的驅力，反而應當作幫助學生瞭解課程內容的切入點，但絕不是他們思考這些概念的理由或動力。

上一章我提到學生必須具備背景知識才能進行批判思考。在本章中我討論了記憶運作的機制，希望藉由瞭解這點來提高學生學習背景知識的可能；實際的作法和思考意義大有關聯。但要是學生不瞭解意義怎麼辦？下一章我會討論為什麼學生難以理解複雜的內容，以及教師可以著力之處。

問題與討論

1. 情感能提高記憶力，但是若是故意引起學生的情感以幫助他們記住知識，感覺是在耍心機。在課堂上有什麼辦法可以善用情感呢？
2. 學習意願不會影響記憶力。但顯然這並不表示學生是否在意學校教育都沒有關係。如何解決這個明顯的悖論？
3. 我提到：若試圖將學校的教學內容與學生興趣互相連結，可能會有風險；以我的女兒為例，她對於Instagram很感興趣，若教學與Instagram結合，會讓我女兒更容易在學習時分心，進入自己的思緒。有什麼方法可以解決這樣的問題？
4. 我提出一個很有益的作法：將自己的教學想成兩個廣大的方面：結構／知識方面和情感溫暖方面。現在請你稍微自我反思……你認為自己在這兩方面的優點和缺點有哪些？你想要多加努力哪些方面？你可以取得哪些資源作為輔助？

5. 我提出使用故事結構來規劃教案可能有助於維持學生的興趣。但要做到這一點，學生必須了解並在意推動故事進展的衝突事件。請想想你要教的下一節課。（如果你想要挑別堂課也可以。）如果你把那一課的教案內容當成「故事的答案」，你認為你的學生知道「故事的問題」是什麼嗎？以符合他們年紀的方式清楚陳述「故事的問題」，這是學生可以輕易做到的事嗎？什麼能讓他們關心「故事的問題」？也許其中有與學生關心的事物相似的議題？又或許有個謎團，能立即吸引學生的注意力，然後再將他們引向「故事的問題」的下一步？
6. 你是否會要求學生學習相對較缺乏意義的課程內容？我說過，我認為這種做法有時候很合理，但我也理解人們為何會對此有些批判，所以我認為這種作法值得反思。如果你確實會要求學生死記硬背，那麼可以利用記憶法讓學生能更容易背好。如果學生具備能力的話，我通常會讓他們自己創作記憶法，你可以試試看。但我要先提醒你：有研究顯示人們不太擅長撰寫自己的記憶法。對此狀況的解決方法之一是：可以看看學生是否想出什麼好的記憶法，然後把最好的拿出來分享；如果學生沒寫出很好的，就拿出你自己預先準備、立即可用的記憶法。
7. 你認為你的學生如何度過閒暇時間？常見的休閒活動當中，哪些有益於本章論及的認知工作？有沒有更有益的相關活動？如果有，教師可以透過哪些方式鼓勵學生從事這些休閒活動？

8. 我建議教師要預測上課的內容究竟能使學生思考些什麼。這一點難以做到嗎？如果用別人上的課來做預測，會比較容易嗎？或者，等上完課後一週才思考上課內容，能有新的觀點，這樣會比較容易嗎？

【延伸閱讀】

大眾閱讀

1. Baddeley, A., Eyesenck, M. W., & Anderson, M. C. (2015). Memory, 2. Hove, UK: Psychology Press. 此文獻是教科書，但寫得相當清楚易懂，內容涵蓋了關於人類記憶的所有基礎科學知識。

2. Brown, P. C., Roediger, H. L. III, McDaniel, M. A. (2014). Make It Stick. Cambridge, MA: Belknap. 這本書非常易讀，包含了有關記憶的基礎科學的資料，以及如何有效應用記憶科學。

3. Dunlosky, J., Rawson, K. A., Marsh, E. J., Nathan, M. J., & Willingham, D. T. (2013). What works, what doesn’t? Scientific American Mind (September-October), 47–53. 原是篇幅長得多的學術文章，內容審視了記憶事物的技巧；此文獻為該篇文章的精簡、好讀的版本。

4. McKee, R. (1997). Story. New York: Harper Collins. 有許多指導手冊旨在幫助讀者有效地說故事。這本是最著名的其中之一，是根據麥基（McKee）的傳奇性編劇工作坊所寫成。

專業文獻

1. Arya, D. J., & Maul, A. (2012). The role of the scientific discovery narrative in middle school science education: an experimental study. Journal of Educational Psychology, 104(4), 1022–1032. 實驗證明：相較於傳統的非敘事的形式，當科學內容以發現敘事（discovery narrative）的形式呈現時，中學生更容易記住科學的內容。

2. Chang-Kredl, S., & Colannino, D. (2017). Constructing the image of the teacher on Reddit: best and worst teachers. Teaching and Teacher Education, 64, 43–51. 研究人員找到流行討論網站Reddit上對於回憶中「最好」和「最差」的老師的相關提問，仔細檢視了六百則回應，發現其中許多主要都與教學主題的知識或結構有關，或與教師的個人特質有關。

3. Kim, S-i. (1999). Causal bridging inference: A cause of story interestingness. British Journal of Psychology, 90, 57-71. 在這個研究中，實驗者將讀者要理解文字而須作的推論依照難度區分，發現當推論屬於中等難度時，該文本會被評比為最有趣。

4. Kleemans, M., Schaap, G., & Suijkerbuijk, M. (2018). Getting youngsters hooked on news. Journalism Studies, 19, 2108–2125. 一項研究指出，相對於傳統新聞報導使用的「倒金字塔」（inverted pyramid）格式，倘若以敘事格式呈現新聞報導，那麼各年齡層的成年人都會更清楚記得報導的內容。

5. Markman, A. B. (2012). Knowledge representation. In: The Oxford Handbook of Thinking and Reasoning (eds. K. Holyoak & R. Morrison), pp. 36–51. New York: Oxford University Press. 關於記憶在大腦裡如何展現，還有這些展現確實代表何意。

6. Roediger, H. L. (1980). The effectiveness of four mnemonics in ordering

recall. Journal of Experimental Psychology: Human Learning and Memory, 6(5), 558–567. 這篇文章評價了四種記憶法（其中三種我在本章中都已論及），並指出四種都有助於增強記憶。

7. Seiver, J. G., Pires, M., Awan, F., & Thompson, W. (2019). Retention of word pairs as a function of level of processing, instruction to remember, and delay. Journal of Cognitive Psychology, 31(7), 665–682. 此文獻是近期的研究，內容指出：深層（以意義為主）的思考程序比淺層的思考程序更有利於記憶，也指出學習意願不會影響記憶。

注釋

①這個數據是我編造的。

②讀者可以上YouTube搜尋Schoolhouse Rock: conjunction junction。

第 4 章

為什麼學生難以理解抽象概念？

問 有一次我觀課，看到教師協助一名學生解關於面積計算的幾何題。在幾次錯誤嘗試之後，學生正確解出一道計算桌面面積的應用題。隨後又有一道題，要學生計算足球場的面積。學生一臉茫然，即使教師給了提示，學生還是看不出這道題和他剛解出題目之間的關聯。學生認為他剛才解的是關於桌面的題目，而這一題是關於足球場的，截然不同。為什麼抽象概念（比方說計算面積）這麼難理解？而且即使理解了，當換個方式表達，又很難應用到別的情況下？

答 抽象思考是學校教育的目標。教師希望學生能把課堂所學應用在新的情境下，包括出校園以後。其中的挑戰就在於大腦似乎不喜歡抽象思維，而是偏好具體事實。所以當我們遇到抽象定理時（比方說物理學的定律：力＝質量×加速度），會需要實例來幫助理解。本章所根據的認知原則如下：

我們在已知事物的架構下理解新事物，而大多數我們所知都是具體的。

換言之，抽象概念難以理解，且不易運用在新的情況下。幫助學生瞭解抽象概念的最佳方式，就是讓學生接觸到不同形式的抽象概念，也就是讓他們去解桌面、足球場、信封、門等各式的面積計算題。有一些技巧或許能加速這個過程。

理解其實就是記憶

我在第二章強調事實型知識在學校教育中的重要性，在第三章詳述如何確保學生獲得那些知識，解釋事物如何進入記憶中，但我也預設學生理解老師想教的知識。你也知道，這可不一定。對學生來說，理解新概念通常很困難，尤其是真的很新穎、無法和既有知識相連的觀念。對於學生如何理解事物，認知科學家瞭解多少呢？

答案是，學生藉由把新事物和舊事物連結來理解新事物。這聽起來很容易理解，有點像是你閱讀時遇到生詞時會經歷的過程。比如說，如果你不知道「ab ovo」的意思，你就會去查字典，發現定義是「自始」，這幾個字你懂，於是你對於「ab ovo」的意思便有些瞭解了。①

用已知來理解新知有助於我們理解每位教師都熟悉的一些原則。其中之一就是類比的益處；把新事物和舊知識連結，幫助我們瞭解新知。舉例來說，假設我想跟學生解釋歐姆定律，但學生對於電學一無所知。我告訴他電是藉由電子流動所產生的能量，而歐姆定律描述了電流的一些影響。我告訴他歐姆定律是這麼界定的：

$$I = V/R$$

I是電流，也就是電子移動的速度；V代表伏特，也就是造成電子移動的電位差。電位差會「拉平」，所以如果兩點間的電位差有差別，會導致電流流動。R表示阻力，有些材料是電子移動的有效導體（阻力小），有些則是很差的導體（阻力大）。

雖然上述說明正確無誤，但這樣的描述卻難以理解，所以教科書通常會把電流和水流進行類比。電子在電線裡移動，就像水流過水管，如果水管一端壓力很大（比方說有加壓幫浦），而另一端壓力小，那麼水就會流動，對吧？但水流動的速度會因為水管內壁的摩擦力而減緩，如果我們把水管部分堵住，流速將更緩慢。我們可以用每分鐘多少加侖來測量水流的速度。如果用水來類比，歐姆定律說的就是水流速度取決於水壓和水管的阻力。這樣的類比很有用，因為我們已經習慣想像水在水管裡的流動。我們利用已知來幫助自己瞭解新知，就如同我們利用「自始」來幫助自己瞭解ab ovo。

理解新事物仰賴我們把新事物和已知事物連結，因此類比能夠發揮效用（見圖4-1）。

我們依賴舊有的知識，所以我們需要具體的例子。如你所知，學生難以理解抽象概念，如：力=質量×加速度，或是英詩的

【圖4-1】「力=質量x加速度」太抽象，難以理解。用具體實例來說明比較容易瞭解。用同樣的力（女子揮棒的力道）來打擊不同質量之物，如棒球或汽車，我們能瞭解棒球和汽車的加速度差別會很大。出處：球賽© Getty Images/SAMURAI JAPAN；汽車© Getty Images/FilmMagic

韻律抑揚五步格，即使我們逐字解釋也一樣。學生需要具體的例子來闡明抽象概念，他們需要確實聽到：

> Is this the face that launched a thousand ships?
> And burnt the topless towers of Illium?

以及

> Rough winds do shake the darling buds of May
> And summer’s lease hath all too short a date

等實例，才能感受到抑揚五步格的音律。

實例有用，不僅是因為實例讓抽象概念變得具體。倘若是不熟悉的實例效用也不大。假設你我有以下對話：

> 我：不同的測量量尺提供了不同的資訊類型。次序量尺排出順序等級，而等距量尺提供了差距上的意義。
>
> 你：我聽得霧煞煞。
>
> 我：好，我舉幾個實例。莫氏礦物硬度表（the Mohs scale of mineral hardness）就是次序量尺，而羅許模式（Rasch Model）提供了等距測量。懂了嗎？
>
> 你：我想我去喝杯咖啡好了。

由此可見，不是提供具體例子就有用（圖4-2是各式測量量尺的較佳解釋）。例子也得要學生熟悉的才行，莫氏硬度表與羅許模式是大多數人不熟悉的量尺。重要的不是具體，而是熟悉度；而學生熟悉的事物大多是具體的，因為抽象概念難以理解。

哲學家路德維希・維根斯坦（Ludwig Wittgenstein）推測：「問題得以解決，並非因為我們提供了新的資訊，而是因為我們整理了已有的知識。」他想得沒錯。因此，瞭解新概念其實就是讓適當的既有概念進入工作記憶中，並重新加以組合，進行從未做過的比較，或思考我們之前忽略的特性。看看圖4-1對於力的解釋。你知道用球棒擊球會發生什麼事，你也知道用球棒打車的結果，但你之前曾同時把這兩個概念連在一起，思考過結果不同是因為被打的兩個物體質量不同嗎？

現在你明白為什麼我說理解其實就是記憶了吧。沒有人能

【圖4-2】量尺上的數字只有四種方式彼此相關。在「名義量尺」上，每個數字指一件事，但數字意涵是武斷隨意的。比方說，棒球選手衣服的背號不會幫助你了解球員。在「次序量尺」上，數字有其意義，但無法顯示數字間的差距。比方說賽馬比賽裡，你知道第一名的馬領先第二名，但你不知道快多少。在「等距量尺」中，數字不但有順序，而且當中間距也有意義。比方說，10度和20度之間的差距，等同於80度和90度的差距。而等距量尺中的「零」是任意值，也就是說，攝氏零度不代表沒有溫度。「比率量尺」，如年齡，則有真正的零點，也就是說，零歲代表沒有年齡。出處：棒球© Shutterstock/ Suzanne Tucker；賽馬© Shutterstock/Don Blaise；溫度計© Shutterstock/Flipser；家族世代© Getty Images/MNPhotoStudios

把新概念直接塞到學生腦袋裡，每一個新概念都必須建立在學生已知的概念上。要讓學生理解，教師（或家長、書籍、影片或同儕）必須確保可從學生長期記憶中抽出適當的概念，進入工作記憶中。此外，這些記憶的正確特色必須被處理，也就是說，必須被比較、結合或操控。如果要我幫助你理解次序量尺和等距量尺的差別，光是說「想想溫度計和賽馬」是不夠的。雖說這麼做會讓那些概念進入工作記憶，但我同時還必須確認概念係以正確的方式被比較。

然而，我們都知道，事情沒有這麼容易。當我們給學生一個解釋和若干例子時，他們真的就懂了嗎？通常不然。你已經看過圖4-2，但你能說自己「瞭解」測量量尺了嗎？你知道的確實比以前多，但是你的知識大概還稱不上深，你或許也沒信心能說出新例子屬於哪類測量量尺，比如尺上的公分刻度（見圖4-3）。

為了深究如何能幫助學生理解，我們必須正視以下兩個問題。第一，即使學生聽懂了，還是會有理解程度上的差異，不同學生的理解深淺不一。第二，即使學生在課堂上理解了，所學知識不見得能轉而應用到課外情境。當學生遇到換湯不換藥的新題目時，他們可能會被難倒，即使之前已解過同樣類型的題目，殊不知自己其實會解！以下兩節我將分別闡述理解深淺與缺乏轉換應用能力這兩大議題。

【圖4-3】這是其他三種量尺的例子：公分（用尺來測量）、用數字一到七評比對於濃縮咖啡的喜愛程度、以及播放清單上的編號曲目。上述三例分別使用哪種類型的量尺？出處：尺© Shutterstock/Olga Kovalenko；濃縮咖啡© Getty Images/Guido Mieth；播放清單© Daniel Willingham

為什麼理解程度淺薄？

每位教師都有過以下經歷：你問學生問題（課堂上或考卷裡），學生回答的用詞和你之前解釋該概念時的用詞一模一樣，或是和教科書上的文字如出一轍。雖然學生答案無誤，你忍不住納悶，學生是否只是把定義死記硬背下來，並不是真的瞭解（見圖4-4）。

【圖4-4】學生是否只是複誦概念卻沒真正理解，這種擔憂由來已久。這張圖創作於十九世紀中葉的法國。（這圖也讓老師們不太光采。）出處：© Getty Images/DEA/ICAS94

這個情境讓我們想到哲學家約翰・希爾勒（John Searle）提出的知名問題。[1]希爾勒的理論是：電腦可以表現出有才智之舉，卻非真正「理解」其作為。他提出這個思考問題：假設一個人獨自在房間裡，我們可以從下方門縫塞進數張寫了中文字的紙片，房間裡的人不會說中文，但會回應每個訊息。她有一冊厚書，每頁都分成兩欄，左右兩欄都有中文字串。她瀏覽書頁，當在左欄比對出和紙條上之中文字相同的字後，她會仔細地把右欄對應的字抄寫在紙片上，最後將紙片從門縫下送出。我們用中文提出了問題，而房間內的人也用中文回應，這樣就表示房間內的人懂中文嗎？

幾乎每個人都會給否定的答案：房間裡的人雖給了適切的回答，但她只是從書中抄下答案。希爾勒提出這個例子來說明電腦即使表現出精密複雜的行為，比如會用中文，卻不是真的符合我們對「理解」的標準。學生也是一樣，機械式學習（rote knowledge）或許能答出標準答案，卻不代表學生真的有思考。②

我們都遇過學生「答得老練」，事實上卻是一知半解，甚至鬧出笑話。經常有人用電子郵件轉寄這類笑話給我。有些真的是機械式學習的結果。舉例來說，把三種血管〔arteries（動脈）、veins（靜脈）、capillaries（微血管）〕寫成「arteries、vanes（風扇葉片）、caterpillars（毛毛蟲）」，或是「我常閱讀騎士派詩人的作品，其作品反映出『cease the day』（結束今朝）的觀點。」除了引人發噱之外，這些例子顯示出學生僅記住「答案」，完全未理解。

許多教育工作者害怕學習最後會淪為機械式學習，他們的害怕幾乎成了恐懼症，但事實上，機械式學習其實相對罕見。我所說的「機械式學習」表示你對於教材完全無理解，你只是記住字詞，所以完全不會懷疑為什麼以輕鬆情詩、浪漫人生觀見長的騎士派詩人，竟然會有「結束今朝！」的人生哲學。

比機械式學習更常見的是我所謂的表面理解，意味著學生只是略懂內容，理解相當有限。我們說過，學生由已知來理解新知，如果他們知道的很淺顯，那麼這過程就停滯不前。他們的知識依賴教師提供的類比或解釋，只有在特意營造的環境中才能理解概念。舉例來說，你知道「Seize the day！」是把握今朝，意味著「享受當下，勿擔憂未來」，而你也記得老師說過海瑞克的詩〈給少女，珍惜青春〉（To the Virgins, to Make Much of Time）裡的句子「玫瑰蓓蕾當前，及時採擷為要」，就是表達這種情懷；但你的瞭解也僅止於此。如果老師又給了另一首新詩，你就很難判定那首詩是否屬於騎士派風格（見圖4-5）。

和表面理解相對的是深入理解。深入理解的學生對主題所知較廣泛，知識片段也能互相連結。學生不只理解部分，也能掌握整體，如此一來，就能將知識應用在不同的情境之下，以不同的方式談

【圖4-5】《Fragmenta Aurea》的書名頁，書籍作者為約翰・薩克林爵士（Sir John Suckling）。就算學生不熟悉這部著作，只要對騎士派詩有深層知識，那麼在書名頁看到「驚奇與喜悅」（wonder and delight）和「全新的精神」（new spirit）等詞語被用來描述薩克林爵士的作品時，也會覺得這是意料中的事。出處：© Getty Images/Culture Club

論，也能想見若有個環節改變，整體會有什麼改變等等。深入理解騎士派詩作的學生，就能在其他文學形式中辨識出騎士派理念的要素，如外在形式看似大相逕庭的中國古典詩詞。除此之外，學生還能夠思考「要是……會如何？」的問題，如「要是當時英國政治情勢改變，那騎士派詩風會有什麼改變？」學生能夠思考此類問題，因為他們的知識網絡縝密相連，就像機器的零件一樣。而「要是……會如何？」問題其實就是在更換零件，深入理解的學生能預測要是換掉一個零件，機器會如何運作。

顯然教師都希望學生能深入理解，大多數教師還會努力灌輸知識。但為什麼學生最後會只有表面理解呢？一大原因是學生不專心，老師提到一首詩裡面的「玫瑰蓓蕾」，學生可能會聯想到上次她溜滑板摔進鄰居家的玫瑰花叢中，然後老師講解詩的後半部分時，她已經沒在聽了。此外，學生的知識淺薄還有其他較不易看出的原因。

這麼說吧。假設你打算對一年級的學童介紹政府的概念，你希望學生瞭解以下要點：一起工作、生活的群體必須制定規則，才方便每個人行事。你會借助兩個熟悉的場域——教室與學生家裡——當作例子，並帶入更大群體必須有更多大家同意遵守之規則的概念。你計畫請學生列出教室裡的班規，並思考每一條規定存在的意義。接著你會請學生列出家規，並思考家規為何存在。最後，你會請學生說出班級和家庭以外的一些規定，你知道你得

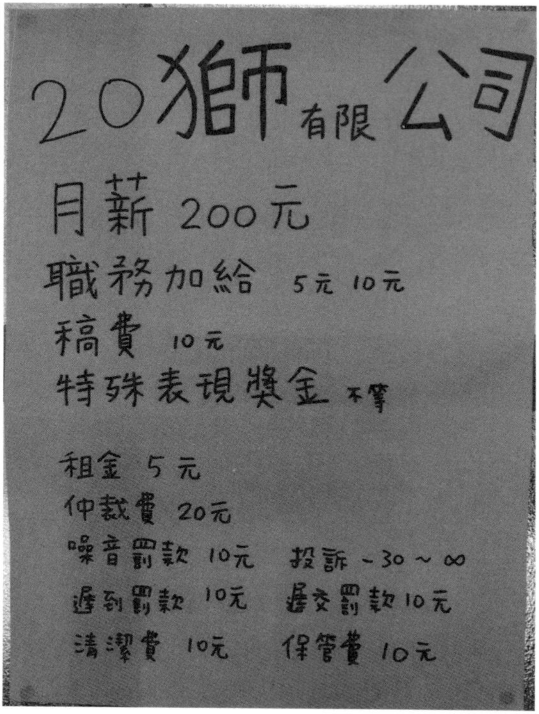

【圖4-6】大部分班級都有班規，有時候會以圖中海報的形式張貼在教室。若能理解課堂上為什麼需要規定，或許就能明白為什麼工作或玩樂時群體遵守規則能讓彼此受惠。出處：© 台北市建安國民小學204班，侯人瑋老師，2024

提醒激勵一番。你希望學生會看出每個群體的規定，不管在家庭、班級或其他更大的社群，都有相似的功能（見圖4-6）。

機械式學習的學生之後可能會說：「政府就像一個班級，因為兩者都有規則。」該生並不明白兩個群體間共有的特性。表面理解的學生知道政府就像班級，因為兩者都是人民團體，需要有共識地遵守一套規則，才能讓事情運作順利，保障彼此安全。該生理解兩者間的相似之處，但也僅止於此。舉例來說，如果問學生：「政府和我們學校有何不同？」學生可能就會語塞。深入理解的學生則能回答此問題，也可以成功延伸這樣的原則，去思考其他可能需要制定規則的人民團體，比方說和他一起玩三對三鬥牛的朋友。

這個例子能幫助我們瞭解為什麼不是所有學生都能深入理解。目標知識——人民團體需要規則——還蠻抽象的。正確的策略似乎是直接教導抽象的概念，畢竟這是老師想要學生學到的東西。但我之前說過，學生不容易理解抽象概念，需要時間，也需要實例。因此以課堂規定為例來闡述會有用。事實上，學生或許能說出「眾人組成團體時，通常會需要一些規則」，但若學生不理解為何課堂、家庭和社區都是例子的話，他其實就沒有真正弄懂。因此，深入理解意味著全盤理解，理解了抽象概念以及實例，還有之間的關聯。這樣一來，我們就比較清楚為何多數學生一開始學新概念時都只得表面皮毛了，因為深層知識比表面知識難獲得。

為何不能知識移轉？

本章討論的是學生對於抽象概念的理解。要是學生理解了一個抽象概念，我們便會期望他們能加以應用。知識移轉（Transfer）就代表學生成功運用舊知識來解決新問題。每個問題從某種角度來看都是新問題；即使我們看到同一題兩次，但有可能分屬於不同情境下，而因為時間過去，可以說我們也有所改變，即使幅度不大。通常心理學家所謂的知識移轉，意味新問題有別於舊問題，但我們確實有可應用知識來協助我們解題。舉例來說，請思考以下兩道題：

傑登買了三罐雞尾酒醬和一盤大蝦，總共花了40美元。如果一盤大蝦的價格是25美元，那麼雞尾酒醬的價格是多少？

上週茱莉亞開車上、下班三回，又開車單程去訪友，總共開了80英哩。她的朋友住50英哩遠。茱莉亞的家距離上班地點有多遠？

這兩題都需要減掉總數的一部分（大蝦價格、單程訪友的里程），然後用除法計算，得出一個單位值（雞尾酒醬的價格、上班路途的里程數）。這兩題的差別就是心理學家所謂的「表面結構」——意思是說：第一題的呈現方式是購買食物，第二題的呈現方式是開車的里程數。兩道題目的「深層結構」是一樣的，因為解法的步驟相同；而每道題的表面結構則是讓抽象概念具體化的方式。

顯然題目的表面結構對解題來說並不重要。我們會期待能解題目一的學生應該也能解題目二，因為重點在於深層結構。不過，大家受到表面結構影響的程度出乎意外地高。有個經典的研究室實驗展現了表面結構的影響，[2]實驗者請大學生解下述問題：

假設你是醫師，有個病人胃裡長了惡性腫瘤，可是無法動手術，但除非腫瘤被摧毀，不然病人無法存活。有種放射線可以用來消除腫瘤，如果放射線以夠高的強度瞬間照到腫瘤，就能消滅之。不幸地，以這樣的強度照射，放射線經過所及的健康組織也會同時被摧毀。強度低一點的話，對健康組織就無害，但對腫瘤也毫無影響。要怎麼樣才能用放射線消除腫瘤，但同時又能避免摧毀健康組織？

如果受試者解不出這道題（大部分都不能），實驗者就會告知解法：從四面八方發射多道低強度放射線對準腫瘤，如此一來，每道低強度放射線可以安全通過健康組織，但所有放射線最後匯聚於腫瘤處，便可消滅腫瘤。實驗者確定受試者明白解法後，再對他們提出下一個問題：

一名獨裁者坐鎮堡壘，統治一小國。堡壘位於國土中央，以堡壘為中心，多條道路呈放射狀延伸，如同輪子的輪輻。一位大將軍誓言要攻下堡壘，解放該國脫離獨裁統治。將軍知道如果集結整批軍團之力，必能一舉攻下堡壘；但是密探回報，獨裁者在每條路上都佈下地雷。地雷埋的方式能讓小團體通過無傷，因為獨裁者也需要指揮部隊和工兵移動做事；不過，如果一大批軍力通過，必定會引爆地雷，不但會炸毀道路，獨裁者還會反擊，殲減多座村落。將軍該如何攻下堡壘？

兩道題目的深層結構相同：若聯合之力會造成附帶損壞，那就將力量分散，從四面八方匯聚後再集中火力攻擊要害。這個解法顯而易見，但對受試者卻不然。只有百分之三十的受試者答對第二題，即使他們才剛聽過概念上一模一樣的題目與解法。（見圖4-7）

你在本書第一章也經歷過類似的現象。第一章提到了圓盤與方椿的問題，接著又介紹另一個有相同深層結構但不同表面結構的問題——茶道儀式，要將各項規矩從主人轉移到最年長的客

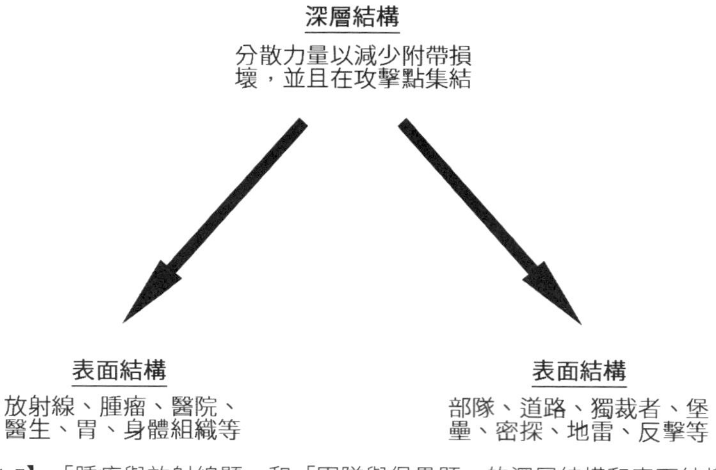

【圖4-7】「腫瘤與放射線題」和「軍隊與堡壘題」的深層結構和表面結構關係圖。出處：© Greg Culley

人。你若與大多數人一樣，或許就沒察覺到這兩個問題有著相同的深層結構。為什麼會這樣？這就要回到我們怎麼理解事物了。當我們閱讀或聆聽某人說話，我們是透過對於相關主題的已知知識，來詮釋當下所讀所聞。舉例來說，假設你讀到這段文字：「本季第二個有名字的颱風菲立克斯，一夜之間威力增強，速度驚人，風速達到時速150英里，伴隨強陣風。氣象預報員預測十二小時之內，暴風路徑將掃過貝里斯沿海地區。」第二章我強調過，先備知識對於理解這類文本是必要的。如果你不知道哪種暴風會有名字，不知道貝里斯在哪裡，就無法通盤理解上述文字。此外，你的背景知識也會影響你怎麼詮釋接下來的訊息。對於這些句子的解讀會大幅縮小你對新訊息的詮釋。比方說，若接下來你看到「眼」一字，你不會想到視覺器官眼睛，不會想到穿線的針頭，不會想到馬鈴薯的芽眼，也不會想到孔雀羽毛的眼狀斑紋；你會想到的是颱風的中心。如果你看到「壓力」一詞，馬上就會想到大氣壓力，而非同儕壓力或經濟壓力。

由此可知，我們的大腦假定當下讀到（或聽到）的新事物，會和剛讀過（或聽過）的事物相關。這個事實讓理解更快速、更順暢，但很不湊巧的，如此一來要看到問題的深層結構就變難了。因為我們的認知系統總是努力要弄懂我們在讀什麼、聽什麼，找出相關的背景知識，來協助我們解讀單詞、片語與句子。但看似可以應用的背景知識，多半總是關於表面結構。當我們讀到腫瘤放射線的題目時，認知系統會根據讀者有哪類背景知識，來縮小對該問題的詮釋（就如同我們讀到颱風報導時一樣），而我們可能會有一些關於腫瘤、放射線、醫師等等的知識。當我們之後讀到其他版本的題目，相關的背景知識似乎是涉及到獨裁者、軍隊和堡壘的，所以，知識移轉才會那麼彆腳。題目一和腫瘤相關，而題目二被視為是軍事問題。

如何解決此問題，似乎不言而喻。為什麼不直接請大家在看題目時思考深層結構就好？這個建議有個問題，就是題目的深層結構並不明顯，更糟的是，一個題目可能有無數可應用的深層結構。當你讀到獨裁者和堡壘時，很難同時想到：此題的深層結構符合「否定後件」的邏輯形式嗎？此題的深層結構是要找最小公倍數嗎？此題的深層結構符合牛頓第三運動定律嗎？要看得出深層結構，就得瞭解問題每個層面是如何相聯繫的；另一方面，表面結構卻顯而易見：這個問題和獨裁者與堡壘有關。

做腫瘤與放射線題目實驗的研究者，也試著告訴受試者：「腫瘤與放射線題目或許有助於你解答軍隊與堡壘題。」一旦他們這麼說，幾乎每個人都能解答第二道題，其中的類比顯而易見。堡壘就像腫瘤，軍隊就像放射線等等。所以，問題之所以困難就在於受試者有沒有意識到兩道題目之間的相似點。

其他時候，即使學生知道新題目和解過的舊題目有相同的深層結構，知識移轉的能力也差強人意。想像一個學生明明知道他在算的代數應用題，就是解有兩個未知數之聯立方程式的實例，課本裡也有例題闡述解題過程。課本上的例題和新題目的表面結構不同，一個是關於五金店的存貨，另一個是手機方案，但學生知道不用管表面結構，應專注於深層結構上。然而，要能利用例題的解法，他必須看透表面結構是怎麼布局在深層結構上的。就好像他能瞭解腫瘤題及其解法，但遇到堡壘題時，又想不出軍隊的角色是等同於放射線、腫瘤還是健康組織。如你所料，若題目中組成部分多，解法步驟又多的話，要比對已解題目和新題目之間的對照關聯難度提高，就會妨礙知識移轉應用。有時候這會產生很好笑的結果。（見圖4-8）。

【圖4-8】想要移轉已知的方法去解決新的問題，卻以失敗告終，這是喜劇有時會使用的橋段。在電影《上班一條蟲》（Office Space）中，主角們打算報復他們的公司，他們想要用的計畫在電影《超人第三集》（Superman III）中很成功，但卻無法移轉至他們的情況，因為他們沒有考量到他們的公司與超人電影之間的重大差異。出處：© Getty Images/Handout

這麼聽來，知識移轉似乎不太可能成功，感覺我們無力看出所讀所聽內容的深層結構。我描述的實驗中，有些受試者確實有想到用之前解過的題目來推論，雖然這麼做的比例出奇地低。此外，面對全新的情況時，成人比兒童更能用有成效的方式來處理，因為成人運用了既有的經驗，也就是移轉了知識。換句話說，只有具備充足背景知識才能把舊知識移轉運用於新問題，這個概念完全錯誤。我們第一次讀到腫瘤放射線題時，不會只說：「這個問題看都沒看過，也沒看過類似的，所以我放棄。」我們會思考策略，即使想出的解決方案最後行不通。那些策略是根據過往經驗，根據我們解決過的問題、我們對於腫瘤與放射線所知的內容等等。這樣說來，我們一直都在移轉事實型知識與解決問題的知識，即使我們覺得從未看過這類問題。不過，我們對於這類移轉所知不多，因為實在難以追蹤其源頭。

下一章我會討論如何盡可能增加知識移轉的機會。

總結

要理解某事，需以新方式組合記憶中的概念，例如：將賽馬的勝出者與溫度計的讀數相比，藉以理解測量尺規。抽象概念很難，因為我們會依賴記憶中已有的內容，藉以理解新的概念，而記憶中的內容大多是具體的。我們對新概念的理解一開始很粗淺，因為要對新概念的各個組成部分有更多的連結，才能有深層的理解。也就是說：需要更多的經驗，也因此要花更長的時間，才能建立深層的理解。等到我們處理過以各種型態出現的相同概念，就能欣賞這個概念的深層結構——概念的各個組成部分之間的功能性關聯。但在此之前，我們的理解會依附見過的例子，不一定會有知識移轉。

課堂上的應用

本章傳遞的訊息似乎令人沮喪：理解事物不容易，即使終於理解了，也無法移轉運用到新情境裡。其實也不須那麼悲觀啦，但深層理解的難度確實不容小覷。畢竟，如果理解對學生來說很容易，那你教起來也會很容易！以下幾點建議，能讓你在課堂上應付這個挑戰。

跨界知識移轉的保證，不可輕信

教育史上隨處可見這樣的例子：教育工作者想要教學生某項技能，號稱可以「訓練心智」、幫學生批判性思考……一切事物，但最後以放棄告終。

十九世紀時，學生學習拉丁語，希望拉丁語的文法邏輯結構有助於培養邏輯思考的習慣。但是，愛德華・桑戴克（Edward Thorndike）證明了修拉丁語的學生在其他課程的表現並沒有優於未修拉丁語的學生，這也是他在教育心理學方面的早期（且著名）的成就之一。拉丁語的邏輯並沒有移轉。[3]

1960年代時，跨界知識移轉的希望又重新燃起。當時一些教育理論家推論：既然寫電腦程式需要邏輯思考，也需要使用一些可以廣泛應用的觀念（例如遞迴），如果小孩學寫程式，也能廣泛應用那些思考技巧。這次的效果比教小孩拉丁語好，但僅略好一點而已。

有些人認為學習西洋棋能讓孩子邏輯思考，還有人提倡要教小孩演奏樂器。但我們在本章中學到的是：學習需要持久且針對。我認為下西洋棋很好，演奏樂器也很好，但如果你希望孩子能在科學方面進行邏輯思考，就直接教科學方法。如果你希望孩子學會評價說明文的論點，就直接教如何評價。別教一種技能卻妄想可以增進別種技能。

要協助學生瞭解，就得提供實例，讓學生比較個中差異

正如先前所言，經驗幫助學生看到深層結構，所以要透過許多實例，提供那樣的經驗。另一個或許有幫助的策略（雖然未經廣泛測試）是，請學生比較不同的例子。比方說，英文教師若想幫助學生理解「反諷」的概念，可以舉例如下：

◆在《伊底帕斯王》中，德爾菲神諭（Delphic Oracle）預言伊底帕斯會弒父娶母。伊底帕斯遠走他鄉，想保護他以為是親生父母的人，卻也因此引發了一連串事件，最終讓預言成真。

◆在《羅密歐與茱麗葉》中，羅密歐自殺，因為他以為茱麗葉已死。當茱麗葉甦醒過來，聽聞羅密歐的死訊，心煩意亂，於是殉情自殺。

◆在《奧賽羅》中，高尚的奧賽羅完全相信屬下伊阿古（Iago）所言，誤信妻子對自己不忠，卻不知這一切都是伊阿古策畫，圖謀不軌。

給學生一些提示，他們或許能看出三個例子的共通點。一個角色做某事，期望有某個結果，但結局卻恰恰相反，因為該角色遺漏了一個重要訊息：伊底帕斯是領養的，茱麗葉還活著，伊阿古是個騙子。觀眾知道角色遺漏的訊息，因此能看出故事的結局。觀眾看著故事發展，明白故事角色若知道實情，這幾齣戲就不會以悲劇收場，如此一來更加揪心。

戲劇性反諷是個抽象概念，不容易理解，但比較數個例子或許對學生有幫助，因為可以強迫他們思考深層結構。學生知道這個練習的要點並非如「每齣戲劇裡都有男有女」這樣淺顯的比較。正如第二章中所討論的，我們記得思考過的事情。以這個方法讓學生思考深層結構，或許會有幫助。

明說暗指強調深層理解

你很可能對學生明說你期待他們學到事物的意義，也就是要學深層結構。你應該也問問自己，是否課堂中的活動也不時傳達出相同的強調。在課堂上你提出的問題屬於哪種類型？有些教師多半只提事實型問題，連珠炮般拋出：「這個公式裡的b代表什麼？」或「哈克和吉姆回到木筏後發生什麼事？」這些低階的事實固然重要，但我之前也說過，如果你只問這類問題，就會讓學生覺得只有這些重要。

從作業和評量也可看出你在乎的是什麼。你指派的作業有要求深入理解嗎？還是只需要用表面知識就能完成作業？如果你的學生已經大到能考試，請確定考試內容能測驗到深層理解。考試內容傳達給學生很明確的訊息：重要的東西就會考。

你對深層理解的期望要實際合理

雖然深層理解是你的目標，對於學生可達到的目標與速度要有合理期待。深層理解得之不易，是充分練習下的產物。如果學生對複雜主題尚未有深層理解，也不要喪氣。表面理解已經勝過完全沒有理解，況且表面理解是通往深層理解的必經過程。你的學生要發展到真正深入理解可能需要數年，任何教師充其量只能帶領他們走上這條路，並掌控前進的節奏。

在這一章裡，我描述了為什麼抽象概念難以理解，又為什麼難以應用到不熟悉的情況中。我說過，練習思考、練習使用抽象概念對於之後的應用相當重要。下一章我會詳盡闡述練習的重要。

問題與討論

1. 深層知識不易獲得，因此需要時間才能培養。並非所有知識都會很深入。相對於讓學生自己決定哪些知識應該要深入，是否應該由成年人——教師、家長等——來做決定？這樣會有什麼利弊得失？
2. 學生對於「機械式學習」有什麼看法？學生為何可能覺得「機械式學習」其實還蠻吸引人的？我已經以測驗為例，說明教師做的事情可能（不知不覺地）鼓勵學生機械式學習。還有哪些因素也可能有影響？
3. 在師資教育中，知識移轉的問題可能很棘手；將來要擔任教職的人，通常是在大學的課堂上學習如何當老師，然後就被期望在成為老師後，能將這些知識應用到自己的課堂中。根據你自己的經驗，這種知識移轉的效果如何？請思考：在你接受的師資教育中，有哪些特點造就了好或差的知識移轉？

4. 你學過哪些課堂中比較深層且有用的「深層結構」？你是否知道某些學生、課堂情況或互動模式等，雖然表面上因課堂不同而有差別，但都反映了不會因地制宜的更深層次的真相？

5. 我說過，深層知識得之不易，需要在諸多情境中對某些概念進行思考，而這麼做通常很花時間。例如，你上課時很有可能會教到學生去年已約略知悉但仍須多加熟練的概念，也會教到另一些概念是你雖然會介紹，但也明白就算上完整學年的課學生可能也只學到淺層知識，而且你也知道明年還要複習這些概念。你是否相信校內的老師們能溝通而得知哪些知識屬於這一類？你是否相信老師們能溝通而知道個別學生對於這類知識的能力高低？如果你對此沒有信心，是否有方法可以增進溝通？

6. 淺層知識似乎和「自動駕駛」模式的反應脫不了關係，這一點我在第一章中已經說過。你察覺X情況，知道Y反應通常能有好結果，所以你不會對X做更深入的思考，例如你不會思考：表面上看起來與X相異的其他情況，會不會其實和X有相同的深層結構？這可能導致兩種結果。你不會知道Y或許也適用於其他情況，而且你因為沒認真思考過X所以也無法對X有較深的了解。大家在實際教學時都有各自的X情況和Y反應。你的X、Y

是什麼？有哪些情況是你會開啟「自動駕駛」模式，但其實深入思考或許會更好？

【延伸閱讀】

大眾讀物

1. De Bruyckere, P., Kirschner, P. A., & Hulshof, C. D. (2020). If you learn A, will you be better able to learn B? American Educator, 44 (1), 30–34 . 根據我們對於知識移轉的認識，請思考這個問題：「是否該要所有學生都學樂器或學習下西洋棋？」
2. Hofstadter, D., & Sander, E. (2013). Surfaces and Essences: Analogy as the Fuel and Fire of Thinking. New York: Basic Books. 這本書「不算專業文獻」，但也絕不是輕鬆好讀的書。這本篇幅達五百頁的書，寫的是關於作者探討類比對於人類思維的核心性質。這本書的內容扎實，曾獲普立茲獎的作者Hofstadter文采斐然。

專業文獻

1. Carey, S. (2011). The origin of concepts: a précis. Behavioral and Brain Sciences, 34, 113–167. 這篇文章摘要了一本篇幅長得多的書，描述Carey的理論，探討孩子（和成人）如何理解新的概念，文章中特別強調的概念是：人類的觀念發展有一個先天的起點。
2. Goldstone, R., & Day, S. B. (2012). New conceptualizations of transfer of learning. Educational Psychologist, 47(3). 這個知名期刊整本都在探討知識移轉，其中包含的幾篇文章是探討為何知識移轉那麼困難，以及促

進知識移轉的最佳方式。

3. Holyoak, K. J. (2012). Analogy and relational reasoning. In: The Oxford Handbook of Thinking and Reasoning (eds K. Holyoak & R. Morrison). 234–259. New York: Oxford University Press. 此文獻提供了很有用的概述，說明了深深影響類比的心理學。

4. Hoyos, C., & Gentner, D. (2017). Generating explanations via analogical comparison. Psychonomic Bulletin & Review, 24(5), 1364–1374. 此文獻提出一個例子，說明類比的比喻有強大的功效，有助於新概念的理解；在此文獻中，類比的應用對象是六歲小孩。

5. Mayer, R. E. (2004). Teaching of subject matter. Annual Review of Psychology, 55, 715–744. 此文獻詳盡概述特定主題領域，有特別針對移轉的內容。

6. Sala, G., & Gobet, F. (2017). Does far transfer exist? Negative evidence from chess, music, and working memory training. Current Directions in Psychological Science, 26(6), 515– 520. 這篇文章對許多研究進行摘要，得出的結論是：學習下西洋棋或學習演奏樂器能提升對於相關活動的專業程度，但不會移轉到整體心智的靈敏度。

7. Scherer, R., Siddiq, F., & Viveros, B. S. (2018). The cognitive benefits of learning computer programming: a meta-analysis of transfer effects. Journal of Educational Psychology 111(5): 764–792. 此篇文章指出：教學生寫電腦程式會帶來一些有益的知識移轉，增進某些方面的創意思考、數學、後設認知、空間技巧和推理，但不會移轉到語文測驗，這與一個概念相符，就是知識移轉或許和一般性的邏輯思考無關，而是因為寫程式的訓練和知識移轉測驗兩者之間有所重疊。

注釋

①你可能注意到一個問題。如果我們從已知來理解新知，那我們是怎麼理解第一件事物的？舉個例，我們怎麼知道「beginning」的意義？若查字典，beginning是「start」之意。但如果去查「start」，又會發現其定義是「beginning」。這樣看起來，用別的詞彙來定義字詞似乎行不通，因為很快就會變成循環定義。這個問題很有趣，但卻不是本章討論的重點。簡而言之，有些意義是從感官可以直接理解的，比方說你不用查字典就知道「紅色」的意義。這些意義可以當作定錨，讓其他意義依靠，幫助我們避免字詞互為定義的窘境，就像正文裡提到的「ab ovo」的例子。

②不是每個人都信服希爾勒的理論，持反對看法者很多，其中有一論點最常見：房中獨處者的例子並不能體現電腦的能耐。

第 5 章

刻意的反覆練習真的有用嗎？

問反覆練習一直背負著惡名。反覆練習的英文「drill」原本是軍事用語，之所以拿來取代較為中立的「practice」（練習）一詞，意味著反覆練習是打著紀律訓練的旗號，而非對學生有益為出發點，進行不用動腦、討厭的操練。「drill and kill」教學法指不停操練，扼殺學生內在學習動機，亦有貶意。另一方面，教育傳統派論者認為，學生必須練習，才能遊刃有餘地掌握他們所需的事實與技巧，如5+7=12這樣的數學計算。很少教師會認為反覆練習增強了學生的動機、提高學習的樂趣。反覆練習在認知上的好處，真的值得我們冒犧牲動機的風險嗎？

答認知系統有其瓶頸：我們腦中可以應付多種概念的能力是有限的。比方說，心算19×6不難，但是心算184930×34004就幾乎不可能。計算步驟一樣，但計算後者時你的大腦會「空間不夠」，無法記錄數字。大腦有幾個技巧可以解決這個問題，最有效的就是練習，因為練習能降低腦力活動所需要的「空間」。本章所根據的認知原則如下：

沒有充分練習，腦力活動幾乎不可能熟練自如。

如果你踢足球的時候邊跑邊控球，還得專注想著要用多大力道、該用腳的哪一面等等，那你絕不可能成為優秀的足球員。這類低階的程序一定得在不假思索下進行，給大腦騰出空間，留給如球賽策略這類的高階重要事項。同樣的，你沒辦法心算簡單的加減乘除，就不可能學好代數。有些東西學生必須練習，但不是所有事物都需要練習。本章我將闡述為什麼練習這麼重要，我也會討論哪類內容重要到值得練習，還有怎麼練習才能讓學生覺得最有用又有趣。

為什麼要練習？因為透過練習可以得到最基本層次的能力。兒童在父母師長的協助下練習綁鞋帶，直到可以獨立綁好鞋帶。我們也會練習既有能力，以求精益求精。職業網球選手能夠每次都發球到對手的場地，但他還是會不斷練發球，因為他想提升球速和球的落點。在教育現場，精熟和鍛鍊技巧這兩個原因都很有道理。學生會練習長除法，直到熟練，可以正確解出答案。其他技巧，如寫一篇論說文，即使學生具備基本能力，也應該繼續練習，不斷精煉，以臻美善。

練習是為了獲得能力和不斷精進，這兩大主因顯而易見，沒什麼爭議。比較參不透的是，即使你看似精熟某事，卻仍然要練習，而且練習也沒讓你更進步。怪雖怪，這類練習在學校教育中卻是不可或缺。練習能帶來三個好處：強化學習進階技巧必備的基本技巧；防止遺忘；提升知識應用能力。

練習是為了進一步學習

要瞭解練習為什麼對學生的進步那麼重要，容我提醒你思考運作的兩個事實。

圖5-1（你在第一章也看過）顯示，工作記憶是思考的場域。用新的方式組合訊息時，思考於焉產生。訊息可能從環境或你的長期記憶中提取，或兩者皆有。舉例來說，當你嘗試回答「蝴蝶和蜻蜓有什麼共通點？」這類問題時，這兩種昆蟲的特性出現在你的工作記憶裡，供你思索回答問題的比較點。

然而，工作記憶有個特點，就是容量有限。如果你要同時應付太多事實，或是比較太多層面，就會忘了你在做什麼。假設我問：「butterfly（蝴蝶）、dragonfly（蜻蜓）、chopstick（筷子）、pillbox（藥盒）和

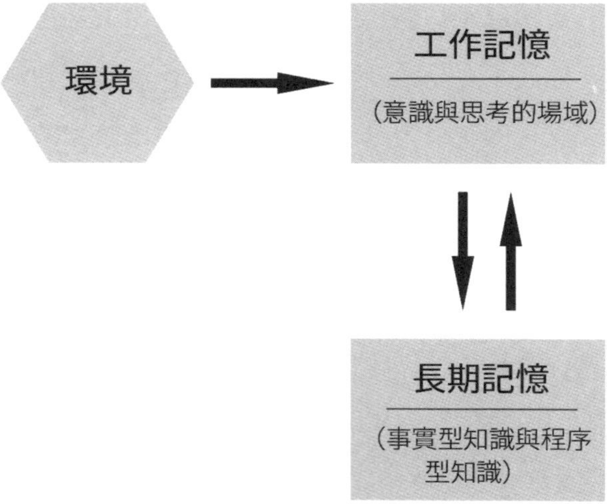

【圖5-1】我們的簡單版心智模型。出處：© Greg Culley

scarecrow（稻草人）有什麼共通點？[1]」這個問題要比較的項目過多，你在思考藥盒和筷子之間的關聯時，可能已經忘記其他項目是什麼了。

工作記憶空間不夠是人類認知最根本的瓶頸。你可以幻想一大堆認知系統待改善之處——記憶力更準確、專注力更高、眼光更敏銳等等，但如果神燈精靈讓你許一個願來改善大腦某部分，請你務必要求更大的工作記憶容量。工作記憶容量大的人思考力較佳，至少是學校裡需要的那類思考。很多證據顯示這個結論為真，而且多半都遵循一簡單邏輯：測量100人工作記憶的容量，再測量他們的推理能力，[2]看看他們在兩項測試的分數是否一致。結果令人驚奇，工作記憶容量大者，推理能力測試也得高分；工作記憶容量小者，推理測試分數較低（但工作記憶並不是唯一的因素，別忘了第二章我強調過背景知識的重要）。

當然，你不可能從神燈精靈那裡獲得更大的工作記憶空間，而且因為本章討論的是練習，你可能以為我會建議學生作可以擴大工作記憶空間的練習。很遺憾，這樣的練習並不存在。根據我們所知，工作記憶容量或多或少是固定的，有多少就是多少，練習也不能改變其容量。過去十年間有很多人想要開發訓練計畫用以增進工作記憶，還有許多關於這些訓練計畫的誇大宣傳，但根據研究，迄今尚未開發出有效的訓練計畫。

你雖然無法增加工作記憶的容量，但可以用一些技倆迴避工作記憶的容量限制。我在第二章用許多篇幅討論如何讓工作記憶區塊保存更多訊息，方法就是壓縮訊息。透過意義組塊，可以將數個獨立事物視為一個意義單位。不要把c、o、g、n、i、t、i、o、n字母分開儲存於工作記憶，而要把這幾個字母組合成一個意義單位，也就是「cognition」（認知）一字。一個單字在工作記憶中所占空間和一個字母是相同的。而要把字母組成單字有個前提，就是你得認識那個單字。如果字母是p、a、z、z、e、s、c、o，而你碰巧知道「pazzesco」是義大利語中「瘋狂」一字，就能有效合併字母，形成一意義單位。但如果你的長期記憶中沒有這個單字，就無法將這幾個字母拼起來。

因此，透過有助於意義組塊的事實型知識，我們可以耍點心機，騙過容量有限的工作記憶。還有第二個方法：你可以讓工作記憶中處理訊息的過程更有效率，甚至有效率到不費吹灰之力處理訊息。回想你學習綁鞋帶的過程。一開始，你必須全神貫注，用盡了所有工作記憶，但隨著練習，你可以不假思索地綁鞋帶（見圖5-2）。

過去占滿全部工作記憶的事情，現在幾乎不占空間。已經是大人的你，可以一邊聊天一邊綁鞋帶，甚至一邊心算數學（雖然這麼做的需求不高）。另一個常見例子我之前提過，就是開車。剛學開車時，開車占用了你所有的工作記憶。就和綁鞋帶一樣，你正在做的事占用了大腦空間，比如檢查後視鏡、注意油門或剎車踩多深以調整車速、看時速表、判斷和其他車輛的間距。請注意，此處不是要同時把很多東西（如字母）放在腦海裡，那種情況你可以藉由意義組塊增加腦力空間。在這個例子裡，你是要快速地連續做很多事。當然，有經驗的駕駛似乎完全可以應付這些事，甚至還能同時和乘客聊天。

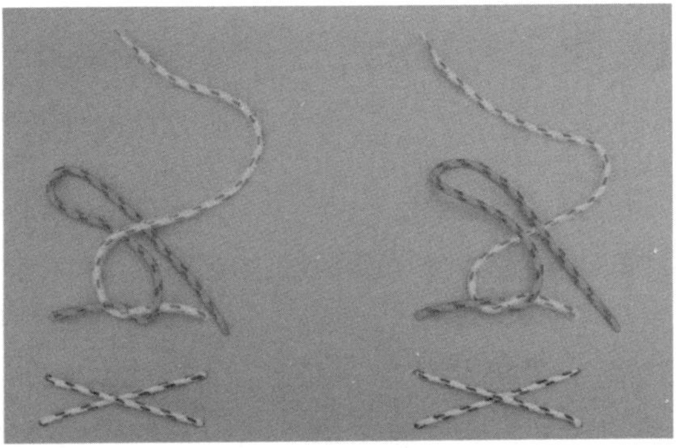

【圖5-2】綁鞋帶有正確和錯誤的方式，重點就在於底部和頂部的綁帶之間的關係，類似平結（綁得牢）和十字結（綁不牢）之間的區別。研究人員甚至透過模擬行走證明：正確方式綁的結持續的時間要長得多。如果你想將某個過程變成「自動化模式」，要確保你做的是正確的方式！出處："The roles of impact and inertia in the failure of a shoelace knot" by Christopher A. Daily-Diamond, Christine E. Gregg, & Oliver M. O'Reilly in Proceedings of the Royal Society A: Mathematical, Physical and Engineering Sciences 473(2200): 20160770, figure 14b. © Creative Commons CC BY 4.0

思考過程若變得完全自動，這種不假思索的過程只需要很小的工作記憶容量。這類過程發生速度快，彷彿下意識就知道接下來該做什麼。如資深駕駛瞄一眼後視鏡，檢查視野死角，就能變換車道，不用刻意去想：「好，我現在要換車道，所以得看看後視鏡，檢查盲點有無來車。」

舉個不假思索的例子，請看看圖5-3，並說出線條勾勒出的

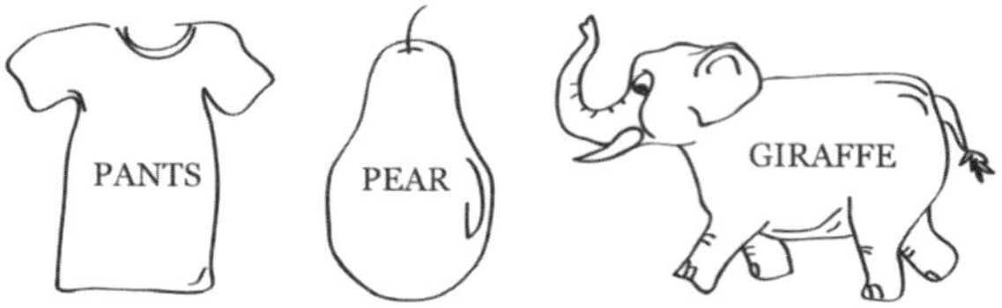

【圖5-3】不管文字，直接說出圖案為何。當文圖不符時，很難不理會文字，因為閱讀是不假思索的過程。出處：© Anne Carlyle Lindsay

物體名。不要理會上頭的文字，直接說出圖案為何。[1]

你一定也注意到了，有些文圖一致，有些文圖不符；不符合的時候要說出圖案名稱通常比較難，因為閱歷豐富的讀者看到印刷字時，很難不去注意。閱讀是不假思索的。因此「褲子」這個單詞和你試圖要提取的文字「上衣」不一致，這樣的衝突拖慢了你的回應速度。才剛學習閱讀的小孩不會受此干擾，因為對他來說，閱讀還不是不假思索的過程。孩子看到p、a、n、t、s這些字母時，必須費盡心思（因此緩慢）找出每個字母的發音，全部拼湊起來，最後辨識出這些音組合起來形成「pants」一字。

要達到不假思索，方法除了提升心理歷程的效率，也可以開發心智表徵的能力。例如，你不要把p、a、n、t和s這幾個字母逐個發音，而是在記憶中找到符合這個字串的視覺表徵。我在第一章已經說過，記憶比心理歷程快得多——這是學習閱讀的一大關鍵。

數學事實也可以變成不假思索，運作方式是相同的。學生第一次接觸算術時，常常用數數的策略解題，比如說計算5+4時，會從5開始，往上加4個單位，得到答案9。這個方法應付簡單的題目綽綽有餘，但是你可以想像一旦題目變複雜時會發生什麼狀況。比方說多位數加法97+89這樣的題目，未曾記過基礎運算的學生或許可以用數數方式計算7+9得16，算到這裡，學生必須記得先把6寫下來，然後計算9+8，同時還要記得把剛才16裡的1再加上去，才能得出結果。

如果學生已經記住7+9=16這個事實，做這道題就容易多了，因為解題不需占用太多工作記憶空間，就能求出正確答案。在長期記憶中找出熟練的事實放入工作記憶中，幾乎不占工作記憶的空間，難怪基礎運算能力佳的學生在各項數學題目中表現好很多。也有證據顯示：練習基礎運算，能幫助低成就學生在進階題中表現更佳。

閱讀和數學都是不假思索過程的好例子，讓我們看到不假思索過程的幾個特點：(1)這個過程很迅速。(2)這個過程受到環境裡的刺激物驅使，若刺激物存在，不管你願不願意，不假思索的過程都會出現（或者可以喚回相關的記憶)。因此，你知道若不去讀圖5-3的文字，會比較容易說出圖案的名稱，但你就是不由自主。就像開車經驗豐富的人，在乘坐別人開的車而遇到危險路況時，會伸出腳去踩，即使腳下並沒有剎車踏板——這是不由自主的反射動作。(3)你不會意識到不假思索過程的每個環節。舉例來說，閱讀過程的各個環節（像是辨識字母）從來都不是有意識的行為。「pants」一字最後進入意識中，但是要思考出「這個單字是『褲子』」所經歷的腦力過程，卻是在不知不覺中完成的。對於閱讀新手來說，這個過程大大不同，每一步都要動腦筋。

圖5-3的例子讓我們理解不假思索的過程如何運作，但這個例子並非常態，因為例子中不假思索的過程會和我們的思考目標互相干擾。多半情況下，不假思索的過程是有助益，而非幫倒忙的，因為這種過程能給工作記憶騰出空間。之前占據工作記憶的過程現在幾乎不占空間，便能容納其他的思考。拿閱讀來說，「其他」思考包括想想字詞的真正意義。閱讀初學者緩慢費力地讀出每個字母，再將讀音結合為單字，於是工作記憶便沒有多餘空間可以思考字詞意義（見圖5-4）。

16 9 3 20 21 18 5
20 8 9 19
3 15 13 13 15 14 16 12 1 3 5
19 3 5 14 5

【圖5-4】這個句子以簡單的密碼寫成：1=A，2=B，3=C，依此類推。每行代表一個字。閱讀初學者要花的心思和解開這句話的密碼過程有點類似，因為他必須先找出每個字母代表的意義。你解碼時試著不要寫下每個數字對應的字母，如此很有可能解到句尾就忘了前面的字詞，就像閱讀初學者一樣。[32]出處：© Greg Culley

同樣的事也會發生在老練的讀者身上。我高中時，老師要我的朋友朗讀一首詩，朋友朗讀完後，老師問他對這首詩有什麼感想，他一時茫然語塞，後來才說他剛才只專注於朗誦時不要出錯，根本沒注意到詩的內容，他就像個小一新生，心思都放在單字讀法而非內容上。當然，當時全班哄堂大笑，雖然尷尬，但此事完全可以理解。

容我整理一下之前的內容：工作記憶是大腦裡思考發生的區塊，我們在此匯整概念，轉換為新思維。難就難在工作記憶容量有限，如果想要一口氣放入太多東西，或是工作量超出負荷，就會亂成一團，讓我們忘了正在解的題目或正在聽的故事，或是沒辦法理出頭緒，作出決定。工作記憶容量較大的人比較善於思考。雖然我們無法擴增工作記憶容量，卻可以壓縮工作記憶中的內容，方法有二：藉由意義組塊，讓事實型知識占的空間較小，而意義組塊需要長期記憶裡的知識（這點在第二章已討論）；也可以提升把訊息帶入工作記憶的效率，或是創造出記憶表徵，就根本不需要這些心理歷程了。

接下來，顯然該提出的問題是：要怎麼樣才能提升心理歷程的效率或是創造出記憶表徵？答案你心知肚明：練習。或許有變通方法，能夠偷吃步，讓你可以不用付出練習的代價就坐享自動化模式（automaticity）的好處；但如果真有此事，不管是科學界還是世界各地文化的集體智慧，都尚未發現。就人類目前所知，開發腦力潛能別無他法，只能一次又一次又一次地重複目標過程。

你一定能明白為什麼我說練習是為了進一步學習。你或許已能「掌握」閱讀，因為你知道哪些發音對應哪些字母，也可以把發音串聯成字詞。既然已識字，為什麼還要練習？練習不僅是為了讓速度加快，重要的是嫻熟識字過程，熟到可以不假思索地提取字義。這一點若能達到自動進行，你就能釋放出更多工作記憶空間，之前專注於從長期記憶提取讀音的工作記憶空間一旦騰出來，就能用在思考句子和段落的意義。

閱讀如此，所有科目亦如是，我們希望學生擁有的技能也是這樣。那是有層次的，基本過程（如提取數學事實或在自然課進行推論）一開始很耗費工作記憶，但經過練習就會變得不假思索。那些過程必須晉升到不假思索的境界，才能讓學生把思考提高到另一層次。偉大哲學家懷爾德（Alfred North Whitehead）曾在以下言論中描述了這個現象：「教科書和傑出人物演講時都表示，我們應該培養思考當下事物的習慣，這點實在錯得離譜。其實根本是恰恰相反。要增加不需思考就能執行之重要活動的數量，文明才會進步。[3]」

練習讓記憶長久

我打賭你也有和我一樣的經驗，幾年前我偶然翻到高中幾何學的講義，那些作業、大小考試卷上布滿我的筆跡，有詳盡的解題步驟，事實型知識蹤影歷歷在目。不過，現在的我連幾何學的基本原理都沒把握講得出來。

這類經驗會讓教師絕望。我高中幾何學老師費盡心思讓我獲得的知識與技巧，已經消失殆盡，無怪乎偶爾有學生抱怨：「這些東西我們以後又用不到。」所以要是我們教給學生的東西總有一天會消失，那我們這些做老師的到底在幹嘛呢？

其實，我是記得一點點幾何學的，當然比起我剛學完時現在記得的少很多，但終究比學之前知道得多。研究者以更正式的方式檢測學生的記憶，並且得到相同的結論：我們會很快忘掉很多（但不是全部）學過的東西。

在一個研究中，研究者追蹤修過一個學期大學部發展心理學課程的學生，記錄他們修課後三到十六年間的表現。[4]學生接受和課程內容有關的測驗。圖5-5顯示測驗結果，兩條曲線分別代表該門課成績得A和得B以下之學生的表現。整體來看，記憶保持不甚理想。修課後才過三年，學生只記得一半，甚至一半以下所學的內容，比率一路下降，直到第七年才趨於穩定。拿A的學生整體來說記得的比較多，這點不令人意外，他們原本就知道的比較多。但是他們和其他學生一樣也會忘記，而且速度相同。

所以，很顯然地，用功讀書並不能預防遺忘。如果我們假定成績拿A的學生用功讀書，我們得承認他們忘得跟其他人一樣快。不過，確實有件事能防止遺忘：持續練習。在另一個研究中，研究者找了不同年紀的人來接受基礎代數考試[5]。超過一千位受試者

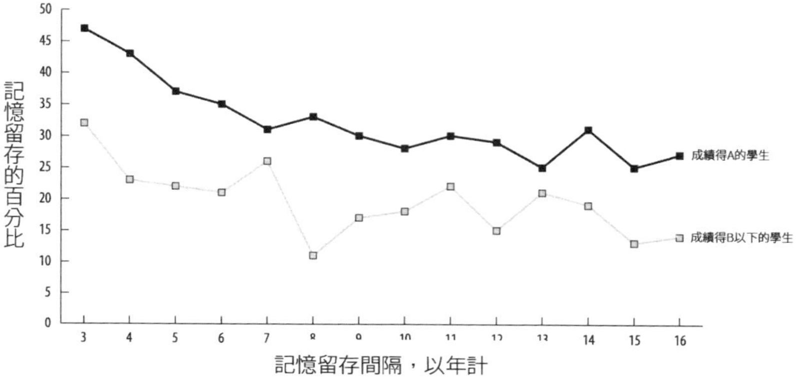

【圖5-5】這幅圖顯示修過一個學期大學部發展心理學課程的學生，在課程結束後三到十六年間還記得多少上課內容。兩條曲線分別代表該門課得到A和B以下成績之學生的表現。出處：“Very long-term memory for information taught in school” by J. A. Ellis, G. B. Semb, and B. Cole in Contemporary Educational Psychology 23: 419–433, figure 1, p. 428. Copyright © 1998. Reprinted with permission from Elsevier

參與這個實驗，所以有多元背景的受試者。最重要的是，這些人學習數學的多寡程度不一。

請看看圖5-6，其顯示一次代數考試的成績。④參與實驗的受試者同時接受測驗。根據受試者在高中、大學時修過幾門數學課程，將成績分成四組。請先看最下方的曲線，曲線顯示修過一門代數課程者的成績。受試者修課至今距離多少年，由左至右遞增，因此最左邊的點（大概百分之六十答對）是才剛修完代數課的人，最右邊的點代表五十年前修課的人！最底下的曲線符合你預設的情況：修課時間離現在越久的受試者，在代數考試上的表

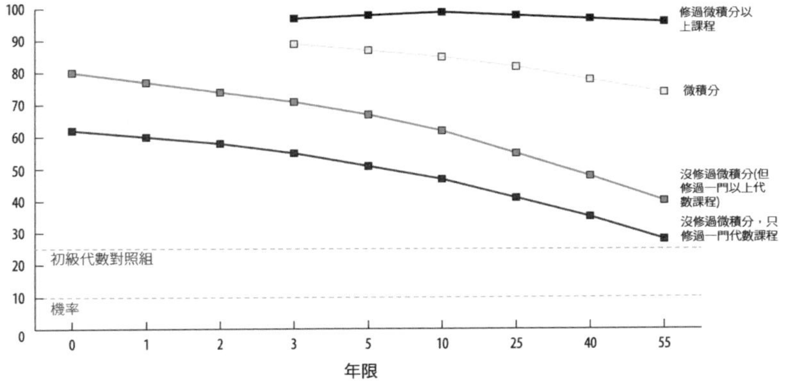

【圖5-6】修過代數的人在基礎代數考試上的表現，修課時間從一個月前到五十五年前均有。四條曲線對應四組受試者，以他們在修過基礎代數後又修過的數學課程多寡來區分。出處：“Lifetime maintenance of high school mathematics content” by H. P. Bahrick and L. K. Hall in Journal of Experimental Psychology: General 120: 20–33, figure 1, p. 25. Copyright © 1991 by the American Psychological Association

現就越差。

從底下數來第二條曲線顯示曾修過不只一門代數課程者的成績。如你所預期，他們考試表現較佳，但也有遺忘，和其他組一樣。現在請看最上面那條線，這是修過微積分以上數學課程者的成績。有趣的是，這條線幾乎是平的！五十幾年前修過數學課程的人對於代數的記憶，和五年前修課的人一樣好！

這是怎麼一回事呢？原因並不是繼續修數學課的人比較聰明，也不是他們數學比較好。就和之前針對修發展心理學課程者的實驗一樣，把學生按照第一門代數課的成績高低分類，並沒有區別，他們全都以同樣的速度遺忘。換句話說，第一門代數課拿到C的學生，如果繼續修更多數學課，就會記得代數；但在第一門代數課程拿到A的學生，如果不繼續學就會忘記。因為修更多數學課確保你會繼續思考並練習基礎代數。如果你練習得夠多，便能永誌不忘。有其他研究針對的是不同的主題，但也得到相同的結果，例如以前外語課學的西班牙文，或是童年住家附近的街道名稱。

這些研究沒說明的是，記憶能夠持久是因為你練習比較多，還是因為你的練習時間延長。很有可能兩者都有影響。

從短期來看，練習也可能給記憶帶來好處。複習顯然有助於記憶：要是我想記得「雨傘」的法文是「parapluie」，那麼把這個字複習五次勝過只複習一次。但假設我好像已經認識這個字，而你要幫我背一長串的英文——法文單字，我還有一些不會，但是前兩次我們逐個背清單上的單字時，你說「umbrella」我都能回答「parapluie」，我想我已經會了。若是這種情況，我還有理由要繼續背這個字嗎？或者我該把這個字從我的練習清單中刪除？

答案似乎是「繼續背」。這種複習方式稱為過度學習（overlearning）——就是在你似乎已經知道某事之後，仍繼續學習它。我們一直在說的練習就屬於過度學習，因為這種練習感覺好像沒什麼好處。你一直說「umbrella」，而我一直說「parapluie」，然後我心裡會想：「這麼做有什麼意義？」

但我們這麼想想看：假設我對清單上的每個單字都像我對「雨傘/parapluie」一樣熟悉，而且已經連續兩次說對了清單上的每一個字。要是三天後考這些單字，我會考得如何？我能全部都答對嗎？

或許不會吧。在這三天期間，我會忘記一些字。這時候就顯出過度學習的好處：避免遺忘。然而，要求自己過度學習並不容易，因為這種練習感覺毫無意義；複習的內容是我們覺得自己已知的東西。但過度學習能確保我們之後仍能記得這些內容。那麼，要讓過度學習感覺不那麼無聊和無意義，我們可以做一件顯而易見的事：把學習分散到不同的時間。例如，假使幾天後我不太記得「雨傘/parapluie」的正確翻譯，那麼或許我會比較願意再去讀它。

研究者也探究何時讀書重不重要。何時指的不是一天中的哪個時段，而是你如何分配讀書時間。這麼說吧：前一節強調，讀書兩小時比讀書一小時好。那麼，假設你決定讀書兩小時，你該怎麼分配這120分鐘？你應該連續讀120分鐘嗎？還是一天讀60分鐘，隔天再讀60分鐘？又或者是每週讀30分鐘，連續四週？

考前一口氣讀很多內容就叫作考前填鴨（cramming）。我以前求學時，很多學生會吹噓自己考得很好，但因為是考前填鴨，所以一個星期之後什麼都不記得，（我知道，拿這個來臭屁很怪）。研究也證實了這些學生的說法。如果你短時間之內填鴨，之後馬上去考試，表現會很不錯，但是遺忘的速度也快。另一方面，如果你分段讀書，當中有間隔，馬上去考試不見得表現得好，但是你跟那些臨時抱佛腳的人不同，考完之後記得教材內容的時間較長（見圖5-7）。

間隔（spacing）效應對教師來說大概不是什麼新鮮事。我們

SUNDAY	MONDAY	TUESDAY	WEDNESDAY	THURSDAY	FRIDAY	SATURDAY
		1	2	3	4	5
6	7 讀書	8 讀書	9 讀書	10 讀書 **讀書** **讀書** **讀書** **讀書**	11 考試 **考試**	12
13	14	15	16	17	18 考試 **考試**	19
20	21	22	23	24	25	26
27	28	29	30	31		

【圖5-7】這個簡單表格說明了認知科學家所謂的記憶間隔效應。甲生（粗黑體字）在第一次考試前一天讀了四小時；乙生（畫底線字）考前四天每天都讀一小時。甲生第一次考試的成績大概會比乙生好一些，但一週之後的第二次考試，乙生的成績會高很多。出處：© Greg Culley

都知道考前K書的記憶不會持久；反之，讀書時間應該平均分配才對，如此才對記憶有利。不過，間隔效應有兩個要點要說清楚。我們一直在討論練習的重要，剛才說如果練習有間隔，效果會比較好。相較於把練習都集中在同一段時間，如果按照我所說的方式分配練習時間，就可以減少一點練習。把練習時段間隔開來還有另一個好處。我在本章中討論的練習，是指持續不斷加強已經掌握的事物。從定義看來，難免略顯枯燥，縱使能帶來認知上的好處。如果教師能將練習分散進行，這樣的功課對學生來說會有趣些。

練習能增進知識移轉應用

在第四章裡，我用大量篇幅討論把已知知識應用到新情境時會遭遇的挑戰。還記得用小組士兵攻打堡壘的問題嗎？即使受試者才聽到包含解決方法的類似故事（用放射線攻擊腫瘤），他們還是無法將知識應用到堡壘—士兵的問題上。正如我在該章中所提，移轉確實存在，即使情境間沒有明顯的表面相似處。知識移轉會發生，但很少見。我們可以做什麼來增加知識移轉機率？什麼因素會讓學生更可能說出「嘿，我之前看過類似的題目，我記得怎麼解！」？

事實上，造就成功的知識移轉有許多因素，其中幾個特別重要。正如我所言，若新問題的表面結構和解過之問題的表面結構相似，移轉就比較可能發生。也就是說，一道分數題的題幹若是關於貨幣兌換，而非引擎效率，那對錢幣蒐藏家來說，題目會比較容易理解。

練習是知識順利移轉的另一個顯著因素。持續做許多特定類型的題目，會讓你比較容易看出題目底下的結構，即使你從未見過某一版本的題目。因此，閱讀腫瘤—放射線的故事，對你在遇到士兵—堡壘問題時有一點幫助。但如果你讀過好幾個版本分散力量又集中射向目標的故事，你就更有可能辨識出問題的深層結構。

換個方式說，假設你讀到以下問題：

你住加拿大，正在計畫到墨西哥旅遊，你聽說如果帶加拿大貨幣過去，到當地後換成墨西哥披索再用現金付旅館錢，可以省下一筆可觀的手續費。你預計住四晚，住宿費用是每晚一百披索。你還需要什麼訊息，才能計算出該帶多少美元？如何計算？

為什麼成人能夠馬上看出題目的深層結構，但是小四生卻不行？

研究者認為有幾個原因使然。第一個原因就是，因為有過練習，所以你較有可能還沒閱讀就已經知道問題是什麼，之後也比較有可能會記得你用過的解答辦法。如果你當時不懂這個問題，或是你後來不記得當時如何解答的，就不太可能把知識移轉到新情境中。這點顯而易見。但假設一位小四生確實懂這個問題包含的基礎數學運算，為什麼他看不出用基礎數學運算就能解這道換算加拿大幣和披索題目？又為什麼你知道？

還記得在第四章中我說過，你在閱讀時對於之後內容的可能解讀，範圍會大幅縮小。當時我舉了颱風的例子，如果你讀了關於颱風的簡要描述後再看到「眼」這個字，你不會想到人五官中的眼睛，也不會想到馬鈴薯的芽眼等等。重點是，你在閱讀的時候（或是傾聽別人說話之時），你都根據你對類似主題的聯想來解讀眼前文字。你知道許多和「眼」有關的東西，你的大腦根據目前閱讀的內容來選擇最相關的意義。你不需要有意識地作選擇，自問：「嗯……現在不曉得『眼』的哪一個意思放在這裡最合適？」正確的涵義會自動躍入腦海。

與上下文相關的訊息，不僅可以用來理解有數個可能意思的單獨字詞，也可以理解閱讀內容中不同事物的關聯。舉例來說，假設我開始對你說以下故事：「我太太和我到某小島度假，島上有條奇怪的規定。如果兩個以上的人在天黑後一起散步，那麼每個人都要帶著一支筆。旅館門上有貼公告提醒，旅館各處也都有提供筆，但是第一天晚上我們出去散步時，我還是忘了帶筆。」

你讀到這裡時，輕鬆看懂重點：我違反規定了。你對於表面結構沒有相關的背景知識，畢竟之前從沒聽過這個規定，更別說這規定有點莫名其妙。但是你對故事元素的功能關係倒是見多了，這個故事的核心就是許可。所謂的許可關係，就是必須符合先決條件，才被允許做一些事。比方說，你必須滿二十一歲才能喝酒。故事中，在島上若晚上要和另一人外出，就必須攜帶一支筆。你也知道，許可關係中不僅有規定，而且若違反規定通常就得面對後果。因此，當我告訴你這個怪怪的故事時，你很有可能預測故事的走向：我有沒有被抓到沒帶筆？如果真的被逮到，我會面臨什麼後果？能感同身受的聽眾就會順勢說：「噢，不會吧！你有被抓到嗎？」如果聽眾說的是：「真的嗎？旅館給你們的是哪種筆啊？」我會認為他沒抓到故事重點。

我講筆的故事時，「許可規定」的概念自動躍入你腦海，就如同你在颱風報導中讀到「眼」一字就馬上想到「颱風中心」。你能理解此處「眼」的意思，是因為你之前多次看過「眼」指的是「颱風中心」。同樣地，當你聽到筆的故事時，許可規定的深層結構躍入腦海，因為你多次練習過思考許可規定。（見圖5-8）兩者之間唯一的區別是，許可規定是一個概念，由數個觀念間的關係所形塑；而「眼」是個單詞。你的大腦儲存觀念間功能關係（如許可的概念）的方式，和儲存單詞意義的方式是一樣的。

第一次有人告訴你「眼」可以指颱風中心時，你理解毫無問題，但那不代表下次你又看到「眼」一字時，正確的意義會躍入

【圖5-8】仔細想想，要深入了解「許可關係」其實頗為複雜。重點不是「人家不許可你去玩兒童戲水桌」，也不是「規定你必須穿上罩衫」，而是「如果你選擇要玩兒童戲水桌，就必須穿上罩衫」。但三歲小孩看起來很能理解這些規定，或許是因為小孩常要面對一大堆規定吧。出處：© Shutterstock/DGLimages

腦海。你很有可能有點困惑，需要從上下文來推敲其意義。「眼」一字的意思要能馬上自動解讀出來，需要你讀過這個字多次，也就是說，你需要練習。深層結構也是一樣。首次見到某一個深層結構時，你或許能理解，但這不代表下次再看到時你便能自動辨識。簡言之，練習有助於知識移轉，因為透過練習，深層結構會變得明顯。

下一章我將談談大量練習後會發生什麼事。我會比較專家和初學者，並描述兩者之間的根本差異。

總結

本章一開始我指出練習的兩大主因：獲得最基本的能力（如

青少年練習開手排車，直到完全可以掌握），以及增加熟練度（如高爾夫球選手練習推球入洞，提高準確率）。我也提出持續練習智能技巧的理由，即使我們的能力並未因練習而顯著提升。這樣的練習帶來三個好處：(1)有助於達到不假思索的境界，促進進一步的學習；(2)讓記憶更持久；(3)增加知識移轉運用至新情境的可能性。

課堂上的應用

我們了解這類練習的三大好處，但缺點大概也很明顯：如果沒有進步，練習就太無聊了。實際上，不僅無聊，還令人沮喪！此處我提供一些方法，讓我們可以減低代價，收練習之效。

該練習什麼？

不是每樣東西都可以無限度練習，沒有這麼多時間，但幸好也不是每樣東西都需要練習。我之前提過練習帶來的好處，從中我們可以窺見一些端倪，知道哪些事物應該練習。如果練習能讓大腦不假思索，那我們就要問：哪些過程需要變得不假思索？從記憶中提取基礎數學運算與字母發音似乎是個好選擇；自然教師可能認為學生需具備關於演化的基本知識。一般而言，需要變得不假思索的過程，大概就是不假思索後效益能達到最大值的技巧之基礎。基礎就是你在某學科領域一再重複的事情，是進階學習的前提。想到練習還有其他好處，老師可以自問：我教的學科中有哪些會反覆出現的問題，學生必須知道這些問題的深層結構？老師還可以自問：哪些事實資訊是我教學領域的核心，應該要讓學生重複學習，以確保能記得？

分散練習時間

沒有理由把所有關於特定概念的練習集中在短時間內進行。事實上，有充分的理由將練習分散。正如我之前所提，當練習分散進行，記憶會更持久，況且重複練習同樣的技巧很容易就變得無趣，有點變化會比較好。分散練習還有額外的好處，學生能有更多機會練習思考如何應用所學。如果某個技巧的所有練習都集中在一起，學生會知道他們遇到的每道題都是目前練習之技巧的不同版本。但如果給學生一週前、一個月前，甚至是三個月前所教的內容，學生必須更仔細思考如何解題，以及該運用哪些學過的知識和技巧。再者，請不要忘了，你不會是學生唯一遇到的老師。一位英文教師可能會認為，讓學生瞭解詩的意象很重要，但欣賞意象所需的知識與技巧，是需要多年的教育才能獲得的。

練習可用高階能力來包裝

你可以鎖定基本能力，不斷練習直到精熟，但那不代表學生不能在更高階能力的情境中練習基本能力。舉例來說，學生或許需要練習找出和字母相對應的發音，但一旦學生做足準備，何不將練習放進趣味閱讀的情境中呢？厲害的橋牌玩家必須能夠算牌、記牌，才知道怎麼叫牌。但如果我是橋牌教練，我絕不會讓學生一直算牌算到熟練不用想。要做到不假思索，需要大量練習，而聰明的作法是將練習分散，不只是時間上，還要分散於不同的活動中。盡可能想出有創意的方法來練習非常重要的技能，但請記得，學生在處理更高階技能之時，依然可以練習到基礎的能力。（見圖5-9）

務必要有變化

我說過，練習有助於你看到深層結構，但我應該說得更精確一點。愈來愈多的證據指出，以多樣的表面結構做練習，有助於看到深層結構。最近有一個實驗，受試者都花很多時間思考哪些隊伍可能在職籃賽勝出，包含教練、評論員和其他人[6]。這些人很擅長特定一類型的機率計算，像是：如果你認為A隊有百分之六十的機率可以贏過B隊，那麼兩隊若比賽七場，恰好由A隊贏了四場的機率為何？或者B隊會正好贏五場的機率為何？研究人員發現，經驗豐富的職籃觀察者很擅長這類的計算，但如果問題的表面結構改變，計算方式相同，但他們就是不會算，例如機率專家最愛問的題目類型：從甕中抽彩色彈珠的機率問題。我們可以從這個研究當中學到：學生若想認出以各種表象出現的深層結構，不僅需要練習含有該深層結構的問題，而是需要直接練習那些不同表象的題目。可以這麼說：透過練習，學生能學到某個題目之中有哪些方面是無關緊要的，也因此更能了解題目中真正重要的部分。

【圖5-9】小孩子學習畫畫，需要透過不斷的基礎練習，直至對技巧的熟練，終能運筆自如，畫出自己的風格。出處：© 台北市建安國民小學美術班，方芊雯老師，2025

問題與討論

1. 如果某事應該要用「自動化模式」完成，但你的學生有好多人卻沒這麼做，你會怎麼辦？他們以前的老師居然沒確保他們擁有可以達成「自動化模式」的知識，想到這個真的很難不感到氣餒……但現在你要怎麼辦？
2. 間隔學習有個問題，就是學生會覺得「我們已經學過這個了！」你該如何克服這一點呢？
3. 本章談到對於代數的長久記憶，其中一個關鍵特點是需要多年的反覆練習，也因此這不是單一教師的責任，而是必須由多位教師共同協調，確保學生能有多年的反覆練習。教師應如何達成這樣的共識呢？如果你學校的老師無權參與課程相關的決定，那麼是由誰來做決定？而老師們如何能這課程決定方面有更強大的影響力？
4. 在本章中，我討論了一種特定類型的練習，就是——感覺似乎對學習無益的練習。我理所當然地認為，如果學生正在練習某項尚未精通的技巧（例如長除法），或正在練習可以更進一步發展的技巧（例如論說文的寫作），那麼練習顯然有其必要性。你當然會這樣想，但是你的學生呢？認為練習不重要的學生，具有哪些特點？他們看待練習的態度，可能是受到哪些信念或經驗的影響？你要如何改變他們的態度？

5. 在本章中，我使用了「自動化模式」一詞，意思很貼切，但似乎與平常所謂的「習慣」脫不了關係。我們可以想到別的例子證明環境中的刺激物會自動引起某個反應。例如，你的手機發出提示音（刺激物），你就會把注意力從正在做的事轉移到手機上（反應）。或者某學生也許會被特定的事物觸發情緒——例如被人嘲笑他的體重（刺激）時，他就會不由自主地感到憤怒（反應）。將課堂中的不當行為（例如不專心、發脾氣等）想成是「自動化模式」，你就會對這類行為改觀嗎？你試圖幫學生克服這些不當行為時，「自動化模式」的說法是否會改變你的思考方式？
6. 關於記憶和遺忘有一個殘酷的真相，就是：老師的教學內容很大部分都會被學生遺忘。理想情況下，學生會反覆接觸某些核心概念，而這些概念會長留在他們心中。但並非所有的東西都能反覆，就像我的幾何學知識一樣，很大部分都會被遺忘。我總是自我安慰，心想：「至少學生接觸過這些內容，而且有些學生會因此燃起興趣，即使學校沒有反覆教這些內容，有興趣的學生仍會自行探究這個主題。」你對這種狀況有何看法？我們是否該因為學生遺忘而感到不安？如果是，應該怎麼辦？
7. 我們具體談談學習內容。學生剛到你的班級時，你希望他們有什麼知識或技能已經是「自動化模式」了？你希望學生修完你的課要離去時會擁有哪些新的「自動化模式」的知識或技能？

【延伸閱讀】

大眾讀物

1. Pashler, H., Bain, P. M., Bottge, B. A., Graesser, A., Koedinger, K., McDaniel, M., & Metcalfe, J. (2007). Organizing Instruction and Study to Improve Student Learning. IES Practice Guide. NCER 2007-2004. Washington, DC: National Center for Education Research. https://ies.ed.gov/ncee/wwc/PracticeGuide/1 (accessed 13 July 2020). 這本簡短的手冊雖已出版超過十年，但手冊中提供了可靠的建議，說明如何為學生規劃練習，以期盡可能使學習變容易。

2. Willingham, D. T. (2015). Do students remember what they learn in school? American Educator, 39(3), 33–38. 這是篇較長的文章，探討的是：學生遺忘課程內容時，教育工作者為何不必灰心。

專業文獻

1. Kim, A. S. N., Wong-Kee-You, A. M. B., Wiseheart, M., & Rosenbaum, R. S. (2019). The spacing effect stands up to big data. Behavior Research Methods, 51(4), 1485–1497. 許多實驗室研究指出：分散練習有益學習。此份研究利用職場培訓課程原本就有的上下課時間安排，觀察到在此情境中進行分散練習的好處。

2. Nelson, P. M., Parker, D. C., & Zaslofsky, A. F. (2016). The relative value of growth in math fact skills across late elementary and middle school. Assessment for Effective Intervention, 41(3), 184–192. 此文獻是眾多研究之一，這些研究都指出：能夠進行基礎的數學運算，與整體數學方面的好表現相關，至少直到初中的年段都是如此。

3. Soveri, A., Antfolk, J., Karlsson, L., Salo, B., & Laine, M. (2017). Working memory training revisited: a multi-level meta-analysis of n-back training studies. Psychonomic Bulletin & Review, 24(4), 1077–1096. 此為過去十年期間發表的眾多評論性文章之一，內容歸納了關於工作記憶訓練的研究。與大多數其他的評論性文章一樣，此篇文章也得出此一結論：工作記憶訓練能使人更擅長練習的項目，但對於其他需要工作記憶的任務則沒有幫助。簡言之，就是工作記憶訓練是無效的。

4. Swanson, H. L., & Alloway, T. P. (2012). Working memory, learning, and academic achievement. In: APA Educational Psychology Handbook, Vol 1: Theories, Constructs, and Critical Issues (ed. K. Harris): Washington, DC: American Psychological Association Press, 327–366. 此文獻內容廣泛評論了工作記憶對於學業成就的影響。

注釋

①這幾個項目或許有其他共同的特性，但我當初選它們來當例子，是因為這些都是複合詞。

②測試工作記憶容量時，通常會請受試者做一些簡單的大腦活動，同時將某些訊息保留在工作記憶中。舉例來說，請受試者聽一堆數字和字母（如3T41P8），然後要他們先按照大小讀出數字，之後再讀字母（如1348PT）。要完成此任務，受試者必須記住有哪些數字和字母，同時又在腦中進行比較，理出正確順序。實驗者進行多次測試，變化數字與字母數量，計算受試者可以正確回答的最大數量。推理能力也有多種方式可以測試：通常會用標準智力測驗，或者是更針對推理的測驗，例如「如果P為真，則Q也會為真。Q不為真，然後呢？」這類問題。工作記憶和閱讀理解之間也有可靠的關聯。

③這個練習可以當成另一個例子，證明背景知識何以有助於你學習。數

字解碼後，得到的句子是「Picture this commonplace scene」（請想像這個常見的場景），這句話是我的另一本著作《閱讀心理學》（The Reading Mind）一書的開場白。想想看，如果這句加密的句子存在於你的長期記憶中，那麼解碼會變得多麼容易，這句譯文會變得多麼容易記住，如「起初，神創造天地」一樣。

④你會發現圖表中的曲線看似非常平順一致。讓學生記得代數的原因其實很多。此圖顯示的學生表現，是把其他因素都在統計上排除之後，所以此圖是理想化圖形，較容易看出修幾門數學課程的影響。你在圖中看不到原始數據，但此圖是資料統計上正確之展現。

第 6 章

如何讓學生像科學家一樣思考？

問教師和制訂政策者不時會喪氣，覺得課程背離他們標榜要涵蓋的主題。比方說，歷史課程只強調史實和日期，但理想的課程應能讓學生在學習歷史中養成辯證思維（我曾聽過一位教師批評歷史課本總結「美國南北戰爭的起因」，不滿課本說得好像此事已經定案一樣）。但是很少有課程鼓勵學生像史學家那樣思考，像史學家一樣分析史料與證據，提出詮釋歷史的論點。同樣地，自然課程要學生背誦事實，做的實驗其結果也是在預料之內，學生並沒有練習到真正的科學思考，沒有進行真正的科學探究和解決問題。該怎麼做才能讓學生像科學家、數學家、史學家那樣思考呢？

答對於學校課程的抗議貌似有理，畢竟如果我們不訓練學生做科學家實際做的事，又如何能夠期待培育出下一代科學家？但是這邏輯底下存在的假設是有瑕疵的，因為該邏輯假設學生的認知能力能媲美科學家或史學家。本章所根據的認知原則如下：

訓練初期的認知能力和後期的認知能力截然不同。

這不僅是因為學生知道的比專家少，還因為他們所知事物在記憶中的存放方式也不一樣。專家一開始思考的方式也不像「培訓中的專家」，反而像個初學者。其實，沒有人能不經過大量訓練就像科學家或史學家那樣思考。這個結論並不代表學生應該永遠都不要嘗試寫詩，或做科學實驗；但是教師與校方應該清楚哪些作業適合學生。

回想你中學時期的自然科學課，如果你和我一樣，課程結構應該如此：(1)你在家讀課本內容，瞭解生物、化學或物理的某個原理；(2)隔天上課老師解釋該原理；(3)你和同學一起做實驗來驗證該原理；(4)當晚你做題目，練習應用該原理。

這些活動似乎無法讓學生練習科學家真正做的事。比方說，科學家不會先知道實驗的結果，做實驗是為了找出會有什麼結果，然後再來加以解釋；結果通常出人意外，甚至自相矛盾。反之，中學生知道課堂上的實驗有可預期的結果，所以他們的重點通常不是實驗意在闡述什麼，而比較在乎實驗流程是否「操作正確」。同樣的，史學家不會閱讀或背誦課本，他們經手的是第一手史料（出生證明、日記、該年代的新聞報導等等），來對歷史事件建構合理的敘事詮釋。如果我們沒讓學生練習這些史學家和科學家真正在做的事，我們怎麼能說在教學生歷史和科學？

真正的科學家是專家。他們多年來每週花四十小時（多半更多）在從事科學。這些年來的練習，造就了他們思考方式有質而非量的變化，並且和見多識廣之業餘人士的思考方式有所不同。要像史學家、科學家或數學家那樣思考，其實是非常困難的。我會從專家做什麼、怎麼做來開始討論。

科學家、數學家與其他專家都做些什麼？

顯然專家做什麼要視他們的專業領域而定。不過，他們之中還是有重大的相似之處，不僅是在學術領域如歷史、數學、文學、科學，還有在應用領域如醫藥與金融，以及娛樂、嗜好如西洋棋、橋牌及舞蹈。

專家的本事在電視影集《怪醫豪斯》中充分刻劃出來。脾氣古怪、醫術精湛的豪斯醫生（見圖6-1），能解決其他醫師束手無策的謎樣醫學案例。

以下是豪斯一個病例的內容提要，有助於我們瞭解專家怎麼思考。[1]

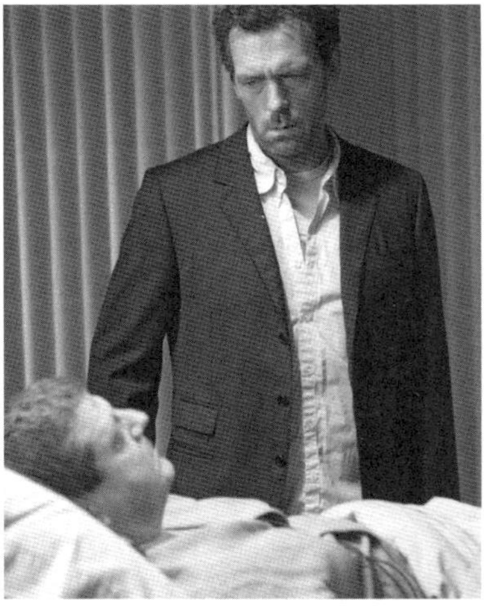

【圖6-1】休・羅利（HughaLaurie）飾演醫術精湛、專業診斷有一套的豪斯醫師。出處：© Getty Images/NBC

1. 一名十六歲男孩對豪斯主訴有複視和夜驚的症狀。豪斯注意到，如果大腦沒有受傷，青少年的夜驚往往和極大壓力有關，如目睹謀殺案或曾受到性虐待。暫時診斷：性侵害。

2. 豪斯發現男孩的大腦確實受過嚴重外傷。男孩在打長曲棍球時頭部受到重擊。豪斯對於這麼遲才發現此事又惱又怒，他斷論男孩有腦震盪，並氣呼呼地說球賽後為男孩檢查的急診室醫師顯然「犯了大錯」。暫時診斷：腦震盪。
3. 豪斯要走時，男孩坐在櫃檯上晃著腿。豪斯注意到男孩的腿部肌肉痙攣，並看出這是熟睡時身體常見動作，但此時男孩並沒有睡著。這個觀察改變了一切，豪斯懷疑男孩有退化性疾病。他下令男孩辦住院。
4. 豪斯吩咐為男孩做睡眠測試（顯然證實了夜驚症狀）、血液檢查以及腦部掃描。其他醫師沒看出端倪，但豪斯看到腦部有個結構略為畸形，他猜測是液體壓力所導致。暫時診斷：身體系統有阻塞，讓大腦浸泡在保護液中。阻塞造成大腦的壓力，導致上述症狀。
5. 豪斯要求檢測男孩大腦周圍的液體流動是否正常。測試結果為有阻塞，所以豪斯下令動手術。
6. 手術進行時，大腦周圍液體發現與多發性硬化症相關的化學指標，但是沒有發現和該疾病相關的大腦損傷。暫時診斷：多發性硬化症。
7. 病患出現幻覺。豪斯發現男孩其實不是夜驚，而是有幻覺，因此他不太可能是多發性硬化症，但很有可能腦部受感染。檢測顯示未受感染，但豪斯認為神經性梅毒的漏診率是百分之三十。暫時診斷：神經性梅毒。

8. 病患又出現一次幻覺，讓豪斯認定男孩未罹患神經性梅毒；因為如果是，他應該會在治療後有所改善。豪斯得知男孩是被領養的，父母隱瞞此事，連男孩本人都不知情。豪斯懷疑男孩的生母未接種麻疹疫苗，男孩在出生後六個月內感染了麻疹。雖然男孩復原了，但病毒在體內突變，蔓延到腦部，並潛伏了十六年。最終診斷：亞急性硬化性泛腦炎。

當然我跳過這一集裡許多精彩的訊息，但即使僅是篇摘要，都顯示出一些專家典型的行為。

豪斯就像所有的內科醫師一樣，面臨了一大堆訊息：他檢查所獲得的資料、數起實驗檢測的結果、病人病史等等。我們通常認為有多一點訊息是好的，其實不見得，想想看你用Google搜尋到五百萬筆資料時的反應好了。醫學院學生很難去蕪存菁，但經驗老道的醫師好像有第六感，知道什麼重要，什麼可以不理會。比方說，豪斯不太關心病患的複視症狀（他一開始說：「去配眼鏡。」），他把注意力放在夜驚上。經驗也讓豪斯更能察覺其他人忽略的蛛絲馬跡：只有他注意到男孩腿部不尋常的抽搐，後來也只有他注意到大腦掃描的某個結構出現的輕微畸形。

從第二章的討論可知，專家在其專業領域有豐富的背景知識。但要當專家不只靠知識。培訓中的專家知識量通常不亞於專家。豪斯手下的醫師在豪斯作出診斷，或是要他們注意某個症狀時，鮮少露出茫然眼神，但唯有豪斯可以快速正確的從記憶中取得正確訊息。這些訊息資淺醫師的記憶中也有，只是他們想不到而已。

專業技能甚至從犯錯的類型也能看得出來。專家即使出錯，也是優雅地犯錯。換句話說，專家的答案即使不正確，其錯誤答案通常也猜得不賴。豪斯在邁向正確診斷的過程中也經常出錯（如果他都不犯錯，節目五分鐘就播完了），但他的猜測都有憑有據，反觀他的後輩醫師作的診斷通常沒有根據。豪斯會指出（通常口氣尖酸刻薄）病人的症狀之一（或該有的症狀沒有出現），讓後輩的診斷站不住腳。

專家表現的最後一個特點並沒有在上述例子中展現，但此特點也很重要。專家比新手更能移轉應用知識於相似領域。舉例來說，史學家可以分析不屬於自己專業領域的史料，並能作出合理的分析。這樣的分析花的時間較長，也不如他自己領域裡的內容那麼詳盡，但仍明顯看得出是出自專家之手，而非菜鳥所寫。你可以想像過去十年都在《時代雜誌》寫影評的人，現在被要求在《華爾街日報》寫投資理財專欄會如何。他的專業領域主要是書寫影評，但他的寫作技巧（例如書寫文意清晰的句子和結構良好的段落）能夠移轉運用，最後寫出的專欄一定也比業餘人士來得專業。

和新手相比，專家比較善於挑選出重點，想出合理的解決辦法，把知識移轉運用到類似的領域上。這些能力不只在醫師身上可見到，還有作家、經濟學家、庭園設計師，以及教師。舉例來說，菜鳥老師常常沒發現學生的不當行為，但資深老師卻能明察秋毫。（難怪學生總是想不透，為什麼資深老師好像「背後長了眼睛」！）和豪斯一樣，資深教師也能快速取得訊息。和新手相較，他們能想到更多方法來解釋某觀念，反應也更快。

專家的大腦工具箱裡有什麼法寶？

我已說明了專家的能力，那他們又是怎麼做到的？需要怎樣的問題解決能力或專門知識？我們如何確保學生能具備這些本領？

專家仰賴的機制有一點像我之前談過的。第一章我說過，工作記憶是有效思考的重大瓶頸。工作記憶是思考發生的區塊，但空間有限，如果過於擁擠，我們就會忘記正在做什麼，思考徒勞無功。我指出兩個解決工作記憶空間有限的辦法：背景知識（第二章）和練習（第五章）。新手可任選其中一種機制，便能獲益不少。專家兩者都使用，而且他們充分的經驗讓這些策略更顯有效。

別忘了，背景知識可幫助我們克服工作記憶限制，因為背景知識讓我們能把訊息分類成組，又稱為「意義組塊」，比方說把B、B、C三個字母看成一個單位BBC（英國國家廣播公司）。你一定也不意外，專家在自己的專業領域裡有充分的背景知識。但是專家的大腦有另一項優勢是我們沒有的，除了專家的長期記憶儲存許多訊息外，訊息儲存於記憶中的方式也和初學者不同。

專家不會像初學者那樣只思考表面結構，而是從功能方面思考，也就是深層結構。舉例來說，有個實驗比較了西洋棋專家和初學者。[2]實驗者讓受試者看一下西洋棋中局的棋盤，然後給受試者一個空棋盤，要他們回想剛才看到的棋盤，重新擺放棋子。實驗者特別注意受試者擺放棋子的順序，他們觀察到受試者都是一區塊一區塊把棋子擺放回去的，也就是一次快速放回四、五個棋子，停頓一下，然後再放另外三、四個，再停頓，如此反覆。他們停頓時會花點時間回想下一區塊的棋子。實驗者發現，初學者的區塊是根據位置來分；比方說，初學者會先把棋盤一角的棋子全放好，然後再放另一角。對比之下，專家的區塊是根據功能分的；也就是說，棋子會在同一區塊不是因為位於相鄰位置，而是因為某個棋子威脅到另一個，或因為某棋子支援防守另一個棋子（見圖6-2）。

我們可以歸納出以下結論：專家會抽象思考。記得我在第

【圖6-2】在這個實驗中，受試者看一眼棋盤中局，接著於空棋盤上複製棋子的相對位置。專家和初學者都以區塊的方式進行，先放幾個棋子在棋盤上，停頓回想下一個區塊，然後再放置下面幾個棋子，如此反覆。初學者會根據棋子位置來擺放，相鄰的棋子會劃為同一區塊，如左側棋盤所示。但專家會根據棋子功能分類，戰略上相關的棋子會歸在同一區塊，如右側棋盤所示。出處：© Daniel Willingham

四章說過，我們覺得抽象概念難以理解，因為我們看到的是表面結構，而非深層結構。專家理解抽象概念毫無困難，因為他們看見問題的深層結構。有個關於這個概念的經典實驗：物理學新手（修過一門物理課程的大學生）和物理學專家（研究生和教授）拿到二十四道物理題，要將之進行分類。[3]新手根據題目中的物件來分類：有彈簧的問題歸為一類，有斜面的歸於另一類等。專家則不然，他們根據解題所需的物理學原理來分類：不管是彈簧還是斜面，需要用到能量守恆定律的就歸為一類（見圖6-3）。

專家擁有對於問題類型的抽象知識（abstract knowledge），

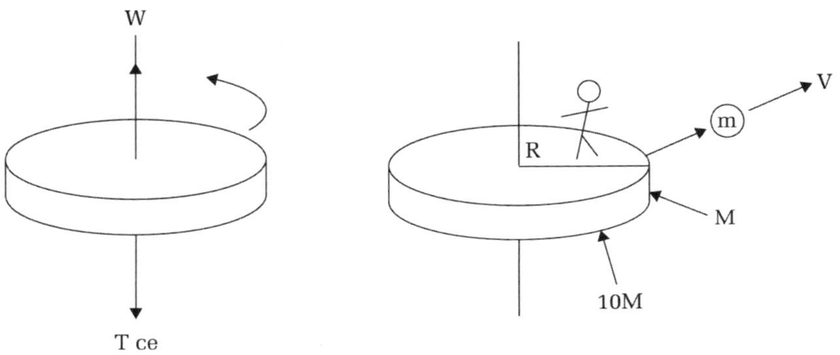

初學者2：「角速度、動力、圓形物體」

初學者3：「旋轉運動學、角速度、角速率」

初學者6：「跟旋轉有關的題目：角速度」

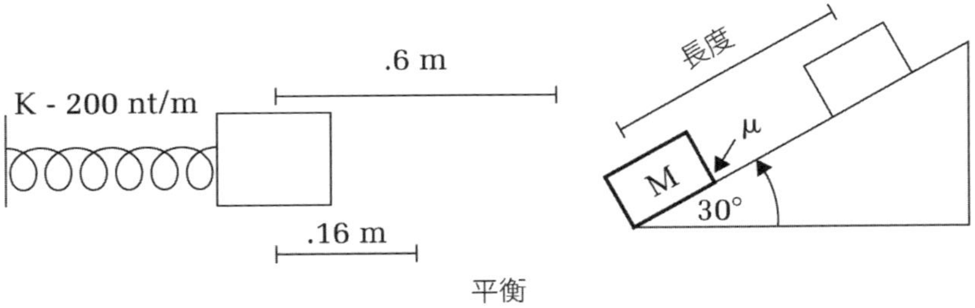

專家2：「能量守恆」

專家3：「功能定理。均為基本題。」

專家4：「可以從能量來解題。你應該瞭解能量守恆定律，或瞭解功在某處喪失。」

【圖6-3】初學者多半會把上面兩個圖歸為同一類，因為兩者都有旋轉圓盤。專家通常會把底下兩個圖歸為同一類，因為兩者都需用到能量守恆定律來解題。出處："Categorization and representation of physics problems by experts and novices" by M. T. H. Chi, P. J. Feltovich, and R. Glaser in Cognitive Science 5: 121–152, figure 1, p. 126. Copyright © 1981 Lawrence Erlbaum Associates. Reprinted by permission of John Wiley and Sons, via Copyright Clearance Center.

但是初學者沒有，這個論述似乎也適用於教師。面對教室管理問題時，新手教師多半會馬上想去解決問題，但資深教師會先釐清問題，必要時先蒐集資訊。資深教師熟知不同類型的教室管理問題，解決問題時更能直搗問題根源，而非只處理單一行為事件，這點也可以預見。舉例來說，資深教師比新手教師更有可能在排座位上做出持久調配。

在第四章裡，我說過知識移轉運用很難，因為初學者只看到表面結構，不太擅長看出問題中的抽象與功能上的關係，而那多半是解題的關鍵。專家擅長的就是這點。他們的長期記憶中有問題與情境的表象，而那些表象是抽象的。也因此，專家能夠忽略不重要的細節，集中火力於有用的訊息：以功能為本進行思考，讓重點浮現。新題目的表面結構不同，但專家看得出深層抽象的結構，也因此，專家的判斷通常很合理，即使不見得正確。舉例來說，資深醫師從身體內部的生理結構來思考，他們熟知身體的運作系統，可以憑直覺知道外顯症狀是由什麼內部狀況所引起，而他們對於身體系統的知識非常豐富，所以少有自相矛盾或荒謬之判斷。反之，醫學院新生能辨識出曾經背過的症狀樣貌，但卻無法從功能思考，所以遇到不熟悉的症狀時，就不確定該怎麼判讀。

解決工作記憶容量有限的第二個方法，就是不斷練習步驟，熟練到想都不用想就能進行，這樣一來這些步驟就不會占用工作記憶空間。綁鞋帶幾百次後，這個動作不用思考就能進行，你的手指飛快移動，不經思考，也就不會占用工作記憶。專家把許多過程都自動化了，那些在訓練之初需要經過仔細思考的常用步驟都已化為自動。專業橋牌玩家看一眼就知道自己手中牌的優勢，不需刻意評估；資深外科醫師縫合傷口游刃有餘；資深教師善於掌握課堂節奏，知道何時開始、何時結束、何時喚起學生注意、何時處理秩序問題等。有趣的是，新手教師通常會鉅細靡遺寫下課程流程，預先想好該說什麼。資深教師多半不會，他們會想好幾個討論或示範某概念的方法，但不會寫好腳本，也就是說，將抽象概念化為學生可以理解之文字的過程已經自動化了。

由此可見，透過淵博的功能性背景知識，並把思考過程自動化，專家能省下工作記憶空間。那麼他們如何利用多出來的工作記憶呢？他們會自言自語。那麼專家和自己對話的內容是什麼呢？通常他們會和自己討論正在研究的問題，並且是我之前描述過的那種抽象層次。物理學專家會說「這應該是能量守恆的問題，我們要把勢能轉為動能」[4]之類的話。

有趣的是，透過這樣的自言自語，專家可以獲得一些想法。剛才提到的物理學專家已經對於問題的本質作出假設，他繼續讀下去，將會評估他的假設是否正確。確實，這位專家接下來說：「現在我很肯定，因為我們要壓縮彈簧，勢能就會增加。」因此，專家不只是描述進行之事，他們還會作出假設，驗證自己的理解，思考可能的解決方法。不過，和自己對話需要工作記憶空間，所以初學者比較不可能做到這一點。如果初學者真的和自己對話，說的內容也一定比專家說的淺顯。專家會複述問題，或試圖比對出該問題適用的公式。初學者和自己對話時，他們會描述自己正在進行之事，他們說的內容並無專家擁有之自我檢驗這一優點。

如何讓學生像專家一樣思考？

我已經討論過科學家、史學家、數學家等各領域專家具備的能力。他們是從功能的角度來看自己專業領域的問題及情境，而非只停留於表面層次。這樣的視角能讓他們在訊息洪流中鎖定重要細節，得到合理且一致的解決方案（即使不見得是正確的），並將知識移轉運用到相關領域。此外，透過不斷練習，許多專家把例行公事變成不假思索的過程。

聽起來真不賴。怎麼樣才能教學生做到這點？很可惜，答案一點都不令人振奮。你應該很清楚，建議初學者「和自己對話」或「從功能的角度思考」一點用都沒有。專家能做得到，是因為他們的大腦工具箱使其有能力。要達到專業技能，別無他法，唯有練習（見圖6-4）。

一群研究者想瞭解專業技能的奧祕，於是調查專家的生活方

【【圖6-4】紐約市的卡內基音樂廳是知名的音樂會場地。有個經典笑話說，一個年輕人在曼哈頓的路上攔住婦人問路：「不好意思，女士，請問要怎樣才能到卡內基音樂廳？」婦人嚴肅地回答：「練習，練習，再練習。」卡內基音樂廳網站的「常見問答」（FAQ）頁面上也提到這個笑話。心理學研究顯示此話不虛，[5]專業技能的確需要大量練習。出處：© Getty Images/Roy Rochlin

式，並和所謂的準專家進行比較。舉例來說，一群研究者請小提琴手估算他們在不同年齡時練琴的時數。[6]有些受試者（專業音樂家）已經和國際知名的交響樂團合作，另一半受試者則是二十出頭的音樂科班生。一部分學生（頂尖小提琴手）已經被教授點名有潛力擔任國際級的獨奏家；另一部分學生（「優秀」小提琴手）也有相同目標，但教授認為他們比較沒有潛力。第四組的受試者學習音樂，目的是要當音樂老師，而非想要成為職業演奏家。圖6-5顯示這四組小提琴家在五到二十歲之間的平均累積練習時數。即使優秀小提琴手和頂尖小提琴手都就讀同一所音樂學院，兩組從小累積的練習時數卻有顯著差異。其他研究也指出練習對各種技能的重要性，包含運動乃至於遊戲，例如西洋棋和Scrabble拼字遊戲等。

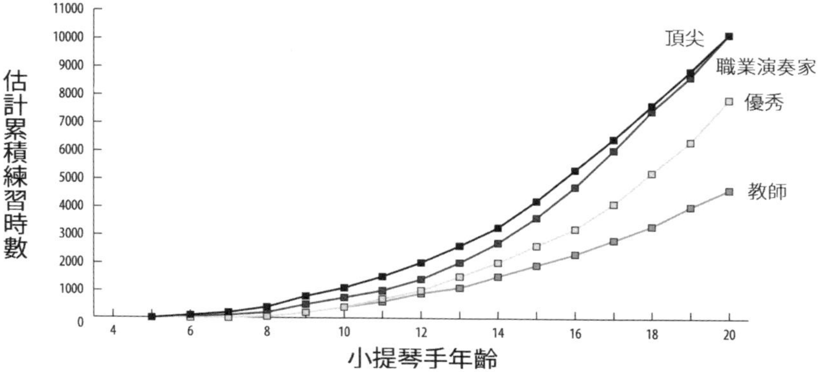

【圖6-5】實驗者問小提琴手他們在不同年紀時每週平均練習的時數。本表顯示數年來累積的練習總時數，從中較容易看出走勢。根據受試者的估算，頂尖學生練習的時數和中年職業演奏家（二十歲之前）一樣多，比優秀學生自稱其練習的時數多。確實，到了二十歲，頂尖小提琴手比優秀小提琴手累積的練習時數幾乎多了百分之五十。不意外地，未來的音樂教師練習時數少很多（雖然以大多數標準來看，他們已經是頗具實力的小提琴手）。出處：K. A. Ericsson, R. T. Krampe, and C. Tesch-Romer in Psychological Review 100: 363–400, figure 9, p. 379. Copyright © 1993 by the American Psychological Association

其他研究採用更詳盡的傳記研究法。有位研究者在過去五十年間有數次機會能和好幾位知名科學家接觸（十人或更多），這些科學家同意接受長時間的訪談、進行人格與智力測驗等等。該研究者於是尋找這些偉大男女科學家的背景、興趣與能力有無共通點，這些研究的結果頗為一致，都很令人驚訝。科學界的這些大師在標準智商測驗中的表現並未出類拔萃、超凡出眾；他們很聰明，這點無庸置疑，但和他們在各自領域中的高度不成正比。引人注意的是他們持續努力的能耐，偉大科學家幾乎都是工作狂。我們每個人都知道自己的極限，到某個程度都需要放下工作，看一下愚蠢的電視節目、滑一下臉書……之類的。偉大的科學家毅力驚人，動腦要動到筋疲力竭還不太容易（見圖6-6）。

安吉拉・達克沃斯特（Angela Duckworth）仔細研究這種特質，她的研究對象不僅有科學家，還包括音樂家、西點軍校學生、拼字比賽選手等。我們已知最成功的科學家不一定智商最高，研究人員也很難明確指出其他領域非常成功的人有哪些特點，只能說：「成功人士比其他人更努力。」達克沃斯特找出兩

【圖6-6】湯瑪斯・阿爾瓦・愛迪生因發明並改良電燈泡、螢光鏡、留聲機與電影而聞名。愛迪生的工作習慣也很有名：一週工作一百小時是家常便飯。愛迪生經常不回家睡覺，只在實驗桌旁的摺疊床上小憩片刻。出處：© Getty Images/Bettmann

個重要的性格構成要素——堅持和對於長期目標的熱情——並將兩者的結合稱為「恆毅力」（grit）。

這個概念在許多國家引發了大眾的想像力，也在許多方面受到誤解和濫用。我認為這個概念是一項有用的科學建構——我的意思是，這個概念有助於科學家理解為什麼有些人只為了某個單一目標而願意勤勉奮鬥好幾年。但依我看，若是以為老師可以將學生塑造得充滿恆毅力，那就大錯特錯了，要是希望學生恆毅力的目標是老師為他們挑選的（學業），那更是妄想。恆毅力有一半來自於熱情——重點在於必須是學生喜愛的事物。

不論是否具備恆毅力，都需要花上足夠的時間，才能成為專家——這也間接表示了練習的重要性。許多研究者支持目前大家所熟知的「十年法則」：不花上十年，就無法成為某領域的專家，不管是物理學、西洋棋、高爾夫或是數學。[7]這個法則一直都適用於形形色色的領域，如作曲、數學、詩歌、游泳競賽與汽車銷售。五歲就開始作曲的莫札特這類的天才也不例外，因為他們早期的作品通常都是模仿而來，並不被同儕認定為出類拔萃。即使每個世紀都冒出了幾個神童，但整體來說，十年法則還是非常站得住腳的。

十年並不是什麼魔法數字，似乎就是要花這麼久才能學好背景知識，以及養成我在本章所說的不假思索過程。[①]確實，研究顯示，練習時間較少的人要花比十年更長的時間。而在學習內容較

【圖6-7】專家仍要練習。（a）傑出的爵士鋼琴家漢克・瓊斯（Hank Jones），這張照片攝於他獲得葛萊美終身成就獎當天。瓊斯在八十七歲時被問到是否還在練習，他回答：「噢，當然，當然了，有的。你知道嗎？我看不出有誰能不練習的。我會練音階，練……」[8]（b）傳奇武術大師潘清福（Pan Qingfu），這張照片出自電影《鐵與絲》（Iron & Silk）；他把對於練習的看法說得更為直接：「大師終其一生日日吃苦，就是這樣。」[9]他話中的「吃苦」，是指忍受不斷練習帶來的痛苦。出處：瓊斯© Getty Images/Rick Diamond；潘清福© Getty Images/ Michael Ochs Archives

少的領域，如短跑和舉重，要達到卓越只需幾年的練習。不過，在大部分的領域，十年法則還是很實用的經驗法則。而學習和練習不會在達到專家層級時便戛然而止，如果想維持專家地位，還是需要持續的努力（見圖6-7）。

總結

本章先檢視了專家的四種特質。第一，專家似乎有某種第六感，可以知道哪些訊息忽略了也沒關係，也知道哪些訊息很重要。第二，專家會注意到訊息的微妙處，而新手卻視而不見，因為專家會注意格外重要的特點，所以微妙處對他們而言是較為明顯的。第三，專家的失敗是優雅的，意思是他們就算犯了錯，事後看起來，他們的行動仍是合理的。第四，相較於新手，專家的知識更能妥善移轉到新的情況。專家能做到上述四點，是因為他們擁有豐富的經驗，因而能看到深層結構。最後，本章檢視相關研究，說明：要成為專家，關鍵在於長期的練習。

課堂上的應用

專家不只是比初學者善於在專門領域思考而已，他們的思考方式在本質上就大不相同。你的學生不是專家，而是初學者。這點對你的教學有何影響？

學生有理解力，但無法開創知識

讀完本章之後，你應該很清楚數學家、科學家、史學家和初學者有何不同。專家在自己的領域耕耘多年，累積的知識與經驗讓他們能夠以我們做不到的方式思考。因此，想讓你的學生像他們那樣思考是不切實際的目標。你可能會這麼回應：「當然啦，我從未期待我學生會得諾貝爾獎！我只是要他們懂一些科學知識。」那也是值得支持的目標，但那和要學生像科學家一樣思考是截然不同的。

釐清理解知識和創造知識或許會有幫助。專家會創造，比方說，科學家發想並驗證自然現象的理論；史學家發想歷史事件的敘事詮釋；數學家發想複雜模式的證明與描述。專家不只理解自身的領域，還為該領域增加新知識。

對學生來說，比較恰當實際的目標是理解知識。學生或許無法開發自己的科學理論，但可以培養對既有理論的深刻瞭解。學生或許無法撰寫歷史事實的新詮釋，但可以瞭解別人已經寫過的評述。

學生的學習不見得要止步於此。學生也可以瞭解科學如何運作與進步，即使他們還不熟練，或不會運用該過程。舉例來說，學生可以學習科學上的重大發現，藉此理解科學是不斷修正理論的方法，而不是「發現」不可更改的定理。學生可以讀雅爾達會議的不同詮釋，去學習史學家如何敘述史實。

你可以將專業性的培養想成幾個階段。第一，學生應了解並欣賞專家的成就以及那些成就的特別處。第二，學生應分析專家如何能獲致成就，藉以了解專家的方法。第三，即使學生不具備必要的知識和經驗，仍應盡量使用專家的方法，以便加深理解。

學生的創新無法到達專家的程度，但這不表示學生不該創新

我說過，專家和見多識廣的外行人最大的差別，在於專家有能力開創新知識，而外行人只能瞭解他人創造的概念。那麼，如果你要學生創造新知，會發生什麼事？如果你要他們設計科學實驗或分析史料，結果會如何？當然不會有什麼可怕後果，最有可能的結果就是他們的表現不會太好。原因我在本章和第二章已經說過，因為這類活動需要大量背景知識和經驗。

但教師要求學生做這些事可能有其他原因。舉例來說，教師要學生解釋實驗結果，可能並非期待學生要像科學家一樣思考，反而是要強調某特定現象，或要學生領悟仔細觀察實驗結果是必要的。

要求學生發揮創意的作業，或許也能引發動機。音樂課或許會強調練習、學習技巧，但也可以鼓勵學生創作樂曲，因為學生會覺得很有趣。這樣的練習是讓學生能像音樂家一樣思考的必備或有用方式嗎？大概不是。初學者的認知還未到位，無法作曲，但那不代表他們無法從中獲得樂趣，而這個理由就足夠了。

科展也是一樣。我擔任過很多科展的評審，參賽的作品大多——恕我直言——很糟糕。學生想找答案的題目通常都很差勁，因為那都不是該領域的關鍵重點；況且學生似乎也沒學到太多科學方法，因為他們的實驗設計不良，也缺乏合理的數據分析。但

部分學生很自豪自己的成就，對於科學或工程的興趣也大為提升。所以，雖然參賽作品的創意部分通常都很失敗，科展似乎還是引發動機的大功臣。（而且也不見得都很差。有的學生還是能做出很有創意和實質性的作品！）

最重要的是：若把創新當作給學生的挑戰，就是給了超出他們能力的任務——但這不表示老師絕對不該給學生這樣的任務，而是老師要隨時想著學生能否從這樣的任務中學到些什麼。

鼓勵學生，並記住「練習就會進步」

我們若知道關於練習的相關研究，可能就會重新思考如何與學生談論他們的希望和夢想。一方面，研究提供了一個很令人振奮的訊息：出生不代表命運，這裡說的「出生」是指遺傳的天賦。本書第八章會更深入探究這個話題，但前面已經說過，成就非凡的人之所以出類拔萃，真正原因在於他們努力不懈。因此，如果有學生想要成為偉大的科學家或小說家，即使尚未展現出卓越的天賦，老師可以，也應該給予鼓勵。本書提到過的研究指出，應該要告訴學生：如果真的很努力，就可以成功。

但另一方面，這種鼓勵也帶來一系列特有的問題。給這種鼓勵是否就等於告訴學生：「沒錯，你絕對可以成為偉大的科學家！你只要做個工作狂，至少要長達十年！」顯然，老師不會給出這樣潑冷水的建議，那麼，有沒有更明智的方式來看待練習和學生的未來呢？

請記住，十年法則適用於非凡的成就，說的不僅是頗擅長某件事而已，而是成為開創者，或在某種層面上成為該領域的先鋒。你的學生可能不會變成工作狂，也不會有非凡的成就，但她仍可能對自己的領域作出貢獻，而且這麼做就讓她感到心滿意足了。

就算這個較小的目標仍需要投注大量的努力和很長的時間才能達成。但令人欣慰的是，學生在整個過程中都可以發現進步的證據，我認為這是能長期維持動機的關鍵。別把重點放在遠大的目標本身，應關注的是前往目標途中的停靠站，亦即中程的成功。我們應該把「練習造就完美」的口號，改成「練習就會進步」。

別冀望初學者仿效專家來學習

當我們考慮該怎麼幫助學生獲得技能時，會很自然覺得要鼓勵學生仿效前輩。因此，如果你要學生學會用Python寫程式，就找個Python程式高手，開始用這個人使用的方式來訓練學生。雖然這個技巧聽起來很合邏輯，卻有可能是個錯誤；因為，正如我強調過的，專家和初學者思考的方式截然不同。

想想以下例子：我們該怎麼教閱讀？嗯，如果你觀察老練的讀者，會發現他們眼珠移動次數比新手讀者少；換句話說，較理想的閱讀方式是辨識整個字，那麼應該一開始就教學生這個方法，因為優秀的閱讀者就是這樣讀的。確實，我書架上有本從前的教育心理學課本，就引述了圖6-8的眼球移動數據，做出同樣的論證。[10]

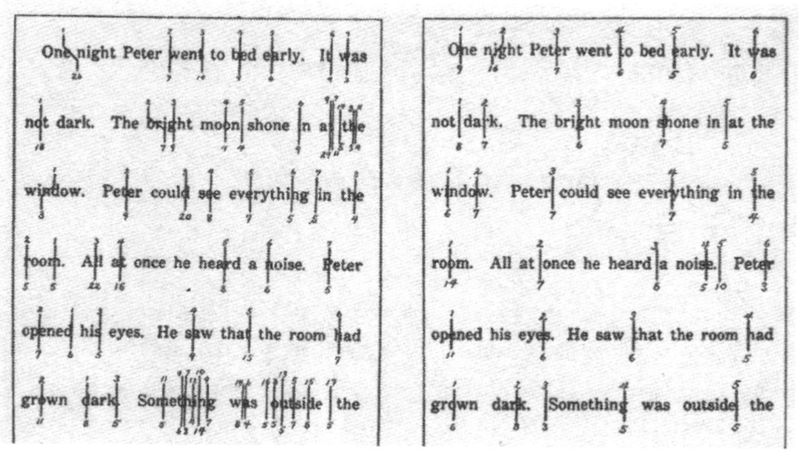

【圖6-8】每條線表示讀者閱讀文章段落時眼球停頓之處。左圖是閱讀新手典型的測試結果，右圖則是資深讀者的測試結果。和初學者比起來，資深讀者的眼睛比較不常停頓（要是你沒看過的話，去看看別人在閱讀時的眼睛，很有趣），但這不代表資深讀者的策略是初學者也可以使用的。出處：Fundamental Reading Habits: A Study of Their Development by Guy T. Buswell, Supplemental Educational Monographs, published in conjunction with The School Review and The Elementary School Journal, No. 21, June 1922. Copyright © 1922 by The University of Chicago.

對這樣的論證應該半信半疑。就拿這個例子來說吧，我們從其他資料知道，老練讀者可以一次讀到完整字詞，但他們並非一開始就能這樣。同樣地，網球選手比賽時花大部分的時間思考策略，努力預測對手的球路。但我們不該叫初學者去思考策略；初學者應該思考腳步動作，思考擊球的基本動作。

每當你見到專家做事的方式和非專家不同，就要想到很有可能專家從前也和初學者一樣，這個過程是通往專業技能的必經之路。愛默生（Ralph Waldo Emerson）說得更妙：「每位藝術家一開始都是外行人。」[11]

問題與討論

1. 據研究，幼兒園教師通常用「身分」來描述科學（例如說「我們今天來學科學家」）。在一項研究中，研究員要求幼兒園教師改用「活動」來描述科學（例如說「我們今天來操作科學」），結果發現小孩幾天後做科學活動的時間較持久。目前僅此一份研究有這個發現，所以距離定論還差得遠，但值得更廣泛地思考這個問題：我們如何使專業能力——例如科學家、歷史學家、作家等的專業能力——對學生而言變得更好利用、更貼近生活、更有可能成真？
2. 我們已經檢視了新手和專家在認知方面的幾個差異：專家已經

將常見事務例行的部分自動化，擁有廣泛的知識能進行意義組塊，而且專家的知識是依功能性而有條理結構的。請想想你的教學，也許可以分別考量課堂管理和知識傳授。（也可以依你覺得合宜的方式劃分你的教學。）你覺得你的教學當中包含前述的專家具備的三項認知能力嗎？（如果你是相對的新手教師，你是否看到學生在發展這三項認知能力？）其中哪一項需要多加強？你是否能想像某種方法，可以讓你在努力培養學生的某項認知能力時，能夠有更多的練習和更好的反饋？

3. 學生顯然不會成為全方位的專家——我們已經探討過，要在單一件事成為真正的專家有多麼困難。但是我們是否心裡都以為學校的目標是要把每個學生都變成某方面的專家？另一個可行的目標是：學生不需要成為任何一方面的專家，而是該具備多方面的能力。因為時間和資源有限，就會產生一場拉鋸：一方希望學生要具備多個科目的能力，另一方則希望學生要具備能力的科目較少，但要追求成為某一方面的專家。你的學校現行的是哪一種做法？若學校的目標改變了，老師的實際教學會如何改變？
4. 「恆毅力」是指追求長期目標的熱情和堅持。並非每位學生都會特別有恆毅力；而在有恆毅力的學生之中，會把恆毅力用於追求課業相關事物的，或許只有少數：有人用恆毅力追求養蜂事業、有人用恆毅力追求釣魚、也有人用恆毅力追求登山活動。學生對於一般科目以外的熱烈興趣，學校是否有責任加以鼓勵和支持？

5. 恆毅力之所以很具爭議性，原因之一在於可能被解讀為將所有學習的責任都推到孩子身上。換句話說，某個孩子若不學習，不是因為她的家庭貧困，不是因為她的老師不夠好，不是因為課程內容紊亂，也不是因為她的學校資金不足……歸根究柢，只是因為她沒有足夠的恆毅力。這種觀點雖然荒謬，但持相反觀點的人有時也可能言之太過。有一些困難是學生無力控制的，我們應該承認這的確會影響學生是否能成功（也該試圖補救），但隨著學生成長，我們也開始期望學生要對自己的學習負責。老師會要求學生在家閱讀、靠自己準備考試等。是否有合理的方式看待這兩種觀點之間的衝突？若不要「兩種觀點的折衷最好」這種索然無味的結論，我們能否想出更好的作法？

6. 在學生創意方面，我的觀點或許會被認為很極端，我說：只有極少數的孩子具備足夠的技能和知識，能用科學家、歷史學家或其他專家的方式來思考。但有人可能會接著說：很少有人費心力去找出能達到那樣卓越水平的孩子。「資優班」或「榮譽班」通常只是「重點班」的別稱，收的是各科表現較好的學生，他們的人數相對比真正的資優生多。但有些學生因為特定領域的資優，所以即便在重點班他們仍覺得無聊；對於這種百中選一、千中選一的資優生，該怎麼辦？學校是否該給他們安排個別指導的老師？給他們機會去附近的大學上課？還是只要想著船到橋頭自然直就夠了？

【參考書目】

大眾閱讀

1. Bloom, B. S. (1985). Developing Talent in Young People. New York: Ballantine Books. 本書是經典之作，內容針對各領域的世界級專家進行調查，包含運動員、科學家、音樂家等等共一百位專家。本書要傳達的是，專家不是先天的，而是後天造就的，書中並描述專家訓練的方式。

2. Duckworth, A. (2016). Grit: The Power of Passion and Perseverance. New York: Scribner. 此文獻是很不錯的概論，將恆毅力視為一種科學建構，還有精彩的故事講述。

3. Ericsson, A., & Pool, R. (2016). Peak: Secrets from the New Science of Expertise. Houghton Mifflin Harcourt. 這本書很好讀，內容是關於專家何以能成為專家。作者安德斯·艾瑞克森（Anders Ericsson）普遍被視為此領域的先驅。

4. Simon, H. A., & Chase, W. G. (1973). Skill in chess. American Scientist, 61, 394–403. 此文是很經典的文章，探討主題是專業能力，文中提出了十年法則，也提到一個估計值，即西洋棋高手的頭腦裡儲存有五萬種棋局。

專業文獻

1. Ericsson, K. A., Hoffman, R. R., & Kozbelt, A. (Eds.). (2018). The Cambridge Handbook of Expertise and Expert Performance, 2. Cambridge, UK: Cambridge University Press. 這本手冊內容豐富，涵蓋探討專家如何成為專家的心理學研究。

2. Hogan, T., Rabinowitz, M., & Craven, J. A. (2003). Representation in teaching: inferences from research of expert and novice teachers. Educational Psychologist, 38, 235–247. 本文檢視相關研究，從專業技能的認知角度探討新手教師和資深教師的不同。

3. König, J., Blömeke, S., Klein, P., Suhl, U., Busse, A., & Kaiser, G. (2014). Is teachers' general pedagogical knowledge a premise for noticing and interpreting classroom situations? A video-based assessment approach. Teaching and Teacher Education, 38, 76–88. 這份研究指出：教師所擁有的教學知識，會影響他們對於課堂情況的看法。

4. Mo, Y., & Troia, G. A. (2017). Predicting students' writing performance on the NAEP from student- and state-level variables. Reading and Writing, 30(4), 739–770. 這份研究指出：在校寫作較多的學生，在美國「國家教育評鑑」（National Assessment of Educational Progress）「全國成績單」（Nation's Report Card）的寫作部分，通常得分也較高。與眾多其他研究一樣，此一研究也會引起某些人回應說：「哼，想當然耳。」但即使研究人員認為結果會在意料之中，仍有必要實行研究。本書中也提過別的例子證明：有時候我們會發現，研究結果居然出乎意料之外！

5. Wolff, C. E., Jarodzka, H., van den Bogert, N., & Boshuizen, H. P. (2016). Teacher vision: expert and novice teachers' perception of problematic classroom management scenes. Instructional Science, 44(3), 243–265. 此文

獻研究的是新手教師和專家級教師的眼球動作。專家級的西洋棋手會專注看著棋盤上資訊量最大的區塊，同樣地，專家級教師也大多會注視教室裡資訊量最大的區域。

注釋

①你可能聽過成為專家所需時間是一萬小時，而不是十年。一萬小時出自於麥爾坎・葛拉威（Malcolm Gladwell）的《異數》（Outliers）一書，而安德斯・艾瑞克森（Anders Ericsson）在他的《刻意練習》（Peak）一書中深入探討一萬小時的計算有哪些方面並不準確。要記住的重點在於：若目標是要成為專家，努力過程就需長達好幾年。

第 7 章

如何調整教學策略因應不同的學生？

問 每個孩子都不一樣。有些學生用視覺學習（必須看到才能學習）效果最佳，有些屬於聽覺（聽到才能學習）派，真有此事嗎？是不是也有學生分屬線性思維和全面思維兩類？為學生不同的認知風格（cognitive style）量身打造教學法，看似相當重要，也許其他的教學法會對學習較為吃力的學生大有助益。於此同時，分析同一間教室裡不同學生的學習風格，並滿足每個人的需求，對教師來說會是個重擔。有哪些差異是比較重要的呢？

答 我們不能輕忽學習風格背後的假設。所有學習風格理論都預設教學法A適合甲生，不適合乙生；而教學法B適合乙生，不適合甲生。而且，甲、乙兩生的這種差別不會改變；也就是說，甲生永遠偏好教學法A，乙生永遠偏好教學法B。過去五十年，有大量研究探究這個概念，而找出符合上述說法的甲、乙生的差異，都一直是教育研究的終極目標，只是沒有人找到相符的證據支持描述此類差異的理論。本章所根據的認知原則如下：

孩子在學習與思考方面的相似點比不同處多。

請注意，這樣說不代表所有的孩子都相同，也不代表教師應該以同樣的方式對待所有學生。當然，有些孩子喜歡數學，有些孩子英文較好；有些孩子害羞，有些很活潑。教師和每位學生互動的方式都不同，就像和不同朋友也有不同相處模式。但是教師要知道，科學家到目前為止，都還沒辦法判定有壁壘分明的不同類型學習者。

風格與能力

先來思考幾個問題。假設你是十一年級的生物老師，你有個學生凱西學習很吃力。她好像很努力，你也多花許多時間輔導她，但她還是大幅落後。你和同事討論過凱西的狀況，得知她寫詩很有天分。你會考慮請凱西的英文老師和你合作，把詩和生物課融合，讓凱西更能掌握生物的概念嗎？

還有一個案例。和凱西一樣，小李在你生物課上的表現也很吃力。他喜歡自然科，但就是搞不懂克氏循環（Krebs citric acid cycle）那個單元。他考試成績差到家長必須到校來共商對策。他父母認為問題在於教材呈現的方式：克氏循環是以線性思維模式呈現，但小李較善於整體思考。小李的父母禮貌地詢問，是否有辦法讓小李使用以整體思維編纂的教材，而非順序編排的線性式教材，他們表示願意在家裡也協助整體思維的教學。你會怎麼對他們說？

學生是不一樣的，這點顯而易見。上述兩個案例說明了這個事實中隱含的盼望：教師可利用學生的差異來切入。比方說，教師可以用學生的強項來彌補弱點，例如用凱西擅長的詩詞來協助她理解自然科學。第二個可能是教師可以利用學生不同的學習模式；比方說，如果小李無法通盤瞭解某觀念，可能是因為課程內容的教法和他學習的方式不相符，那麼教法上做點小調整，或許就能讓艱深的教材變得較容易理解。

不過，我們也得承認，這些可能固然令人欣喜，卻意味著教師的工作將加重。投合學生的優勢能力（如凱西的例子），或是改變呈現教材的方式（如小李的例子），代表要改變你的教法，並可能要為班上每位學生準備不同的東西。聽起來是個大工程，這麼做值得嗎？

認知科學家所做的學生差異之研究，可以解釋這個問題。但在說明研究之前，有一點很重要，我必須先澄清我所討論的是認知能力的差異，還是認知風格的差異。① 認知能力的定義很簡單：意思是有能力進行某些類型的思考，或成功進行某些類型的思考。如果我說莎拉數學能力很強，你知道她很快就能學會新的數學觀念。和能力相對的，認知風格是偏好或傾向於以某種特定方式思考，比方說照順序思考（一次一件事），或是全面思考（同時思考所有部分）。

能力和風格在幾個重要面向都不同。能力就是我們處理內容（如數學或語文）之法，反應出我們所知、所能的水準（也就是多寡）。風格是我們偏好思考和學習的方式。我們認為能力高優於能力低，但不認同風格之間有優劣之分。某風格對某特定問題或許比較有效，但從本質上來說，所有風格都一樣有用（若非如此，那我們談的就是能力，而非風格）。用運動來比擬的話，我們或許會說兩位足球員能力相當，即使他們在球場上的風格迥異（見圖7-1）。

在本章的引言中，我說過學生的學習方式相似點比不同處多。這怎麼可能呢？明明學生的差異那麼明顯，也多半非常大。本章之後的內容，我將輪流討論風格與能力，並試著調和學生之間的差異，並結論這些差異對教師來說意義不大。

【圖7-1】瑪塔•維埃拉•達席爾瓦（Marta Vieira da Silva）和艾比•溫巴赫（Abby Wambach）名列過去二十年期間最優秀的足球運動員。大多數球迷會說她們的能力相仿，但風格迥異。瑪塔著名的是她的資賦和敏捷的步伐，而溫巴赫則是因為著重體能、直接對決的比賽風格而聞名。出處：瑪塔© Getty Images/Brad Quality Sports Images；溫巴赫© Getty Images/Jeffery Kane Gammons

認知風格

有些人行事衝動，而有些人很久才能作決定。有些人喜歡複雜，有些人則憧憬簡潔。有些人喜歡具體思考事物，有些人則偏好抽象。我們對於人類思考多少有點直覺，從1940年代開始，實驗心理學家對於驗證這些直覺產生濃厚興趣。他們所驗證的差別經常用反義詞表達（例如：寬／窄，或線性／全面），同時也清楚風格其實是慢慢演變而來，而且多數人都落在兩個極端之間。表7-1顯示了心理學家評估的幾個差別。

表7-1列出了數十種分類系統中的一小部分。你讀過之後大概會想，許多系統聽起來振振有詞，但我們怎麼知道哪個是正確的，或哪幾個是正確的？

要注意：這些不是教學理論，而是關於心智運作的理論。因此，在實驗室中，要測試這些理論是相對容易的，心理學家會使用一些技巧。首先，他們試圖證明一個人的認知風格是穩定的。換句話說，如果我說你有某特定認知風格，該風格必須很明顯，且在不同的情境中皆如此，在不同的日子亦然，該風格必須持續存在於你的認知組成。認知風格也應該有必然性，也就是說，運用某種認知風格應該對我們所做之重要事情有可能影響。如果我宣稱有些人線性思考，有些人全面思考，那這兩種類型的人不管是學數學、學歷史，或是理解文學的方式都會不同。最後，我們

【表7-1】心理學家提出並驗證的一些認知風格上之區別。

認知風格	描述
寬／窄	偏好以少類多項的方式思考 vs.偏好以多類少項的方式思考
分析／非分析	傾向從物件的許多屬性來區分 vs.從物件裡尋找主題和相似點
簡化／強化	傾向忽略細節 vs.傾向關注細節並聚焦於差異
場地依賴／場地獨立	根據周遭環境來解讀事物 vs.不受周遭環境影響來解讀事物
衝動／沉思	傾向迅速回應 vs.傾向從容回應
機械式操作／重新建構	偏好簡單重複的工作 vs.偏好需要重新建構與嶄新思考的工作
整合／分化	邏輯、演繹思考 vs.廣泛、聯想思考
線性／整體	偏好漸進式工作 vs.偏好全面思考
適應者／創新者	偏好既定程序 vs.偏好新的觀點
推理／直覺	偏好藉由推理學習 vs.偏好從洞察力學習
視覺導向／語言導向	偏好視覺圖像 vs.偏好解決問題時自言自語
視覺／聽覺／動覺	接收和理解訊息時偏好的形式

必須確定，認知風格其實不是能力的估量指標。別忘了，風格應該體現我們思考的偏好，而不該是測量我們思考優劣的指標。

最後一點似乎蠻清楚的，但這對表7-1所列的幾個特性來說會是個問題。比方說，較可能不受物件和其他物件之間關係影響而評估眼前所見事物的人，被稱為是場地獨立；而場地依賴的人傾向於以物件和其他東西之間的關係來看待物件（見圖7-2）。

人被分類為場地依賴或場地獨立，根據的只是視覺測驗，而

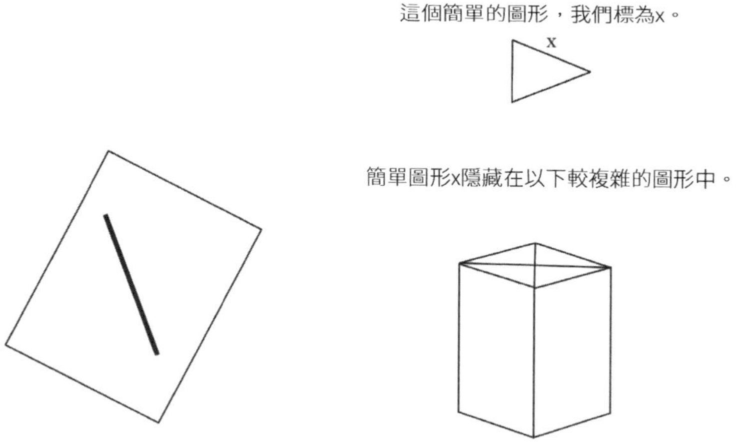

【圖7-2】判定場地依賴和場地獨立的兩種方法。左為「桿框測驗」，長桿和方框在暗室裡會發光，受試者要調整長桿，使其垂直。若受試者的調整大幅受到外圍方框的影響，那他便屬於場地依賴者，反之則是場地獨立者。右為「嵌圖測驗」，受試者必須找出隱藏在較複雜圖案中的簡單圖形。在這類測驗中表現得好的，表示具有場地獨立性。如同桿框測驗，此測驗似乎表示受試者有能力把部分視覺經驗和其他所見事物區分開來。出處：© Anne Carlyle Lindsay

這測驗似乎不太需要認知。然而，感覺上適用於視覺的測試（也就是場地依賴者注重關聯，而場地獨立者著重單獨細節），也適用於各類認知活動。這個概念不錯，問題是場地獨立者在大多數認知測試中，其表現普遍比場地依賴者佳。請記住，場地依賴應該是種認知風格，以平均而言，不同認知風格的人不該在能力上有所差別。那麼差異確實存在的這個事實，意味著圖7-2的測試衡量的其實是能力，而非風格，雖然我們還不確定個中機制為何。

我說過，認知風格理論必須具備以下三個特性：一個人的風格是一致不變的；不同風格的人學習和思考的方式也不同；不同風格的人通常不會有能力差異。截至目前，尚未有理論具備上述特性。這不代表認知風格不存在，當然可能有；但經過數十年的嘗試，科學家還沒辦法找到。為了讓你更瞭解這個研究，我們再仔細地檢驗其中一個理論：視覺、聽覺、動覺學習者理論。

視覺／聽覺／動覺學習者

視覺／聽覺／動覺學習者這個概念你大概不陌生。此概念認為，每個人都有偏好來接收新訊息的方式，可能是這三種知覺的其中一種。視覺與聽覺很容易懂，但動覺倒是有必要加以解釋。動覺這種知覺告訴你，你的身體部位在哪裡。如果你閉上眼，我去擺動你的手臂，做出揮手的動作，即使看不見，你也知道你的手臂位置在哪。這個訊息來自你關節、肌肉、皮膚的特殊接收器，這就是動覺。

視覺／聽覺／動覺理論認為，每個人都可以透過任何一種感官接收新訊息，但大多數人都有偏好的知覺方式。學習新事物時，視覺型的喜歡看圖表，甚至喜歡看教師所說內容的逐字稿。聽覺型偏好聆聽語言上的描述。動覺型學習者喜歡動手操作東西，他們動身體來學習（見圖7-3）。

為了讓你有評估這個理論的背景，我會先從認知科學家已經

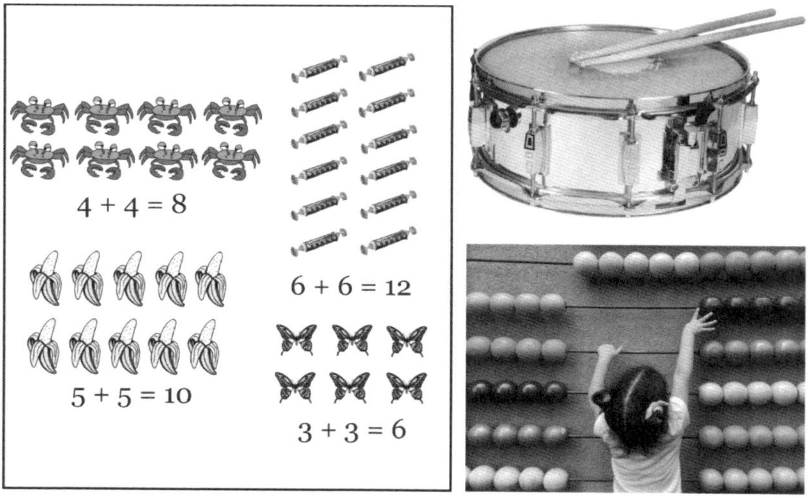

【圖7-3】不同風格的學習者可能從不同的教材呈現方式中獲益。比方說，學加法時，視覺學習者可能透過觀看物件來學；聽覺學習者可能聽幾組韻文歌謠來學；動覺學習者可能用手操作物體來學。出處：物件圖組© Anne Carlyle Lindsay；鼓©Shutterstock/Ronald Summers；算盤©Shutterstock/iperion

發現的幾個記憶事實開始講起。人類的視覺和聽覺記憶能力確實有所不同。[2]我的意思是：記憶系統能夠同時儲存事物的外觀與聲音。我們在腦海中建立視覺圖像時，會運用視覺記憶表徵。比方說，假如我問你：「德國牧羊犬的耳朵是什麼形狀？」或「教室裡有幾扇窗？」大多數人說他們回答這些問題時，會先在腦中出現視覺圖像，再加以檢視。1970年代，實驗心理學家所做的許多研究顯示，這樣的圖像和視覺有許多共同特性，你的「心目」和讓你能看見東西的大腦區塊之間，有很多重疊的部分。我們的許多記憶也會以聲音的形式儲存，如艾瑪・史東（Emma Stone）的聲音、米高梅電影片頭的獅吼，或是我們手機的鈴聲。如果我問你：「誰的聲音比較低，校長還是主任？」你可能會努力回想兩人的聲音，進行比對。我們可以儲存視覺和聽覺記憶，而且和其他認知功能一樣，每個人的儲存效率都不同，有些人擁有詳盡又鮮明的視覺記憶或聽覺記憶，有些人則否。

不過，認知科學家也表示，我們不會把所有的記憶都以影像或聲音的方式儲存。我們也會以事件代表之意義來儲存。舉例來說，如果朋友告訴你同事的八卦（有人看見這位同事在加油站商店購買好幾百張的刮刮樂彩券），你可能保留了此事的視覺與聽覺細節（比如說八卦主角的容貌與聲音），但也可能只記得八卦的內容（彩券），而不記得聽八卦時的聽覺或視覺感受。意義占有一席之地，獨立於感官細節之外（見圖7-4）。

【圖7-4】「足浴」是什麼意思？你知道那是浸泡雙腳之意，多半是為了舒緩腳痠，也有可能是寵愛自己的表現。不管你第一次學到此字時是看到有人正在泡腳，還是聽到相關描述，或是你親身體驗過，你對於「足浴」一詞的理解是以「意義」方式儲存。教師希望學生知道的東西，大多都以意義方式儲存。出處：©Shutterstock/musicphone

我們快接近視覺／聽覺／動覺理論的核心了。確實有些人的視覺或聽覺記憶特別好，因此有所謂視覺型學習者或聽覺型學習者。但那不是這個理論最重要的預測。關鍵的預測是，當教學方式符合學生的認知風格時，學生會學得較好。也就是說，假設安妮是聽覺型學習者，維多是視覺型，而我要安妮和維多學會兩份新單字表。他們學習第一份單字表，是透過聽錄音帶反覆播放單字與定義好幾次；第二份單字表則是透過放映投影片來學習，投影片上是描繪單字的圖片。若照該理論的說法，安妮第一份單詞表背起來的字會比第二份多，而維多則相反。根據這個脈絡所進行的研究有幾十種，包括使用更貼近課堂教材的實驗，而整體來說，此理論並不成立。用學生「偏好」的模式教學，不會給學生任何學習優勢。

怎麼可能？安妮是聽覺型的，為什麼用聽的方式呈現知識，安妮不能學得比較好？因為聽覺訊息並非測驗的內容！聽覺訊息指的是錄音帶裡朗讀的人聲，而測驗內容則是單字的意思。安妮在聽覺記憶的優勢，在測驗意義的考試裡沒有好處；同樣地，維多或許擅長於辨識幻燈片上用來描繪單字的圖片細節，不過，這種能力並非測驗的內容。

其實，根據實驗，有些人會重新詮釋事物，藉以彰顯他們自認擁有的學習風格。[1]例如，若有人拿了一個紅色、有條紋的三角形，給自以為是文字型學習者的人看，並且要他們記住，這些人會對自己說「紅色、有條紋的三角形」，把視覺刺激物轉換為文字形式。而自以為是視覺型學習者的人看到「紅色、有條紋的三角形」這些字，就會在心中創造對應的視覺圖像。但這麼做並不會增進他們的記憶力，這點正如理論所預料的。

大多數時候，學生需要記住的是事物的意義，而非事物的聲音或外觀。當然，有時候那樣的訊息也有價值。比方說，記憶良好的人在記地圖上國家的特定形狀時有優勢，而聽覺記憶良好的人學新語言時較能掌握正確的腔調。但學校教育關注的，絕大多數是事物的意義，而非事物的外觀或聲音。

這是不是代表了視覺／聽覺／動覺理論在少部分情況下是正確的呢？比如說學生在學外語口音，或辨識地圖上的國家時？也不見得。因為此理論的重點是，相同的教材可以用不同方式呈現，以符合每位學生的優勢。那麼（根據此理論）教師應該做的就是：學到看地圖認國家時，視覺型學習者應該看各國國土的形狀，而聽覺型學習者應該聽每個國家形狀的描述；學外語腔調時，聽覺型學習者應該聽母語人士的發音，但視覺型學習者如果能看那些音的書面標音記號，就能學得比較快。顯然，這種策略不會成功。

若視覺／聽覺／動覺理論是錯誤的，那為什麼聽起來這麼正確？有多份調查以歐洲、中美洲、北美洲和南美洲各國的教育工作者為對象，發現約有百分之八十五的教育工作者以為有充分的證據支持此一理論。

這個理論之所以會看似有理，大概有幾個原因。首先，理論內容已經成為大眾公認的智慧真理，但其實是人云亦云的產物，這種現象稱為社會認同（social proof）。我知道這好像在說人都是容易上當的傻瓜，但我們之所以相信很多事，都是因為社會認同。例如，我相信物質的原子理論是正確的，但我也說不出來有什麼科學證據可以支持這個理論。大家都說這個理論是科學家已經搞懂的東西，所以我就相信真的就是如此。看待學習風格理論可能也是這樣。

還有一個重要因素：有個確實為真的說法，與這個理論很相似。孩子的視覺和聽覺記憶的正確性確有不同。譬如，你可能看過學生畫出班遊的情景，栩栩如生，令人驚嘆。你心想：「哇，蕾西絕對是視覺型學習者。」正如所說過的，蕾西或許擁有極佳的視覺記憶，但那不代表她是這個理論中所指的「視覺型學習者」。

讓視覺／聽覺／動覺理論看似有理的最後一個原因，就是確認偏誤（Confirmation bias）這個心理學現象。一旦我們相信某事，就會不自覺認定模稜兩可的情境就是我們已經相信之事。舉例來說，假設學生不太瞭解牛頓第一定律。你努力用不同的方式解釋，最後舉出魔術師用力抽出桌布，而桌上餐盤、餐具不受影響這個例子，此時學生頓悟了。你心想，「啊哈！這個視覺影像有助於他理解。他一定是視覺型學習者。」但是，也許只是因為這個例子很精彩，不管是哪個學生都能因此聽懂，又或者可能學生只是需要多一個例子就能理解，和例子是不是視覺的沒有關係。學生是不是因為這個例子而明白了牛頓第一定律，其實不一定，只是你容易把未定之數解釋成你原本就相信之事，於是你更加肯定該生屬於視覺型學習者（見圖7-5）。

偉大的小說家托爾斯泰這麼說：「我知道大多數人，包括連最複雜題目都能迎刃而解的人，都不太能接受最簡單明顯的真理，倘若該真理迫使他們承認之前洋洋得意教別人的事情是錯誤

【圖7-5】我大女兒出生時，有位護士對我說：「喔，再過幾天這裡會忙得不可開交，快滿月了，你也知道的。」許多人相信月圓時分各種怪事層出不窮：謀殺率上升、送進急診室的人數增加、警局和消防隊接到的電話也增加、嬰兒的出生率提高等等。事實上，這個假設經過謹慎的檢驗後證實是錯的。那為什麼大家深信不疑？其中一個原因就是確認偏誤。若滿月時產房很忙碌，護士就會注意到並想起這個說法；但當產房很忙碌的時候不是月圓時分，護士根本不會留意。出處：©Shutterstock/http://Photobank .kiev.ua

的，因為他們已把那些事情織進了人生裡。」[2]

我把視覺／聽覺／動覺理論講得很詳細，因為即使心理學家都知道這個理論不正確，相信該理論的人卻多不勝數。我對這個理論所說的一切，也都適用於其他學習風格的理論。你充其量只能說支持該理論的證據混雜不一。

之前我說過，風格和能力是不同的，這點很重要。在這一節我談的是風格，也就是傾向或偏好以特定方式思考或學習。下一節我要討論的是能力。

能力與多元智能

心智能力是什麼？要怎麼歸納心智有能力者的特徵？稍微思考一下，你就會發現有很多事情都要動腦筋，多數人都是對某些事擅長，對某些事則否。換句話說，心智能力是多重的，而非單一的。我們都認識對文字很有天賦，但卻沒有維持帳本收支平衡所需要之數學能力的人；或是拿到樂器就能彈奏，但對體育卻一竅不通的人。

心智能力概念背後的邏輯是這樣的：如果有單一的能力——你喜歡的話，可以稱之為智能——潛藏於不同的心智活動底下，那麼善於某類型心智活動（如數學）的人，應該也擅長於所有的心智活動。但如果有些人擅長一種心智活動（數學），卻拙於另一種（閱讀理解），則那些活動必定由不同的心智歷程所支撐。一百多年來，心理學家用這個邏輯來探究思考的結構。

在一個典型的研究中，實驗者找來了一百個人，發給每個人一種測驗，有代數測驗、幾何學測驗、文法測驗、詞彙測驗、閱讀理解測驗。預期的實驗結果是，每個人在語言測驗（文法、詞彙、閱讀理解）的成績應該會相符合；也就是說，如果受試者在任一項語言測驗中得高分，就表示他的英文很好，所以在其他項目的語言測驗上也會得高分。同樣的，一項數學測驗上得高分的人，另一項數學測驗大概也會得高分，反映出數學能力高。但是

【圖7-6】美國生物學家E. O. 威爾遜（E. O. Wilson）是優秀科學家，在哈佛大學任教長達四十年，也是傑出作家，曾贏得普利茲獎（Pulitzer Prize）的非小說類獎項，而且是兩次獲獎。但他以前數學並不好，直到三十二歲、已經當教授才學微積分，而且即使在這個時候，他也說自己的微積分依學生的標準「頂多拿個C」。[3]但是懂得「bubbe心理學」的阿嬤，就算見到像威爾遜這種身兼優秀作家、科學家但數學卻不太靈光的人，也不會大驚小怪。出處：© Getty Images/The Washington Post

數學和語言測驗的方式不會這麼高度相關。如你做過這個實驗，或多或少會發現這一點。③

聽起來還蠻簡單的。我念研究所時，有位教授把這種簡直是常識的研究結果稱為「bubbe心理學」。bubbe是意第緒語（Yiddish）中「祖母」的意思，所以「bubbe心理學」就是把你阿嬤都知道的東西，貼上看似科學的標籤（見圖7-6）。到目前為止我們討論的內容都算簡單，不過要深究細節時（應用到的統計方法也頗為複雜）就複雜多了。但大致說來，你在學校注意到的情況是真的：有些孩子有數學天賦，有些有音樂才能，有些是運動健將，而這些孩子不見得是同一批人。教育界人士在1980年代中期對這類研究非常著迷，當時哈佛大學教授加德納（Howard Gardner）發表了多元智能（multiple intelligences ）

理論。加德納提出七種智能，後來又加了第八種，細項請見表7-2。

正如我提過的，加德納不是第一位提出人類多元能力的人，而他所列出的各項能力，看起來也和其他人描述的相去不遠。事實上，大多數心理學家認為加德納其實沒說對。他貶低了許多前

【表7-2】加德納提出的八大智能

智能	描述	需要具備高度此類智能的職業
語文	文字語言方面的才能	律師、小說家
數理邏輯	邏輯、歸納推理及演繹推理、數字方面的才能	程式設計師、科學家
肢體動覺	肢體動作方面的才能，如運動與舞蹈	運動員、舞者、默劇演員
人際	理解他人情緒、需求及觀點方面的才能	業務、從政者
內省	理解自身動機與情緒方面的才能	小說家
音樂	創作、製作與欣賞音樂方面的才能	演奏家、作曲家
自然	辨識、分類動植物方面的才能	博物學家、廚師
空間	使用與操控空間方面的才能	建築師、雕塑家

人的重要研究，而研究人員認為他貶低別人的理由並不可取，而且他發表的部分說法在當時被公認是錯的，比方說，他說各項智能彼此間獨立不相關，這點他後來就不強調了。

教師過去（現在亦然）對該理論的細節沒那麼感興趣，但對與該理論相關的三大主張倒是很關注：

主張一：表7-2列出的是智能（intelligence），不是能力（ability）或天分（talent）。

主張二：八種智能都可以在學校裡教。

主張三：許多智能，甚至所有智能都可以用來當作呈現新教材的管道。那麼，每位學生都能夠透過自己的優勢智能來體驗教材，因此每位學生都能獲得最充分的理解。

第一個主張是加德納提出的，該論點很有意思，也頗具爭議。其他兩個主張是其他人根據加德納的研究所提出，而加德納本人則持反對意見。我會詳述每種主張有意思的點在哪裡，並嘗試評論這些主張對教師的意義。

我們從主張一開始，也就是表7-2所列的內容是智能，而非能力或天分。加德納針對這點有諸多撰述。他認為有些能力——數理邏輯和語文——受到的待遇高於實質。為什麼這些能力可以冠上「智能」的光環，而其他的就屈尊叫作「天分」？確實，堅持音樂能力應該叫作音樂智能，是這個理論有吸引力的一大原因。加德納自己不只一次說過，如果他當初不是用智能一詞，而是用天分的話，這個理論就不會獲得這麼大迴響。[4]

所以呢，到底是智能還是天分？一方面，身為認知科學家的我是認同加德納的。大腦有許多能力，沒有明顯的理由要把當中兩種分離出來，稱之為「智能」，而用別的標籤來指其他的心智歷程。另一方面，智能一詞有根深柢固的意義，所以別傻傻以為突然改變定義不會造成負面影響。我認為加德納的定義，及智能一詞的舊定義所造成的混淆，有助於解釋何以其他人提出了另外兩個主張，也就是加德納反對的那兩個主張。

主張二是八種智能都應該在學校教。這個主張的論點是，學校應該是歌頌孩童所有智能的地方。如果某學生的內省智能（intrapersonal intelligence）高，就應該培養該智能，而且該生若是語文和數理邏輯智能較低（也就是學校課程偏重的部分），也不必感到自卑。這個主張表面上看似有理，對追求公平的我們非常有吸引力：所有智能都應享有同等地位。然而，加德納反對，他認為課程決策應該要以課程目標為根據，而課程目標則應該根據群體的價值觀。學校根據其認定學生應具備的知識和能力來決定學生的課程。課程目標不應由智能的理論來設定。

認為八種智能都可以在學校裡教的主張，我認為就是把「天分」貼上「智能」的標籤。我們對於智能的部分理解，就是有智能者在校表現佳。④ 因為這樣的假定，所以有些人有了如下的想法：

孩子上學是要開發與生俱來的智能。
現在發現了一種新的智能。
因此，學校應該開發這種新智能。

有些教育者似乎真的認為加德納「發現」人有音樂智能、空間智能等等，其實，音樂智能就是你阿嬤認定是音樂天分的東西。我個人認為音樂應該納入學校課程，但若你以為認知科學家能夠說出一番大道理來佐證這個立場的話，那可就錯了。

第三個主張認為，透過多元智能管道來介紹新概念是很有用的。舉例來說，學生在學習怎麼用逗號時，他們可以寫一首有關逗號的歌（音樂智能），或在森林裡找尋有逗號形狀的動植物（自然智能），或用身體造句、假設不同姿勢代表不同詞性（肢體動覺智能）。[5]預期不同的孩子能根據其優勢智能，藉由不同方式來理解逗號。自然智能高的孩子，就能在森林大探索活動中恍然大悟逗號的用法，依此類推。

這聽起來有點像是學習風格當中的「搭配」概念，而加德納曾經撰文明確指出他的理論談的是能力，不是風格。[6]加德納也對這個主張很不以為然，他的態度其來有自。不同的能力（或智能，看你喜歡怎麼叫）是無法互換的。數學概念必須用數學方法來學習，音樂技巧幫不上忙。⑤ 寫一首詩來描述高爾夫球桿會推出的弧線，沒有辦法幫助你揮桿。這些能力並非水火不容，但能力各自為政，你無法截長補短。

有些人建議我們至少可以訴諸於學生的優勢能力，引起他們對學科的興趣。要吸引科學高手閱讀，不要丟給他一本狄瑾蓀（Emily Dickinson）的詩集，要給他物理學家費曼（Richard Feynman）的回憶錄。我認為這個做法很合理，甚至還頗驚人。但我認為這個主張也僅止於此了，很類似想從學生興趣切入的作法，我在第一章有討論過這一點。

總結

大家都很清楚，學生各有不同，教師對於此事能夠（或應該）做什麼？當然是希望我們能利用那些差異來改善教學，最根本的方法有二。第一種方法根據認知風格上的差異，也就是說，若能使用孩子偏好的認知風格來教學，學習就會變得比較容易。很遺憾，尚未有人能描述出一套有足夠證據支持的風格體系。教師能利用學生之間差異的第二種方法，是深植於能力的差異。如果某學生缺乏一種認知能力，我們希望他能夠用認知強項來彌補，或至少改善其認知弱項。不幸的是，有足夠的證據指出這種替換是不可能的。講明白一點，替換之概念是錯誤的；學生的認知能力當然有所不同（雖然目前普遍認為，加德納在多元智能理論中的描述，和其他描述比起來較不準確），卻不能用來截長補短。

課堂上的應用

我承認在寫這一章時，自己有點像見不得別人好的傢伙，老是陰沉著一張臉，對他人提出有關學生差異的樂觀想法不斷叫囂著「錯、錯、錯」。正如我在本章一開始所闡述的，我不是說教師不應該差異化教學，我希望、也期待教師這麼做。但當教師這麼做時，他們應該要知道，科學家沒辦法提供任何協助。如果科學家能明確給學生分類，並提出最適合每一類的教學方式，那是最好不過了，然而經過長久的努力，科學家尚未能夠找出這樣的類別。而我和許多科學家一樣，懷疑這些類別壓根兒就不存在。我會建議教師根據自己和每位學生互動的經驗，給予學生不同的待遇，並留意哪些方法奏效。在差異化教學這件事上，實務經驗勝過科學理論。

即使如此，這些對於課堂的意義，我還是有些正面的想法。

別讓「能力觀」貶低努力和小成就

多元能力的概念有明顯的吸引力——似乎表示人人都可能有擅長，甚至聰明的事。我已經說過，我認為這種想法是把「擅長某事」吹捧過頭了。但多元能力的概念還有另一方面需要注意。我們思考（或鼓勵孩子思考）他們有什麼種類的智能，可能也就在鼓勵一種觀念，認為智能（無論是音樂、數學還是其他方面）是孩子與生俱來的。我知道孩子接受這個概念時會產生一些不良的態度，就是不太相信需要努力才能有成就。例如我若自認為「我的音樂智能很高」，可能會以為這就表示「音樂智能高比努力練習音樂更重要」。關於這一點，本書第八章會有較多的論述，但我現在要說的重點很明顯：如果我相信自己擅長某事，可能就會認定此事對我而言是輕而易舉的，我也就不必做這一方面的努力了。

相對而言，如果我知道自己並非天生擅長某事，我可能會認定對我而言連一開始的嘗試都沒什麼意義。或者我自以為欠缺此領域的智能，可能會以此為理由，嘗試後遇到一點挫折就放棄。

說說我自己的經驗：我一向很不擅長音樂。初中時，我必須在校內樂團演奏一項樂器（長號，有夠慘），我看到樂團的其他成員真的很擅長各自的樂器；他們談到音樂可以說得頭頭是道，而我則是一竅不通。我一找到機會就放棄長號，但因緣際會，我十七歲時開始學吉他，而且接下來的二十年裡，我三不五時就會彈吉他。我常需要辛苦背一堆東西才能彈吉他，完全沒有培養出任何音樂直覺。從這方面而言，我依然對音樂一竅不通。但演奏樂器確實讓我得到某種其他事物無法帶來的愉悅感。初中期間，我想的是「音樂對我來說真的很難」。如果當時我心想「我的音樂智能低下」，難道還會在十七歲時嘗試彈吉他嗎？

從教材的角度思考，而非學生

學習風格理論應用在學生身上沒有什麼幫助，但我認為應用到教材內容上時就很有用處了。就拿視覺／聽覺／動覺理論來說吧。根據你想要學生從課程中學到的內容，你或許想以某種形式讓學生接觸教材：應該要看到國油雙峰塔（Petronas Twin Towers）的示意圖、應該要聽到土庫曼的國歌、應該要戴戴看撒哈拉部落用來遮陽擋風的榭西（cheche）頭巾。表7-1列出的區別提供好些有趣的方式來思考教案：你希望學生在課程中推論思考，還是天馬行空、自由聯想？學生應該著重於遇到概念中的相似點，還是區別這些概念的細節？表7-1有助於你聚焦於希望學生從課程中學到什麼，以及如何協助他們學到。

變化能提升注意力

教師都知道，課堂上的變化能提振學生精神，重新找回注意力。如果教師單方面講授時提供一些視覺輔助（影片或地圖），會是很不錯的變化。表7-1提供多種方式來思考課程中的變化。倘若學生需要做很多邏輯推理思考，也許加一個天馬行空的聯想練習效果會不錯。如果學生得做快問快答，也許應該給他們多加一個需要深思熟慮的活動。與其為每位學生量身打造他們所需的心理歷程，不如讓所有學生練習所有的歷程，並把變化視為讓學生重新開始、再次集中精神的機會。

每個孩子都有其價值，即使他們沒有「聰明之處」

我敢打賭你一定聽過別人說：「每個學生都有他聰明的地方」，甚至曾經要學生想想「你是哪種聰明？」我認為教師這麼說，是要對學生傳達人人平等的看法：天生我材必有用。但我對這種觀點持保留態度，原因如下。第一，這類說法讓我不悅，因為這麼說暗示著智能帶來價值。每個孩子都是獨一無二且寶貴的，不管他聰明與否，不管他心智能力是高是低。我承認，身為重度心智障礙孩童的父親或許使我對此議題非常敏感。我女兒絕對談不上聰明，但她是個快樂的孩子，帶給許多人許多歡笑。

第二，不見得每個孩子都有聰明之處。「聰明」孩子的確切比例取決於你認定多少種智能，還有「聰明」代表的是「前百分之十」或「前百分之五十」等等。但這並不重要，總是會有一些孩子事實上在任何一種智能上都不特別天賦異稟。從我的經驗看來，孩子明明沒有某種技能，卻硬要告訴他他有，往往是行不通的（即使有小孩信以為真，他的同儕通常很樂意告訴他殘酷的事實）。

第三，我在下一章會解釋，為什麼稱讚小孩聰明絕對不是聰明的作法。信不信由你，這麼做只會讓孩子變得不聰明，真的。

別擔心，把錢省下來

如果你一直為沒有評估每位學生並找出他們的認知風格，或是你認為明知道他們的風格，卻未因此調整你的教學而內疚，請別擔心，沒有理由認為那麼做會有幫助。若你考慮要買書或邀請專家針對上述主題進行專業研習的話，我建議你把這筆錢省下來。

如果「認知風格」與「多元智能」對於區分孩童差異沒有助益的話，那還有沒有更好的方法？為什麼有些孩子對數學駕輕就熟，有些就學得痛苦不堪？為什麼有些孩子熱愛歷史或地理？

本書一再強調背景知識的重要，此處也不例外。第一章我提出背景知識是我們判定哪些事物有趣的重要因素；比方說，看似困難但並非不可能解開的題目或謎題會激起我們的興致。第二章我解釋背景知識能大幅決定我們在校表現是否優異。認知歷程（如分析、綜合、評論）無法獨立存在，需要背景知識才能運作。

即使如此，背景知識也不是學生之間唯一的差異。不得不說，有些學生就是真的很聰明。下一章我會探討這一點，並把重點放在如何讓所有學生的潛能發揮到極致，不管他們有多聰明。

問題與討論

1. 現在你或許已經相信：學習風格理論沒有科學依據，也因此不該影響你的教學，但某些家長可能不會那麼容易被說服。有老師告訴我，某些家長說：「我的孩子上你的課時學得很辛苦，因為你沒有按照他的學習風格教學。」你該如何應對這類家長？
2. 加德納說大多數學校對於語言能力和數字能力的重視多過其他能力；似乎無需爭辯，加德納說得沒錯。你認為這是為什麼？你覺得這種情況合理嗎？你的學校如何看待不同類型的智能（或者你要說是「能力」也可以）？學校如何表達重視？你希望學校有不同的做法嗎？

3. 我們選擇不同的用語：「能力」、「天分」或「智能」，會有什麼影響？這些用語對教育工作者、家長和學生而言，是否會有不同的含意？
4. 學生之間必然有一個差異，就是他們在課前已具備的知識和能力，而我們已知這個差異會影響學生的課業表現。這項事實似乎明白表示：學生有不同程度的先備知識和能力，就應該要在不同的班級裡上課；如果班級裡的學生有大致相同的課業程度，老師要配合學生的現況就會容易得多。但採用這種策略時，必定會產生一個問題，就是落後班級的老師會對學生有較低的期望。如何解決這種兩難的困境？
5. 如果你的目標是盡可能讓班上學生有相近的背景知識，另一種策略是：用全學區或甚至全州都一致的課程。如此一來，學生即使轉學，依然能接觸到與過去相同的課業。像這樣的一套課程似乎與多元智能觀點所引伸出來的含意背道而馳。許多人會說這表示需要有更大的個體化（individuation），讓學生可以發揮自己的優勢和興趣。上述做法各有何優、缺點？
6. 你是否同意我所說的：教育工作者內心都有個深層的渴望，想要每個學生都能聰明，或至少擅長某件事？這種深層渴望有哪些好處？又要付出什麼代價？

【參考書目】

大眾閱讀

1. De Bruyckere, P., Kirschner, P. A., & Hulshof, C. D. (2015). Urban Myths about Learning and Education. London: Academic Press. 這是一項有趣的調查，內容涵蓋三十五個常見的迷思（例如「現在的年輕人都不再閱讀了」），並提供證據指出這些迷思的錯誤。

2. Willingham, D. T. (2004). Reframing the mind. Education Next, 4(3) 19–24. 本文著墨於多元智能理論中較為專門的問題，說明為什麼心理學家偏好其他對於能力的描述，更勝加德納的理論。

3. Willingham, D. T. (2018). Ask the cognitive scientist: does tailoring instruction to "learning styles" help students learn? American Educator, 42(2), 28–32. 此文獻檢視了關於學習風格的科學證據，包括很有趣的數據，顯示有些人會為了符合自以為擁有的學習風格而採取某些行動，即使這麼做會使他們的任務表現較差。

專業文獻

1. Coffield, F., Moseley, D., Hall, E., & Ecclestone, K. (2004). Should We Be Using Learning Styles? What Research Has to Say about Practice. London: Learning and Skills Research Center. http://hdl.voced.edu.au/10707/64981 (accessed 13 July 2020). 學習風格的文獻回顧，內容檢視了關於學習風格的許多不同理論，因此非常有用。

2. Cuevas, J. (2015). Is learning styles-based instruction effective? A comprehensive analysis of recent research on learning styles. Theory and Research in Education, 13(3), 308–333. 此文獻檢視了諸多研究，仔細

探討將教學與學生學習風格互相搭配是否有益。

3. Gardner, H., Kornhaber, M., & Chen, J.-Q. (2018). The theory of multiple intelligences: psychological and educational perspectives. In: The Nature of Human Intelligence (ed. R. Sternberg), 116–129. Cambridge, UK: Cambridge University Press. 針對加德納的智能觀點，此文獻提供了簡要、最新的說法。

4. Nickerson, R. S. (1998). Confirmation bias: a ubiquitous phenomenon in many guises. Review of General Psychology, 2, 175–220. 確認偏誤概念的評論，雖然有點過時，但還是很中肯。

5. Pearson, J. (2019). The human imagination: the cognitive neuroscience of visual mental imagery. Nature Reviews Neuroscience, 20(10), 624–634. 此為當代的綜述，內容是對於大腦視覺表徵的研究狀況。

6. Rotton, J., & Kelly, I. W. (1985). Much ado about the full moon: a meta-analysis of lunarlunacy research. Psychological Bulletin, 97, 296–306. 本文回顧了三十七份欲找出月相和各式行為（包括精神異常、自殺、報案電話等等）之間關聯的研究，並未發現有任何關聯。

注釋

①有些人把認知風格（思考方式）和學習風格（學習方式）區分開來。我不認為這樣分很重要，所以我整章都使用認知風格一詞，即使我所談論的是學習。

②人在動覺方面也有差異，但這方面的文獻敘述起來比較複雜，所以此處我只討論視覺和聽覺的例子。

③事實上，英、數成績並非完全不相關。一科成績高也預示另一科成績高，只是相關程度不如代數和幾何成績的相關度。我們等到本書第八章再來談論這個話題。

④事實上，現代的智力測驗起源於十九世紀後期的法國，是用來預測學生在校表現的優劣。

⑤雖然音樂和節奏能幫助我們記憶，包括記數學公式，卻不能幫我們深入理解公式的應用。音樂之所以有助於記憶，原因相當有趣，但討論這點會讓我們太離題。

第 8 章

如何幫助學得慢的學生？

問 這個事實有點殘酷，但有些孩子似乎天生就不是讀書的料，雖然這不代表他們不具備有用的才能，畢竟，我們都聽過某些叱吒風雲的業界人士在學時書讀得很辛苦。但當然，我們希望所有學生都能學到應該學的東西。學校能為那些聰慧程度不如人的學生做些什麼事呢？

答 有些人把智能看作不會改變的特徵，就像眼球顏色。如果你中了基因大樂透，你就聰明；如果沒中，就不聰明。智能是命中注定的概念，對求學和工作都有影響，影響之一就是大家認為聰明人不需要努力以求取好成績，畢竟他們很聰明。因此，如果你認真努力的話，就代表你不聰明。這個惡性循環很明顯：學生想要得到好成績，這樣看起來才聰明，但他們不能循用功讀書的途徑，因為那樣顯得很呆。但若把智能視為可塑、可改變的，情況會是如何？學生就不會把考試不及格或觀念不清楚當成是自己愚笨的證據——只不過是尚未搞清楚觀念而已。這是有益的看法，因為學生會覺得聰不聰明是他們可以控制的。倘若表現不好，是有辦法可以改善的。那麼哪種看法是正確的？智能是注定的或是可塑的？兩種說法都有正確之處。我們的基因遺傳確實對智能有影響，但大多數人把這個影響想得太大了——其實，這影響小於二十年前科學家們的猜測。毫無疑問地，智能是可以改變的。本章所根據的認知原則如下：

孩子的智能確實有所不同，但是智能可以透過不斷努力來改善。

將「智能可塑」奉為圭臬對學生而言是個好主意。在給學生稱讚以及與學生談論他們的成功失敗時，你可以奉行這個觀念。

要是全部的學生都一樣有能力，要是他們在校表現的唯一差別是努力程度，那就太好了，學校教育看上去也會比較公平。儘管大家有多麼希望事實真是如此，但很多教師會告訴你這只是癡心妄想。學生在校外的學習機會因人而異，但撇開這點不論，有些學生就是比較聰明。指導聰穎的學生不難，只要給他們多一點有挑戰性的功課即可。但怎麼教那些總是落後的孩子呢？教師如何確保他們學到了應該學的知識呢？

首先，我們必須弄清楚智能到底是什麼。如果給我們幾分鐘為智能下一個定義，我們可能會說有智能的聰明人能夠理解複雜概念，也能用不同的推理形式，還能經由思考克服困難，從經驗中學習。我認為這樣的定義符合一般常識，也和美國心理學會（American Psychological Association）[①] 任命之專門小組所作的定義相符。雖然還能做出更細緻的區分，整體概念——有些人推理能力佳，能快速掌握新觀念——傳達出我們使用「智能」一詞時所代表的意思。

關於這個定義，有兩點值得注意。第一，定義中不包含音樂、運動或其他加德納列入其多元智能理論中的能力。如第七章所言，大部分研究者認為那些能力和所謂的智能同等重要，但稱其為智能而非天分只是徒增溝通上的障礙，而且會造成不正確的推論，例如誤以為某項認知優勢可以直接彌補另一項認知弱點。第二，這個定義似乎只包含一種智能，好像在說，如果某人很聰明，他在數學和語文上的表現會一樣好。我們都認識語文、數學沒有一樣好的人，所以這樣的定義怎麼會正確呢？

事實上，有龐大的證據顯示，綜合智能（general intelligence）是存在的，也就是說，「聰明者恆聰明之」。但事實不只如此。心理學家是這樣研究這個主題的：假設我認為智能只存在單一類型，通常被稱為g，也就是綜合智能的簡稱；另一方面，你認為智能有兩種類型，一種是語文，另一種是數學。現在假設你和我找了一百位學生，全都願意參與四項測驗：其中兩項是數學測驗（計算題和應用題），另外兩項是語文測驗（比方說字彙測驗和閱讀理解測驗）。我認為「聰明者恆聰明之」，所以在一項測驗中得高分的人，在其他三項測驗中也一定得高分（在一項測驗中得低分者，其他測驗亦然）。相反地，你認為語文和數學智能是分開的，所以閱讀理解測驗得高分的人，在字彙測驗上也會得高分，但這不代表他在數學測驗上會得高分（見圖8-1）。

那麼哪種看法是正確的呢？兩者都不正確。分析完幾千幾萬筆受試者的資料後，顯現出一種模式，和上述兩種看法都有一些

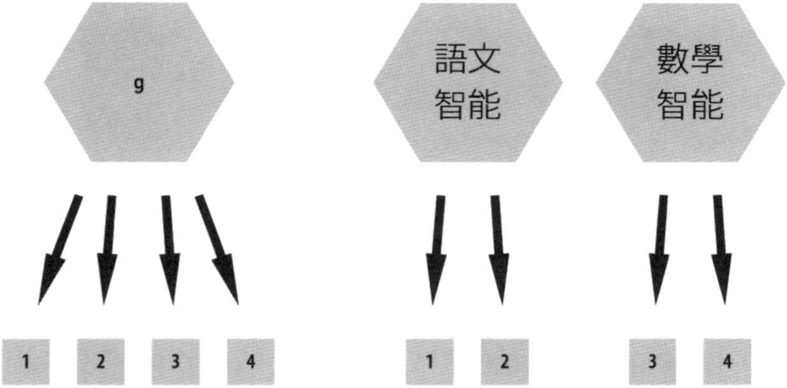

【圖8-1】對於智能的兩種看法。根據左圖的看法，單一類型的智能是所有智能活動的基礎。所以字彙測驗得高分意味著你的g很高，代表你應該在其他三項測驗也會拿高分。在右圖的看法中，字彙測驗得高分代表你的語文智能高，但並不能因此推斷你數學智能的高低，因為這兩者各自獨立。數以百計的研究指出，上述兩種模式都不正確。圖8-2才是公認的正確模式。出處：© Greg Culley

共通點。圖8-1中的A圖預測，語文和數學測驗成績彼此相關，而B圖預測彼此不相關。資料顯示，語文測驗成績事實上和數學測驗成績相關，但語文測驗之間的成績彼此相關度比語文測驗和數學測驗之間的成績相關度高。這樣的模式符合圖8-2的模型。不同的認知歷程造就語文和數學智能，但是g也對這兩者都有影響。

g到底是什麼？g其實在說明如何綜觀各種智能的數據。我們很自然地會認為，g是以某個認知歷程為根據，但沒有數據能指出是哪一個認知歷程。有人認為g可能和工作記憶的速度或容量有關，或甚至反映出我們大腦神經元激發的速度能有多快。最近有

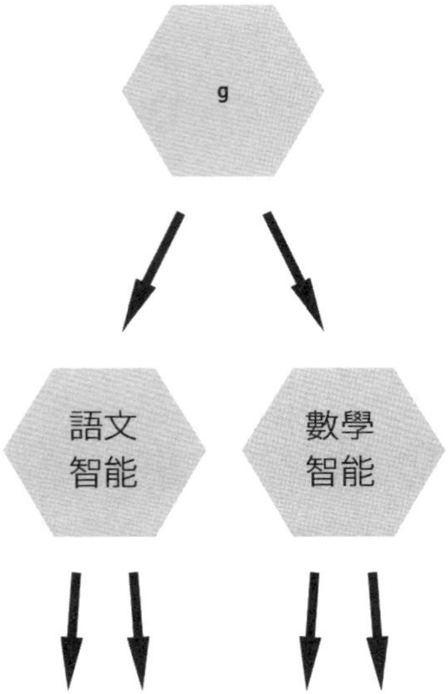

【圖8-2】對於智能的主流看法。有一種綜合智能，促成許多不同類型的腦力活動；但也有幾種特定類型的智能，由綜合智能歷程所支援。幾乎每個人都同意語文和數學智能的存在，雖然有些人認為應該再進一步細分。出處：© Greg Culley

些研究人員提出，並沒有單一個的心理歷程作為g的基礎；g不是單一整體，而是好幾個高階的認知歷程，這些認知歷程彼此密切相關，因此看起來就像是一個整體。[1]

g是綜合智能，會影響各種的心智能力。除了綜合智能以外，還有較特定的心智能力，例如有些心智能力幫你理解語言，有些則是幫你處理數字。這些能力也會因人而異，這可以說明為什麼我們觀察有些人的英文能得A，但數學卻只能勉強拿到C，反之亦然。

g並不代表智能的全部，但研究人員考量為什麼有些人很聰明而有些人則沒那麼聰明時，通常仍會提到g，至少有部分原因是，愈高的g就預示了課業和職場上的好表現。現在我們比較瞭解智能是什麼了，就可以把注意力移到下一個問題：是什麼原因讓有些人聰明，有些人不聰明？

什麼使人聰明？

我在第五、六章中強調透過練習與努力來掌握認知活動的重要。也許那些聰明的人對於那些用來界定智能的活動練習得特別多；不管原因為何，他們都接觸了許多複雜的概念（以及這些概念的解釋），有許多機會在正向鼓勵的環境中推理等等。

另一種看法是智能並非透過努力及練習而來，而是因為選對了父母。換句話說，智能取決於基因。有些人天生聰穎，雖然他們或許透過練習進一步培養了這項能力，但即使他們不怎麼開發智能，都還是聰明有加（見圖8-3）。

【圖8-3】對於智能的兩種看法。左邊是達爾文（Charles Darwin），提出演化論並發揚光大。在一封寫給他表弟——傑出的博學家高爾頓（Francis Galton）——的信中，達爾文說：「我一直相信，除了傻瓜以外，人類的智識差別不大，有差的只有熱情和努力。」不是每個人都同意他的看法。右邊是演員基努・李維（Keanu Reeves），他說：「我是個蠢蛋，我也沒辦法啊，有人聰明有人笨，而我剛好是笨的那個。」[2]出處：達爾文© Getty Images/Bettmann；基努・李維© Getty Images/ Ron Galella

智能從何而來？關於這個問題，我提供兩個答案，兩個答案都很極端：完全先天（也就是靠遺傳），或是完全後天（也就是仰賴經驗）。不論何時，只要問起先天還是後天？答案一定都是兩者皆有，而且總是很難明確指出基因和經驗如何交互作用。同樣的答案也適用於有關智能的問題，但過去三十年來，研究者的觀點有了重大改變，從認為答案是「兩者皆有，但遺傳的影響比較大」變成「兩者皆有，但環境的影響比較大」。讓我稍微敘述這兩種說法的證據。要是我們更瞭解為什麼有些人很聰明，我們就會更明瞭如何協助那些看似不太聰明的學生。

我剛才說，智能非常可能是遺傳加上環境因素的產物，結合方式錯綜複雜。所以我們怎麼樣才能抽絲剝繭？幾十年來，科學家的主要的策略是找出基因相似度各異的多組人，對他們的智能進行比較。舉例來說，同卵雙胞胎基因百分之百相同，異卵雙胞胎（和兄弟姊妹一樣）有百分之五十的基因相同。因此，測試同卵雙胞胎的智能是否比異卵雙胞胎的智能相似度更高，能幫助我們判定基因對智能的影響程度（見圖8-4）。

另外，我們還可以檢視在同一個家庭環境裡長大的兄弟姊妹的智能，是否比在不同家庭環境中成長（也就是出生時就分開，被不同的家庭收養）的兄弟姊妹的智能更為相似。在相同家庭長大的兄弟姊妹，雖然環境並非一模一樣，但有同樣的父母，可能上同一所學校，也接觸了相似的文學、電視節目、網路內容和其他的文化資源等。

【圖8-4】朱利安・卡斯特羅和華金・卡斯特羅（Julián and Joaquin Castro）是同卵雙胞胎（也都是美國民主黨政治人物），他們在同一個家庭長大，基因100%相同。史嘉蕾・喬韓森和杭特・喬韓森（Scarlett and Hunter Johansson）是異卵雙胞胎，他們在同一個家庭長大，但是和所有非雙胞胎的手足一樣，只有50%的基因相同。比較同卵雙胞胎的智能相似度，再去比對異卵雙胞胎的智能相似度，有助於研究者評估基因對智能的重要性。出處：卡斯特羅© Getty Images/Joe Raedle；喬韓森© Getty Images/Steve Zak Photography

表8-1比較數種關係類型，透漏甚多基因與成長方式的相對重要度。

每一項手足類型都有數百對兄弟姐妹接受測試，研究人員評估了雙胞胎在智力和其他特性的相似度。這些研究的結果很驚人。基因似乎在綜合智能上扮演極重要的角色；也就是說，基因似乎影響了百分之五十的智能。

但其他研究方法得出的數據，卻令人質疑此一結論。

2003年時，科學家完成了人類基因組計劃，很多人期待這能讓我們更明確得知哪些基因會影響智能。當然，智能很複雜，我

【表8-1】本表顯示不同的手足類型，以及每種類型的基因及環境相似度。

手足關係	相同基因比率	環境
同卵雙胞胎，一起成長	100	相似
異卵雙胞胎，一起成長	50	相似
同卵雙胞胎，分開成長	100	不同
異卵雙胞胎，分開成長	50	不同
領養的手足	0	相同

有些研究單位（尤其是明尼蘇達大學的實驗室）和數百對分開長大的雙胞胎保持聯繫，當中許多人是因為這個研究才第一次見面。[1]

們也知道這不是找到一、二個基因就能解答的問題，但如果智能有一半是受基因影響，那麼科學家應該能有所發現。不過，針對特定基因有什麼作用的研究，卻大多沒有結果。

2000年代中期，科學家開發出另一種研究技術：「全基因組關聯分析」（GWAS），讓研究人員無需根據提出的假設來決定要檢查的基因組的哪些部分。研究人員分析了許多人（多達數十萬）的整體基因組，並且使用強大的統計技術，找出基因組變異與智能變異的關聯性。用這種方法得出的結果令科學家略為振奮，但仍未找到雙胞胎研究指出的基因影響。與智能相關的基因變異數高達數千個，但每個變異數僅些微增加了統計預測力。整體來看，這些基因變異最多僅影響了智能的百分之二十，而不是雙胞胎研究指出的百分之五十。[3]這究竟是怎麼回事？這包含了幾個因素。

首先，研究人員現在大多認為，個人的基因組對其智能的預測力有很大一部分僅是間接的。我來說明一下這句話的含意：假設我對三十萬人進行GWAS研究，並使用此研究來剖析哪些基因組成與智能較相關或較不相關。我把這個剖析稱為多基因（polygenic）得分，我可以計算每個人的多基因得分，用來預測各人的智能。科學家用這種方法得出了有趣的發現：如果用多基因得分想要分辨一對手足之中哪個比較聰明，預測力會減半。[4]為什麼？

觀察一個人的基因組成和此人的智力時，我們自然會想到直接的關聯，意即（你的基因）→（你的智能）。而基因當然是來自父母。所以當我觀察你的基因組成時，我也（間接地）在觀察你父母的某些部分。如果基因會影響父母的教養方式，那麼有一部分的關聯性實際上是（父母，基因）→（父母，行為）→（你的智能）。多基因得分無法很有效地預測一對手足之中哪一個比較聰明，（相較之下，用多基因得分能較有效地預測一對不相關的人之中何者較聰明），因為多基因得分的預測力有一部分是根據你的基因組和你父母的基因組；父母的基因組影響了他們養育你的方式。

基因組成間接影響智能，也可能是由於人會因自己的基因組成而較易於尋找特定的環境。研究員比爾・狄更斯（Bill Dickens）用以下類比來說明。[5]假設一對同卵雙胞胎在出生時就分開，分別由兩個家庭領養。基因讓他們從小就高人一等，他們也繼續長高。因為個子高，這兩人在家附近打非正式的籃球比賽表現都很出色（見圖8-5）。也因如此，他們要求各自的父母在家裡裝個籃框。他們的球技因持續練習而越來越好，兩人都被選入中學籃球校隊。練習愈多，技巧愈高超，高中畢業之前兩人都已打得很好，也許未來不會成為職業籃球員，但已經勝過百分之九十八的人了。

好，請注意事情的來龍去脈。他們是同卵雙胞胎，在不同家庭長大。所以，如果研究人員找兩人來測試他們的籃球球技，會發現兩人表現都很優秀，而因為他們是分開養育的，研究人員會下結論說，這是基因的影響，他們的籃球才能主要取決於基因。但研究人員可能搞錯了，實際的情況是他們的基因讓他們長得高，而人高馬大的身材

【圖8-5】你會選誰當隊友？出處：©Shutterstock/XiXinXing

把他們推向打籃球這個環境。是練習（環境因素）讓他們籃球打得好，而非基因。受到基因的影響，你會去追尋或選擇不同的環境。

想想看這個觀點能如何應用於智能上。也許基因對於你的智能有些小影響，也許基因讓你在理解事物上快了一點，或讓你的記憶好一點，或讓你在進行認知活動時能更有毅力，或單純讓你更有好奇心。你的父母和老師注意到這一點，鼓勵你發展興趣，也許他們根本沒意識到自己在鼓勵你。他們可能和你談比以往更複雜的議題，使用更廣泛的詞彙。你漸漸長大，越來越覺得自己屬於「聰明小孩」之列。你和其他聰明的孩子交朋友，進入友善但成績頗為競爭的環境。而且，或許基因也不著痕跡的讓你遠離其他種類的探索和嘗試。你可能在認知上反應極快，但在運動方面比他人笨拙緩慢。這一點讓你規避能培養你運動技巧的活動（如三對三鬥牛賽），而選擇待在室內閱讀。

如果這個說法沒錯而基因對智能的影響小於我們原先的猜想，那麼應該很容易觀察到環境直接改變智能的案例。有各種證據顯示確實是如此。例如，原本生活在相對貧困家庭的孩子，若後來被較富裕的家庭收養，孩子的智能就會提升。[6]還有其他的研究顯示，學校教育對智能有很大的影響。一年沒上學的孩子智商會下降。在挪威，學童必須上學的最低時間增加兩年後，人口的智商呈現明顯增加（智商測得的時間是十九歲從軍入伍時）。孩子從原本要求不高、資源較少的學校，轉學到期望較高、資源較豐富的學校，智能也會提升。[7]

或許最具說服力的是弗林效應（Flynn effect）。半世紀以來，好幾個國家的IQ測驗的成績有了大幅增長。[8]舉例來說，在荷蘭，根據軍隊徵兵人員測驗的分數來看，三十年內（1952-1982）分數就提高了21分。在全世界十幾個國家都有發現這種情形，包括美國（見圖8-6）。不是所有國家都有數據（我們需要大量人數來確定這不是個偶發事件），但只要是有數據的國家，都發現有這個現象。

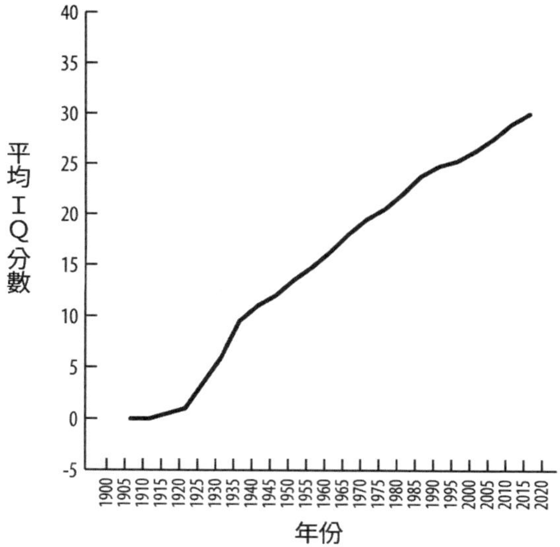

【圖8-6】本圖根據全球可得的數據，呈現1909年至2013年間IQ分數的升高。「弗林效應」是環境對於智能有重大影響的有力證明，因為遺傳學家認為基因庫的變化不可能那麼快，所以並不能解釋IQ的快速變化。出處："One Century of Global IQ Gains: A Formal Meta-Analysis of the Flynn Effect (1909–2013)" by Jakob Pietschnig & Martin Voracek in Perspectives on Psychological Science 10 (3): 282–306, figure 1, p. 285

如果智能多半由基因決定，我們就不可能看

到整個國家的IQ分數隨著時間大幅上升或下降，因為整體的基因庫變化是非常緩慢的。但事實卻又擺在眼前，IQ分數大幅增加，可見增加的幅度絕對不可能是基因變化所導致。IQ分數會增加的部分原因，來自於營養和醫療照顧的改善；部分原因是我們的環境變得比較複雜，人們較常被要求要抽象思考，解決前所未見的問題，恰恰是IQ測驗中要求受試者所解的題目類型。不管原因如何，絕對和環境有關。[②]

為什麼我要用這麼長的篇幅告訴你關於智能的事？因為我們考慮為看起來不太聰明的學生所做的事，會因為智能的本質而有所不同。如果人無法改變智能，如果智能高低取決於基因遺傳而不受環境影響，那麼就沒有必要試圖讓孩子變更聰明。但實際上我們會想要讓學生們憑藉原有的智能盡力而為。教師本來就應該這樣做，但更重要的是，我們應該知道智能是可塑的。智能可以提升。

太棒了！那我們該如何提升智能？

方法說得容易，實行卻很困難。你要累積知識，並且教導學生學習各式各樣學科的相關分析技巧：讀數學、文學、科學、工程等各個學科時，要學習如何陳述並處理問題。

身為老師可以做的另一件事更難以言傳。你該使學生相信智能是可以提升的。

如何看待智能為何那麼重要

假設有兩名學生。菲力克斯好像很在意自己看起來聰不聰明。如果讓他選，他都會選簡單的事來做，確保自己會成功。面臨有挑戰性的事情時，一遇到挫折就會放棄，還會大聲嚷嚷他很累，或找其他的藉口。梅爾則不同，對失敗不那麼引以為意。有選擇的話，他會選沒做過的，即使過程令人洩氣，他好像也很樂於從中學習。面對困難，梅爾不退縮，他會堅持下去，試試新的方法。

毫無疑問的，你的學生之中有的像梅爾，有的像菲力克斯，是什麼造成了他們之間的差異？心理學家卡蘿·德韋克（Carol Dweck）指出，他們對智力的看法是一個重要因素。[9]菲力克斯這樣的學生，相信智能與生俱來，固定不變；也因為智能無法改變，他很在意自己是否得到「正確的標籤」，所以他老是選簡單的題目。菲力克斯對於智能的看法只會讓自己陷入困境，他認為聰明人不需要努力，只要有過人的智能就可以成功。因此，努力無異是蠢蛋之舉。因此，雖然菲力克斯非常在意自己看起來是否聰明，但他卻不允許自己努力以確保成功，因為他認為努力會讓自己顯得愚蠢！

相反地，梅爾認為智能是可以改變的，他相信自己會從學新事物中變得更聰明。也因此，失敗對梅爾來說沒有菲力克斯想得那麼可怕，因為他不認為一次、兩次的失敗就能左右他的能力。要是梅爾失敗，他會覺得是自己不夠用功，還沒學好某個特定主題。因此梅爾覺得他能掌握自己的成功或失敗，因為失敗沒什麼大不了的，再多努力就行了。梅爾認為，承認自己不知道或是答錯沒有什麼好丟臉的，因此他不會刻意選擇簡單的題目；相反地，他比較有可能選擇有挑戰性的題目，因為他可以從中學習。梅爾也不認為努力用功是愚笨的表現，相反地，他認為努力用功充分表現出自己想變聰明的心意（見圖8-7）。認為智能具有可塑性且可以透過努力而改善，這樣的核心信念被稱為「成長型思維模式」（growth mindset ）。

你或許知道，成長型思維模式在過去十年廣受矚目。許多學校自稱為「成長型思維模式學校」，還研發出課程，幫學生培養成長型思維模式。教師也受到勸說（有時甚至是強烈要求）要在課堂上表現出成長型思維模式。這些作為是否有成效？

這個問題可分為兩個部分。首先，這個理論是否正確——相信智能具有可塑性就能促使人設定更有抱負的目標、減少對失敗的恐懼、最終獲得更多的成就嗎？第二點，若這個理論是正確的，那麼我們是否能使學生養成成長型思維模式？

有充分的數據證明這個理論是正確的。最具說服力的證據

【圖8-7】你可以想像和菲力克斯一起去酒吧參加益智問答；他只挑簡單的問題來回答，但會大聲喊出答案，讓自己更有機會顯得聰明。相比之下，梅爾可以每一題都會用猜的，就算答錯也不太在意，但很想要學到新知識。你會怎麼玩？出處：© Getty Images/Jim Donahue.

來自經濟合作暨發展組織（OECD）進行的一項大規模研究。每三年，OECD對十五歲的學生進行閱讀、數學和科學測驗。2018年，OECD向來自七十四個國家的學生詢問了一系列問題，內容與他們如何看待學校教育相關，包括問學生是否同意以下陳述：「你無法大幅改變你的智能。」回答「不同意」或「強烈不同意」的人被歸類為具有成長型思維模式。

正如理論所預測的，有一些傾向與成長型思維模式正相關，包含學生自述的堅持任務的傾向、設定更有抱負的學習目標的傾向、以及更為重視學校教育的傾向。與成長型思維模式負相關的，則是對學業失敗的恐懼。當然，學生的期望和態度可能因家庭收入而有不同，因此研究人員透過統計方式，把社經地位的影響排除於此份研究之外。[10]

這只是初步研究，但研究人員發現了這些相關性，而眾所皆知，我們不該因為有相關性就輕率地下結論。舉例來說，你的課業表現較好，或許不是因為你相信智能具有可塑性，而是你因為課業表現好，所以才覺得成長型思維模式挺有道理的；你會開心地想著：「我的表現那麼好，都是因為我努力用功才變得更聰明」，而表現不好的人則會想著：「這真的不是我的錯——我天生就不聰明。」

要了解成長型思維模式是否有助於孩子的課業表現，我們需要進行實驗——要找一大群人，從中隨機選幾個，賦予他們成長型思維模式，然後看看他們是否能堅持完成困難的任務、成績是否更進步等。

有幾項嚴謹的實驗顯示了這種成效。其中一個實驗的測試對象，是六千三百二十位成績低落的九年級學生，他們來自具有全國代表性的多所美國中學。[11]每一組的學生都要上完兩次各二十五分鐘的線上課程。成長型思維模式的介入包含了三個重點概念：（i）努力嘗試或尋求幫助並不表示你很笨；（ii）失敗不是因為你的能力低落，而是因為經驗不足；（iii）不必擔心因為失敗或表現出無知會讓你「看起來很愚蠢」。對照組接受的線上課程則是與大腦結構相關。

相對於對照組的學生，成長型思維模式組別的學生在九年級期末獲得了較高的平均成績，並且有更多在十年級開始時選擇較難的數學課程。這些效果很小，但起因僅是短短一小時的線上體驗，所以能看得到效果就已經令人十分驚訝。你或許會覺得難以相信效果會那麼好，但在挪威以人數相近的學生做這個實驗，也得到了相似的結果。[12]

為學校或班級設計的成長型思維模式課程卻並非總是有效。2020年我書寫至此的時候，這類課程都尚未經證明，也尚未準備就緒。要開創成長型思維模式的班級課程困難得多，因為課程必須足夠靈活，以適應課堂的實際情況，比如教師可能以不同的方式教這個課程，課程可能會被火警演習中斷，或因為有其他要事而取消課程……諸如此類的。成長型思維模式的線上課程就容易掌握得多，但即使是線上課程也要經歷好幾年的反覆測試和修訂。所以，想要得到可靠的成長型思維模式的班級課程，可能還得再等等。

最後我還有一點想法。成長型思維模式提供了一個經驗教訓，讓我們知道可以利用科學來改善教育。懂科學的人一開始就知道成長型思維模式不會顛覆傳統。它不會有巨大的效果，而是用以改善動機，而動機顯然有許多構成要素，不只包含你對智能的看法而已。還有，能受益的是未具備成長型思維模式的孩子，而前面引用的OECD數據顯示，在許多國家，十五歲的孩子已經具有成長型思維模式（見表8-2）！這項研究最有前途的部分是它的

【表8-2】接受OECD測驗的十五歲學生當中，表現出成長型思維模式（不同意「你無法大幅改變你的智能」）者所佔的百分比

大於60%	40%到60%之間	少於40%
英國	俄羅斯	波蘭
美國	新加坡	黎巴嫩
加拿大	義大利	菲律賓
日本	斯洛伐克共和國	印度尼西亞
芬蘭	智利	科索沃
德國	土耳其	巴拿馬

這些並非完整清單，只是取樣的部分國家。出處：Data from OECD (2019), PISA 2018 Results (Volume III): What School Life Means for Students' Lives, PISA. Paris: OECD Publishing, figure III.14.1, p. 202

成本很低廉——不需要新的設備或僱用更多的老師，只需要以不同的方式與孩子們談論智能。但是過份炒作掩蓋了研究人員的分析（得幫他們說說話：研究人員試圖要大家別抱太高的期望），許多老師也對成長型思維模式感到十分厭倦。[13]話雖如此，教育工作者仍可從這項研究中獲益許多，不要當它是應用不當的例子。

總結

你偶爾會聽到有人說「智力測驗只能測出一個人是否擅長考智力測驗。」這麼說並不對。智商能預測一個人在學校和職場的成功。過去好幾年，研究人員認為大約一半的智能受基因影響，

另一半受環境影響。但近期的研究則指出，環境的影響比先前的估算要重要得多。也有充分的證據顯示，智能是可以提高的，而且受教育能讓人更聰明。但要提升智能確實需要努力，而孩子要是知道用功會帶來回報，也就是說，孩子要是相信用功可以讓自己變得更聰明，就會更願意努力。

課堂上的應用

我們能為學得慢的孩子做些什麼？本章的重點在於強調學得慢不等於笨。[3]學習緩慢的孩子其潛能大概和其他學生相去不遠。智能是可以改變的。

這個結論並不是說這些學生可以輕鬆趕上。學得慢的學生可能和聰穎的學生擁有相似的潛能，但他們的知識、動機、面對學業挫折時的毅力、對學生身分的自我定位大概都不相同。他們能獲取的校外資源或許也不相同。我完全相信這些學生能夠有卓越表現，但不可否認的，到目前為止情況並不理想。要幫助學習緩慢者進步，第一步就要令他們相信自己能做得到，接下來我們必須試著說服他們這麼做是值得的。

依照成長型思維模式理論所提的方式與學生談論智能的特性，但別妄想只要這麼做就能帶來巨大的轉變

這個建議很奇怪，因為我在前一節還說這是沒有科學證據的事呢。讓我解釋我建議你做什麼，然後我會說明這有什麼奇怪，再然後我會告訴你為什麼我仍認為你應該嘗試聽從我的建議。

我要說的重點是：老師與學生談論智能時，所使用的方式要能促進成長型思維模式。要讓學生認知他們能掌握自己的智能，尤其要讓學生認知可以透過努力來開發智能。這種談話有三個要素。

第一，老師要讚美的是過程而不是能力。學生成功時，你不要說：「哇，你真聰明！」這麼說會傳達的概念是：智能有個實體，也就是學生本身（而不受學生掌握）。老師別讚美能力，而是讚美學生做的事。學生承擔有挑戰性的任務，或面對困難卻堅持不懈，或對工作負責，這些時候，不論成功與否，都應該給學生讚美。

第二，要鼓勵學生尋求反饋。人都需要誠實、有內容的反饋，才能進步。因此，老師不能只說：「你上台報告如何解今天的數學挑戰題，為此付出許多心力，我很高興！」應該再加上像這樣的反饋：「你報告解題步驟的順序很清楚，但我覺得你畫的圖表會讓部分同學感到困惑。讓我解釋我為什麼這麼說。」

第三，學生必須養成習慣，一旦出錯就要尋找新策略，並透過尋找而變得更能臨機應變。例如某學生沒畫好圖表，怎麼辦？他是否具備足夠的繪圖知識，能想出別的方式來畫圖表？如果不能，他是否知道哪裡可以找到樣本，或是可以向誰請教？

卡蘿・德韋克（Carol Dweck）提出以上三個建議，給想要鼓勵成長型思維模式的教師。那麼，我建議你做這三件事，這有什麼奇怪的？我已經說過，許多學校試圖將這些策略制度化，卻大多無效。對此研究的分析評論有提出幾個成功案例，但失敗的案例居多。[14]

此外，德韋克自己也擔心，執行這些建議的方式經常有誤。2015年時，她在某份教育報上發表了一篇觀點文章，對此情況表示沮喪。[15]她指出，最常見的錯誤是讚美努力……然後就此打住。這樣的讚美實際上傳達了完全錯誤的訊息。假設學生解不出一道數學題，而老師說：「好吧，但你的確認真嘗試過了，這一點很不錯。」這樣的讚美暗示了沒有必要繼續努力。這就好像學生只不過是嘗試過了，老師就因此口頭上給他個安慰獎或參加獎，但這似乎表示：「不用繼續努力了，因為你可能永遠做不到。我們就當你已經做完了。」

儘管如此，我仍贊成用成長型思維模式的文獻所提出的方式與孩子談論智能，尤其要注意包含德韋克建議的三個要素，缺一不可。智能、成敗的原因、失敗時該怎麼辦——這些都是課堂裡無法迴避的話題。教師應盡量根據已知事實與學生談論智能。成長型思維模式沒要老師高談闊論；你可以告訴孩子：「你可以變得更聰明，但你必須努力、尋求反饋、並嘗試新事物。」

成長型思維模式很值得一試，因為不必付出額外的代價，說的都是你在課堂中本來就會談到的話題，只是改變了談論的方式。這簡單易行，而學生可能會從中得到些微的提升。

別忘了給學生挑戰

成長型思維模式能幫學生準備好面對什麼？成長型思維模式旨在讓學生能以正面的態度面對挑戰。所以別忘了要給學生挑戰！

智能來自學習新事物。頭腦中原始處理的速度無法加快，但可以學習新的知識和解決問題的新方法。只要多練習，就能自動回想起這些知識，而且以前解決過的問題若以不同的樣貌出現，一眼就能認得出來。

你的學生要變得更聰明，主要的方法就是多做練習。你已經聽無數人說過「設定高期望」。我希望本章能讓你更深入理解這一點為何如此重要。如果學生做的事沒什麼雄心壯志，那麼就只是在原地踏步。

明確告訴學生一分耕耘、一分收獲

稱讚努力而非能力會傳達出不言而喻的訊息：智能掌握在

自己手裡。沒道理不把這件事情明白講出來，尤其當孩子升上高年級時。告訴你的學生有名的科學家、發明家、作家和其他「天才」是多麼努力才那麼聰明的；但更重要的，把這個道理融入至學生的作業中。如果學校裡有學生吹噓自己都不念書，打破這樣的迷思，告訴他們學校裡大多數表現優異的學生都很努力。

說服學生這個道理不見得容易。我曾有位學生是橄欖球隊員，花很多時間在球場練習，留給學業的時間所剩無幾。他把自己的爛成績歸咎於自己是個「四肢發達、頭腦簡單的草包」。以下是我和他的對話：

筆者：你們球隊裡有沒有哪個球員是天生好手，但是從來不認真，練習還會偷懶的？

學生：當然有。每個球隊裡都有那種人。

筆者：其他球員會尊敬他嗎？

學生：當然不會，他們覺得他是個傻瓜，因為他明明有天分，卻不好好發揮。

筆者：但大家不會因為他是最佳球員而尊敬他嗎？

學生：他不是最頂尖的。他還不錯，但很多球員都比他更好。

筆者：課業也是一樣的道理，大多數人都必須非常用功。的確有些人不需要非常努力就能應付，但這種人不多，且這種人也得不到別人的認可或尊敬。

學生應該預期會遭遇一些困難的任務，會感覺很痛苦。這不一定不好；不習慣困難可能會讓人覺得很糟，但困難也能帶來滿足感。我們可以再次用體能訓練作類比。剛開始嘗試健身時，大概只能把運動的辛勞視為不適感。但是等到比較習慣了，就會感覺不一樣。健身依舊很辛勞，但變成一種會帶來滿足感的辛勞。同樣的，課業表現好的不是那些憑藉聰明就不需要用功的人，而是可以在辛勞工作中找到滿足感的人，他們之所以可以如此獲得滿足感，或許是因為他們克服剛起步時的那種「唉呀，我想放棄了」的心態。

視失敗為學習的必經歷程

如果你想提升智能，就必須挑戰自己，也就是要承擔一些超乎你能力所及的任務，換言之你很有可能失敗，至少是第一次。而害怕失敗，很有可能就是面對此事的最大障礙，但是失敗不該是什麼大不了的事。

我大學畢業後的第一份工作是國會議員辦公室的助理。我不太常看到大老闆，也還蠻怕他的。我記得很清楚，第一次我做了某件蠢事（我已經忘了是什麼事），引起他的注意。我囁嚅著道歉，他看著我好一陣子，然後說：「孩子，只有一種人不會犯錯，就是無所作為的人。」這句話讓我徹底釋懷，不是因為我躲過了一頓罵，而是因為我第一次真的瞭解到，如果你想有所作為，就一定要學會接受失敗。籃球巨星麥可·喬丹是這麼說的：「我的職業生涯中沒投進的球超過九千顆，輸掉的比賽將近三百場。我有二十六次身負重任要投事關勝敗的那一球，但卻失準沒進。我這一輩子經歷過一次又一次的失敗，所以我才能成功。」

營造出「失敗縱然不討喜，但並不丟臉，也不全然是負面的」教室氣氛。我見過一些班級裡的老師，指正學生犯錯時，遣詞用字會很小心，會因此不知不覺變得態度生硬。如果老師會因為學生犯錯而覺得不自在，學生或許也感受得到。這種不自在感會令學生覺得自己犯了很糟糕的錯，而老師是想讓他別太丟臉。

老師別這麼做，應該要據實處理學生犯的錯，看看會是什麼感覺。失敗並不好玩，但它代表會學到東西，會發現自己原來有不懂或不會做的事。最重要的是，以身作則，將這種態度傳達給學生。如果你失敗了（誰不會呢？），讓學生看見你採取的是正面積極、從中學習的態度。

讀書技巧並非天生就有

列一張表，寫下你要學生在家做的所有事情。想想看這些事情當中是否包含其他任務；問問自己，還在努力加強的學生是否真的知道該怎麼做。如果你的學生是年紀大一點的，當你宣布明天要小考，你會假設學生考前會念書。但那些學習緩慢的學生真的知道該怎麼讀書嗎？他們知道該怎麼評估讀過、聽過、看過之不同內容的重點嗎？他們知道準備考試該讀多久的書嗎？（我在大學裡教的低成就學生，常常抗議他們得到的成績太低。他們告訴我說：「但是我為了這次考試，念了三、四個小時的書！」據我所知，高分群的學生大概都讀二十個小時。）你班上學習緩慢的學生真的知道規劃安排時間的小撇步嗎？

對那些回家功課開始有點份量的學生來說（在許多學制當中差不多是十二歲），這些考量特別重要。當回家作業不再只是「從你家的庭院或公園帶三顆石頭來學校」，而變成「讀完第四章，回答文後的偶數題」的時候，多數學生都得調適一段時間。課業變得繁重之後，所有學生都得學習新技巧，包括自律、時間管理、想辦法（比方說，知道被難倒時該怎麼辦）。已經落後的學生回家自己做功課時，困難本來就有增無減，他們在學習這些技巧時也比較慢。不要理所當然地認為學習緩慢的學生會擁有這些技巧，即使他們以前早該學會了。我敢說，直到上大學、見過教授，大多數學生還不知道如何有效閱讀教科書、準備考試、安排行程等事務。他們不是靠這些技巧而上大學，而是上了大學卻依然欠缺這些技巧。

趕上同儕是「長期」目標

對於學生要花多少力氣才能趕上，我們必須實際一點。我在第二章指出，我們知道得愈多，學習新事物就愈容易。因此，如果學習緩慢的學生知道的比那些聰穎的孩子少，他們學習的步調當然無法和聰穎的孩子一樣；硬是那樣要求，只會讓他們持續落後！要趕上同儕，學習緩慢的學生必須比聰明的學生更用功。

我會把這個情況比擬為節食減重。為了達到目標體重，要長時間保持毅力頗為困難。節食的問題，就是必須一再重複作出艱難的選擇；而每一次我們作了正確的選擇，也不會馬上得到我們應得的體重減輕作為獎勵！節食者要是作出一、兩次錯誤的選擇，感覺就好像失敗了，然後就會乾脆放棄減重。許多研究指出，最成功的節食並不是飲食控制，而是生活型態的改變，經年累月每一天都做到。比方說，不喝全脂牛乳，改喝低脂牛乳；或是帶狗去散步，而不是早上讓狗自己出去；或是喝黑咖啡，而非拿鐵。

要幫助學習緩慢的學生趕上，最好設定做得到又明確的中期目標。這些目標可能包括每天在作業上投入固定時間、閱讀新聞週刊、或每週用線上串流看一部科學或歷史紀錄片。當然，可能的話請家長幫忙督促會是很大的助力。

目前為止，我們全部的注意力都放在學生的心智上，但理所當然，學生不僅會使用心智，還會使用工具，我們該問：這些工具對學生的思考產生了什麼影響？過去十年以來，隨著數位科技變得隨手可得，這個問題也變得格外要緊。下一章我們一起來探討科技如何影響學生的思考。

問題與討論

1. 請想想你的學生，當中哪幾位課業學習最困難？他們有的可能只是覺得自己沒那麼聰明，有的則可能認為自己的聰明類型與學校重視的類型不同，而是「常識豐富」之類的聰明。這類學生在課業以外的哪些方面有成就？這些成就是否需要智能？你認為這些學生是否擁有能讓功課變好的那種聰明？如果你認為是，該如何說服他們也這麼認為呢？
2. 需要注意的是，我在本章假定了學校教育的價值。我所提出的智能觀點與智商密切相關，智商又與學校教育緊密相關，這並非偶然；智商起初就是一種測驗，用來預測學生在校的表現。若是根據智能的這種定義，那麼毫不意外，愈依照學校的課業要求做事，學生就會愈聰明。這是看待智能的主流觀點，但並非看待學校的主流觀點。有些家庭認為學校該幫孩子準備好面對實際生活，有些家庭則認為學校應該盡量增進孩子的潛力。這些是否會改變我們對於培養學生智能的看法？

3. 老師必須向學生說明智能是可塑的，但學生的家人可能不是這麼對他們說的。我們如何讓家長與我們口徑一致向孩子傳遞這個訊息呢？
4. 文化若能使人更聰明，那麼我們該如何推波助瀾呢？一方面，研究證明有一些政府資助的文創事業確實可以增進孩子們的聰明——電視節目《芝麻街》就是一個例子。你或許想象得出來，有些電玩遊戲、電影和智慧手機程式也想要達到相似的效果。另一方面，把政府資金用在這些方面卻會讓一些人感到不安。你對此有何看法？
5. 我在本章已經說過，弗林效應的解釋之一是：文化若對於認知能力變得更具挑戰性，例如社會上有愈來愈多的資訊經濟的工作帶給員工各種千變萬化的難題，這時候，智能便會增加。你是否能想像，隨著數位工具變得更加精密，智能增加的趨勢會發生逆轉？例如，我們已知在使用GPS時，人們就不會知曉所在城市的佈局。日益增加的數位工具是否會使我們免於從事需要認知能力的事情，也因此可能讓我們變笨？
6. 我們如何看待他人的智能，必然會影響我們如何看待他們的成就。例如，從任教幾年之後開始，我改考卷申論題時就不去看考生的名字，我發現，等到我比對考生姓名和申論題分數時，常會對某個學生的申論題回答水準感到驚訝。我印象深刻的是，這種評分方式常令我意外，我開始思考，我自認為對某學生的了解可能影響了我對其答案的評分。這又令我猜想我的看法也影響了我在課堂上與學生互動的方式。教師無可避免會對學生有些看法；這些看法在什麼情況下可能會影響你的教學？你可以如何因應？

【參考書目】

大眾閱讀

1. Dweck, C. (2017). Mindset: Changing the Way You Think to Fulfil Your Potential. New York: Random House. 卡蘿・杜維克的研究相當重要，讓心理學家瞭解一個人看待智能的心態，在學習及學校教育中扮演著什麼角色。本書概述了她的研究，且包含最近更新的內容，好讀易懂。

2. Nisbett, R. E. (2010). Intelligence and How to Get It. New York: Norton. 此為智能相關文獻的摘要，雖然有點過時，但仍很有用，內容偏向淡化g（綜合智能）的重要性，並突顯環境的影響。

3. Ritchie, S. (2016). Intelligence: All that Matters. London: John Murray Learning. 此文獻適合當尼斯貝特（Nisbett）書籍的參考書，也審慎遵循科學事實，但解讀方式則較有利於g（綜合智能）。

4. Segal, N. L. (2012). Born Together—Reared Apart: The Landmark Minnesota Twin Study. Cambridge, MA: Harvard University Press. 這本書的重點是明尼蘇達大學一項長期研究，研究的主要核心在一百三十七對出生即分離的雙胞胎。如果你不介意讀一些統計數據，會發現這本書以很全面、可靠的方式處理一件非常複雜的科學問題。

5. Stanovich, K. E. (2009). What Intelligence Tests Miss. New Haven, CT: Yale

University Press. 此文獻試圖區別智能與一般所謂的常識。很少數研究人員探討過此一問題，作者斯坦尼奇（Stanovich）提供了一個有趣的觀點。

專業文獻

1. Carr, P. B., & Dweck, C. S. (2020). Intelligence and motivation. In: The Cambridge Handbook of Intelligence (ed. R. Sternberg), 1061–1086. New York: Cambridge University Press. 關於德韋克（Dweck）理論的最新摘要。

2. Carroll, J. B. (1993). Human Cognitive Abilities: A Survey of Factor-Analytic Abilities. New York: Cambridge University Press. 本書彙整了Carroll大量蒐集的測驗資料文獻，從這些資料中歸結出智能的階層模型，最頂點是g，往下則是更確切的能力。

3. Kuncel, N. R., & Hezlett, S. A. (2010). Fact and fiction in cognitive ability testing for admissions and hiring decisions. Current Directions in Psychological Science, 19(6), 339– 345. 有數據指出標準化認知能力測試可以預測在學校和職場的表現，此篇文章檢視了相關數據。

4. Lazar, I., Darlington, R., Murray, H., et al. (1982). Lasting effects of early education: a report from the Consortium for Longitudinal Studies. Monographs of the Society for Research in Child Development, 47(2–3), 1–151. 本研究和許多其他研究一樣，顯示環境干預（例如學校教學的改變）對於認知能力會有很大的影響。

5. Maher, B. (2008). The case of the missing heritability. Nature, Personal Genomes,456, 18–21. 此份報告通常被認為是經典之作，說明無法將雙胞胎研究之中觀察到的遺傳性轉譯為直接的生物路徑（biological pathways）。

6. Neisser, U., Boodoo, G., Bouchard, T. J., et al. (1996). Intelligence: knowns and unknowns. American Psychologist, 51(2), 77–101. 美國心理學會任命之專門小組對於智能的正式說明，對於這個概念提供合理的定義。

7. Plomin, R., & von Stumm, S. (2018). The new genetics of intelligence. Nature Reviews Genetics, 19, 148–159. 有些人認為智能有很大部分是遺傳所致，這種想法最引人注目的倡導者之一正是羅伯特・普洛明（Robert Plomin）。

8. Yeager, D. S., Romero, C., Paunesku, D., et al. (2016). Using design thinking to improve psychological interventions: the case of the growth mindset during the transition to high school. Journal of Educational Psychology, 108(3), 374–391. 有些干預能在幾個班級中奏效，但實施規模擴大時卻失敗了，這種情況很常見。此份報告提出了正式的方法來處理這種狀況，並成功對三千多名學生實施了成長型思維模式的干預。

9. Yeager, D. S., & Walton, G. M. (2011). Social-psychological interventions in education: they’re not magic. Review of Educational Research, 81(2), 267–301. 此篇文章極具影響力，探討為何某些很短期的干預可能會影響長期結果，例如各科成績平均積分點（grade point average）影響課業方面的堅持度。

注釋

①該專門小組是在《鐘形曲線》（The Bell Curve）一書出版後組成的。《鐘形曲線》出版於一九九四年，極富爭議，書中宣稱不同種族在IQ測驗的差異主要是由基因造成，簡言之，有些種族天生就比較聰明。美國心理學會認為書中以及回應該書的諸多文章內，充斥著對於智能的錯誤資訊。召集這個專門小組的目的就是要提出概略的聲明，描述當前對於智能的真正瞭解。

②在一些高度開發國家，弗林效應正在減緩，甚至逆轉。研究人員將這

些效應也解讀為環境的影響。參見 Bratsberg, B., & Rogeberg, O. (2018). Flynn effect and its reversal are both environmentally caused. Proceedings of the National Academy of Sciences 115 (26): 6674–6678。

③這並不表示某些學生沒有特定的學習障礙，也不表示某些學習障礙大半受到基因影響。

第 9 章

新科技如何增進學生的學習？

問 如果你教書超過五年，應該多少聽過有人這麼說：

- 「我們要用iPad進行一對一教學。」
- 「你的學生都應該要發微網誌（microblogging）。」
- 「我們要在你的教室安裝互動式白板。這是說明書。」
- 「寫程式就是新式數學。」
- 「我們快要有3D印表機了。大家想想看要拿來做什麼。」
- 「你是否考慮過翻轉教室？」

可想而知，每次教育科技有「重要創新」，老師就會提高警覺。但科技能提升生活，這一點是無庸置疑的。你要如何判斷哪些科技相關的說詞是合理的？

答 本章的指導原則是：

科技改變一切……但非你想的一樣（科技沒改變你的思考方式）。

我們在本章要從不同的角度來看待認知。到目前為止，我們審視了個別的心理歷程——例如工作記憶、學習或注意力——然後試圖將這些知識應用於合適的教學活動。科技應用於教育則恰恰相反；先從教學活動開始，例如發給學生筆記電腦，或將作業置放在雲端平台，然後才試著預測這些對認知有什麼影響。

因為一開始就進行教學活動而不是先思考心理歷程，所以我們的確可以直接測試這些教學活動是否有效；例如，先選擇二十個班級發給學生筆記電腦，另外找二十個相似的班級不發給筆記電腦，六個月後比較學生的學習情況（或動機、態度或其他預期會改變的項目）。我們無需了解學生的心理歷程如何受到影響，因為說到底，發筆記電腦要不就是有幫助，要不就是沒有幫助。我們就只想要知道這一點。

如果是已有人嘗試過的新科技產品，這種方法也無可厚非。但不斷有新科技產品出現，有時我們需要在採用某樣新品之前，就先知道會不會有幫助。我們是否可以找出一種模式，便於判斷過去有哪些新科技產品奏效、哪些無效呢？

我們通常會自以為可以。當有人提出新科技產品的介入措施時，我們會加以審視，心想：「學生會如此這般地使用新科技產品，接著會以如此這般的方式影響他們的學習……」這些猜測有時候是強烈的直覺，以至於感覺顯然不會錯，甚至讓人覺得不光只是猜測。但當然，這些猜測可能是錯的，特別是因為像「用筆記電腦實施一對一教學」這樣的干預措施會為學生的心理歷程帶來很多改變，而且這些改變全都難以預料。這樣的問題在教育科技領域造成很多麻煩。

本章的指導原則——「科技改變一切……但非你想的那樣

（科技沒改變你的思考方式）」——有兩種含義。這句話意味著科技改變了很多的認知歷程，但不一定是如你預測的那樣。這句話也可以指一句普遍的感歎，你或許也聽過：「科技改變了一切！」的確如此，但科技並沒有改變你的思考方式，或者也可以說，沒有改變你的心智運作方式。我們就從這一點說起。

科技改變一切，1.0版：科技影響大腦

我的小女兒十三歲，她常常充當我和妻子的技術顧問。最近我的iPhone無法連接到家用網路，我根本沒想要弄清楚原因，而是立刻尋求技術支援（意思是，我朝著樓上大喊）。如果你是家長，而且小孩超過十歲，應該很能理解我為什麼這麼做。現今的孩子似乎對科技擁有第六感。

但其實並非如此。

早從上個世代以來，就有人認為當代的年輕人都是科技通。馬克・普倫斯基（Marc Prensky）在2001年發表的文章宣傳了這樣的概念，他在文章中使用了「數位原住民（Digital Native）」和「數位移民（Digital Immigrant）」兩個詞，[1]前者指的是成長過程中有著各種數位科技用品的孩子，也因此這些孩子能像原住民「說本土語」一樣理解數位科技。對比之下，成年人或許會使用科技工具，但使用起來無法像「數位原住民」那麼自在。普倫斯

基指出，兩者之間的差異反映出孩子們思維方式的深層變化：

「現在我們可以清楚知道，由於數位科技無所不在，也由於學生與數位科技的互動那麼多，所以現今的學生，在思考和處理資訊方面，與以前的學生相比，都有根本上的不同。這些差異的影響深遠，大幅超過多數教育工作者的猜測或理解。」

這聽起來頗為可信，但實驗並未證實此一觀點。例如，2006年時，研究人員詢問墨爾本大學的準新生們關於他們使用科技的情況。研究人員發現，學生能自在地使用的科技工具並不多，使用的方式也很有限。例如，學生們會上Google查資料，但大多數學生從未登入社群網站，即使當時MySpace正如日中天，每天都有二十萬名新用戶註冊。[2]

還有一些以教師為對象的調查，也得出了類似的發現。例如，在一項研究中，研究對象是出生於1984年至1989年之間（這樣才符合數位原住民的定義）且第一年擔任實習老師的芬蘭人，研究人員請他們設計一個能有效利用資訊和通訊科技的課程。[3]他們設計的課程通常會利用收集資訊和做簡報的科技工具，卻沒用到同儕交流、分享或創造內容的科技工具，而這些正是許多人以為數位原住民天生就會使用的新生代技能。

能否自在使用科技，取決的是所處的環境，而不是出生的世代。青少年會有動機想要理解和使用同儕都在使用的平台和設備，而同儕通常也願意教導。有些青少年會養成對於科技工具的興趣，但大多數青少年學到像我女兒一樣的程度後會就此打住，熟練iPhone技巧、Instagram妙招，也能善用學校要求使用的數位工具就夠了。

「數位原住民」概念的設想，是數位科技對孩子的大腦產生了正面的（或至少是不好不壞的）改變。另外有人則提出這些改變是負面的，尤其是對注意力造成的影響。他們指出，使用數位設備的人常需要快速轉換注意力。例如利用掃讀（scanning）而非閱讀（reading）來瀏覽網路文章，或同時開啟好幾個應用程式進行多工（multitasking ），玩動作電玩時需要經常轉換注意力，而相較於二十五年前，現在電視節目的剪輯切換和對話都變快了。根據此一論點，注意力的快速轉換會變成習慣，導致學生無法長時間集中注意力。

這個觀點聽起來也很合理，尤其是我們想到孩子花那麼多時間在數位裝置螢幕的相關活動。2019年的一項調查指出，九到十二歲的孩子平均每天螢幕使用時間將近五小時，青少年則超過七小時。[4]

孩子們雖然大量接觸數位螢幕，大腦卻沒受到嚴重的影響，不然我們會看到的後果，應該比無法專注更加嚴重。無法專注會影響大部分你想得到的高階思維過程，包含閱讀、數學、問題解決、推理等。沒錯，大腦具有可塑性，會受影響而改變，但這種改變必然是有限的，像專注力這種對思考如此重要的事物，似乎不太可能會發生很深遠的改變。

更重要的是，數據顯示，注意力並沒有改變。長達數十年期間，科學家對大量的受試者進行注意力測量，現今得出的結果與數位時代之前的觀察差別不大。（見圖9-1）

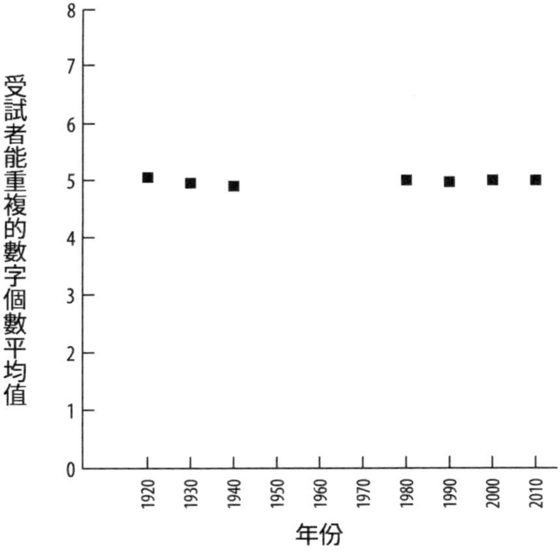

【圖9-1】在反向數字廣度任務（backward digit span task）中，受試者會聽到一組數字，例如「七、三、一」，然後必須倒著重複這些數字。如果回答正確，就會增加一個數字，就這樣持續進行，直到受試者犯錯次數達到規定的數量。如圖所示，人們可以重複的數字平均約為五個。重點是：此一平均值多年來都沒有改變。出處："The magical numbers 7 and 4 are resistant to the Flynn effect: No evidence for increases in forward or backward recall across 85 years of data" by G. E. Gignac in Intelligence 48: 85–95. Copyright © 2015. Reprinted with permission from Elsevier

關於數位科技如何影響孩子的認知還有第三個普遍的猜測：孩子經常在同一時間做好幾件事，因而變得擅長多工，更準確的說，孩子多工時表現最好。大人經常告誡孩子不要多工：一次做一件事情，要專心！但大人認為專心比較好，是因為不擅長多工，而大人不擅長多工，是因為沒有從小開始練習。這是此一論點的說法。

這個論點有一小部分說得沒錯。年輕人比年長者擅長多工。但原因不是年輕人的多工經驗豐富，而是工作記憶容量較大的人較擅長多工，工作記憶容量在年紀二十出頭時達到最佳狀態，之後就會變差。但經常多工並不表示能在各種情況下都擅長多工。真要說的話，相較於不常多工的學生，經常多工的學生可能在調節注意力上略遜一籌。

還有，覺得「一次專注一件事，表現會比較好」的人（不論年輕或年長），他們想的沒錯。原因或許不太直觀：人其實無法同時注意好幾件事。有些人或許會自以為可以，但實際上只是不斷在幾件事之間切換注意力。

在一個經典實驗中（見圖9-2），受試者看一對數字和字母的組合，例如「W6」。這樣的刺激物會出現在四個象限之一，在上方兩個象限時，受試者要注意的是字母（並區分是母音或子音），若出現在下方兩個象限，受試者要注意的是數字（並區分是奇數或偶數）。[5]受試者回答後，在別的象限中會出現另一對數字和字母的組合。相較於重覆原本的區分任務，當切換了區分任務時（例如，受試者剛才區分的是奇數或偶數，現在切換成必須

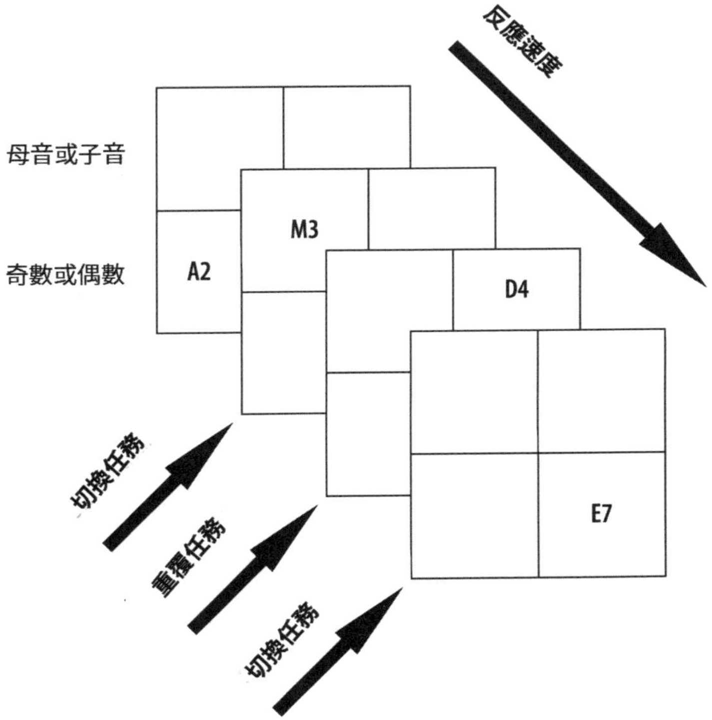

【圖9-2】這是典型的實驗，可用來測驗任務切換。出處：© Greg Culley

區分母音或子音），需要的反應時間會增加大約百分之二十。

區分任務一旦改變了，就需要額外的心智步驟：重設目標（忽略原本注意的數字，切換成注意字母）並記住規則（如果是母音就按左鍵，如果是子音就按右鍵）。這個實驗特別有趣的一點是：受試者會自以為可以同時記住兩個規則。這正是多工的重點：同時記得並做到兩件事。但實際情況是，即使兩個任務都很簡單，人也無法同時記住。

因此，若學生一邊寫關於奧古斯特・威爾遜（August Wilson）的戲劇《圍籬》（Fences）的分析報告，一邊和朋友傳簡訊，他就必須不停切換注意力。實驗中區分字母和數字的任務每次切換時都需要重新設定目標，同樣的，這位多工的學生也必須要切換思緒，切換寫作內容的形式，也切換打字方式。

但學生若只是稍微多工，情況會是如何呢？常有學生會在讀書時開著電視或播放音樂，並且說：「我甚至沒注意到電視或音樂的聲音，這些只是背景噪音而已。」

諸多實驗一致指出，電視開著時，即使學生聲稱自己沒在注意電視，他們的閱讀或其他認知工作的效率就會降低——這表示他們確實受影響而分心，至少會斷斷續續地分心。但音樂的影響卻比較複雜。音樂會造成分心，在音樂和讀書之間切換注意力是要付出代價的。但是音樂也能給人活力和提振心情。也因此許多人運動時會聽音樂，以前工廠生產線也常有播放音樂。是否該一邊聽音樂仍需權衡，這是因為相關研究文獻指出聽音樂多工是好壞參半：音樂有時似乎能提升表現，有時則是降低表現，或是沒有影響。這一切都取決於要在「音樂給人活力」的好處和「音樂分散注意力」的代價之間取得平衡。

這改變了一切，2.0版：科技對課堂的影響

我大約十歲時很喜歡地圖，或更精確地說，我喜歡的是在家庭度假時被父母指派負責看地圖，以確保我們的車子不會錯過轉彎。這份任務其實沒有我想得那麼重要，因為我們的長途旅行通常只是在單一條州際公路上行駛好幾個小時，但即使到現在，我都覺得自己是領航員。當然，那小小的樂趣現在已經不存在了，因為現在車子裡有個箱型、只有聲音沒有身體的女士會發號施令來指引方向。

紙本地圖在2000年代中期被淘汰，當時這是多麼令人震撼，現在卻很難回想得起來。大約在同時期，數位相機變得很普遍，而那些可供顧客交付底片、隔天取件的照片沖印站也開始式微（見圖9-3）。人們也不再需要打電話給旅行社，因為大家都可以自行上網訂機票。

攝影、地圖和旅行是2000年代中期數位科技顛覆原有產業的三個常被提到的例子。許多專家也拿教育作出模糊但令人不安的類比：科技將徹底改變教室，而且教師可能會被淘汰。許多專家建議教師要接納科技，藉此為無可避免的改變做出最佳的準備。

這場數位革命之前，學生們只能從當時的科技得到些微的好處。但新的科技設備能為學習帶來的好處非常明顯，幾乎不需特別說明。舉例來說，若每間教室都有互動式白板①，物理老師就可

以播放3D模擬，音樂老師可以播放馬友友的拉弓技巧，數學老師也可以同時讓三個學生上白板運算同一個題目，還可以獲得自動反饋。英國政府當時就大力投資互動式白板，到2007年時，幾乎所有學校都有至少一個互動式白板。

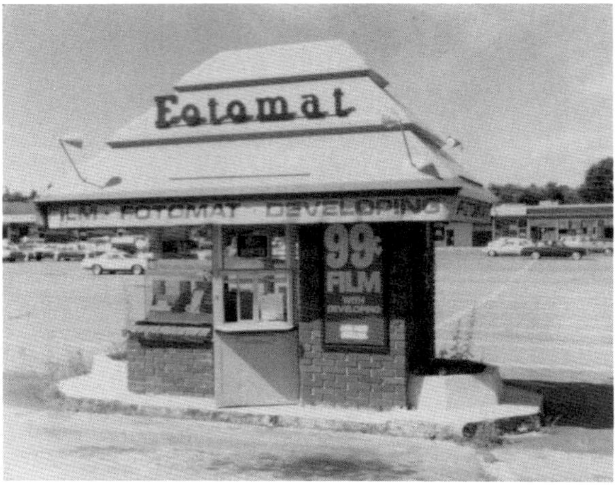

【圖9-3】典型的 Fotomat 照片沖印站。在鼎盛時期，美國有超過四千家 Fotomat照片沖印站，而且想也知道，提供相同服務的店家不只有他們。膠卷攝影從市場上快速消失是日常生活中的戲劇性變化，即使影響範圍有限。出處：Wikimedia author anonymous. http://wikimedia.org/wiki/File:This_is_a_typical_drive-up_Fotomat_booth.jpg (accessed 24 July 2020) (CC BY-SA 3.0) https://creativecommons.org/licenses/ by-sa/3.0/deed.en

大約在同時期，許多學區、州，甚至某些國家（你可以谷歌搜索「烏拉圭一童一筆電（Uruguay OLPC）」）決定發給每位學生一人一台筆記電腦。此項作法的好處又似乎一樣是不證自明且無庸置疑的。學生可以用筆記電腦取得各種大量的研究資源，可以透過雲端科技進行合作，可以閱讀經常更新的電子教科書，也可以將影音與閱讀經驗相結合。

但提供互動式白板或筆記電腦的措施並未改善學生的學習。研究人員對教師進行調查，發現一個或許早該預料到的原因。教師沒有足夠時間的專業發展，也並非都能自在地使用新科技。此外，真正能充分利用這些科技的課程，設計起來並不容易。學生們似乎沒有因此而獲益良多，因為教學並沒有太大的改變。

近期的評量較為樂觀——課堂中較常使用數位科技，與學生學習的略為增加，此兩者有相關性——最直接的解釋是：學校體系和學區政府已經發覺，如果只是把科技設備丟進學校，就期待會有奇蹟發生，這種策略必定會失敗。現今的教育工作者有較多的時間和培訓來學習使用數位工具，而且也容易取得一些更好的現成產品。

更重要的是，或許人們現在抱著不同的期望。2000年代初，一些研究人員就已強調：對於學生學習成就的評量應該要更為精密，而不該只是像閱讀或數學的標準化成就測驗，因為各種科技工具能發揮的便利性和效益各不相同。[6]例如，筆記電腦使教師易於對學生的寫作提供反饋，或使教師易於與學生及家長溝通，或使學生易於相互合作。互動式白板雖沒有這些功能，但能幫教師獲取更佳的視覺化工具，也給了全班各種新機會進行團隊合作。

因此，比較含蓄的說法似乎較為可信：新科技不會改變一切，對「學習」本身也沒有幫助，而是僅能有助於學習的某些方面。這種觀點符合我在這本書裡提出的認知分析。本書已涵蓋的主題：注意力和參與度（第一章）、學習（第三章）、理解（第四章）、練習（第五章）和批判性思考（第六章）。一章只探討一個心理歷程，這好處在於：目標較為簡單，也較為含蓄。

但這麼做也有缺點。例如你或許學了一些注意力的相關知識，但當你希望學以致用而改變教學方式時，你影響的是學生的各方面，而不僅是你訂為目標的單一心理歷程。例如，你可能沒料到你教學方式的改變會影響學生的學習動機。

當然，有時候嘗試影響單一的認知歷程也能成功達成目標。以間隔重複（spaced repetition）軟體為例，其設計目的是要利用本書第五章提到的間隔效應，而某些產品似乎的確達成此一目標。[7] 電子實物投影機（document cameras，或稱為visualizers）的目標也是不大卻很實用：讓班上每個人都能看到展示的東西。不論是老師展示畫圖時的明暗技巧或飛蛾翅膀的明晰圖，亦或是同學露一手新奇的手寫字體，全班的人都可以看得到（見圖9-4）。

想想你要如何評價電子實物投影機？你不會因為教室裡有一台電子實物投影機就期待學生的考試成績能進步。你的想法應該比較像是：「教室裡沒那麼多台顯微鏡，所以學生要排隊看顯微鏡下的水螅（或其他東西），有些學生不確定要透過顯微鏡頭看些什麼，所以甚至不知道自己是否看對了。現在班上有電子實物投影機，大家都可以同時看到同樣的東西了。」沒錯，你會期望電子實物投影機能幫助學生學習，但幫助的效果與標準化測驗之間差異很大，你不能期望這能對測驗成績有幫助。簡單地說，你不必做研究也能分辨電子實物投影機是否符合你的期望。

【圖9-4】電子實物投影機支架。這類產品現在已經不貴，但圖中充滿巧思的設計更便宜：你也可以像這樣為自己的iPad做個支架。出處：© Doug Butchy via Flickr, https://tinyurl.com/y4t8pjo3 CC BY 2.0 https://creativecommons. org/licenses/by/2.0/legalcode

因此，「我怎麼知道新科技是否能改善學生學習」這個問題的初步答案似乎是：「與影響多個認知歷程的複雜工具相比較，只用於改善單一認知歷程的工具能帶來的結果是比較可預測的。」這是個初步的回答，但事情沒有那麼簡單。

科技造成的改變超乎預期

要預測新科技將如何與人的心智互動，這可比想像的要更加困難。我在這裡要說明過去二十年期間的三個預測失準的案例。

首先要探討的是電子書。電子書非常成功，甚至有一段時間還超越了印刷書的銷量，儘管現在銷量又落後了。[②]令人意外的是，用螢幕閱讀電子書時，理解力略低於閱讀印刷書，閱讀非小說類書籍時更是如此。兩者的差異非常細微，你或許根本不會注意。例如，就算你搭飛機時在閱讀羅恩・切爾諾夫（Ron Chernow）傳記，使用的是Kindle電子書版而不是印刷的平裝書版，閱讀樂趣依然不減。

但閱讀的若是教科書，情況就不同了。學生覺得閱讀電子教科書比閱讀印刷書更困難，原因可能在於教科書與休閒書的不同：教科書的內容較具挑戰性，閱讀教科書是為了不同的目的（是學習而非娛樂），教科書是依據主題而編排的，而不是以故事的形式。每一項的差異有多大的影響尚不清楚，但不管出於何種原因，電子書科技這些看似微小的變化，對認知產生的改變卻大得令人意外。

第二個例子是一項新科技，它似乎滿足了特定的認知需求，但實際上並不完全依照我們的期望：網際網路。網路的最大特點或許是能讓使用者迅速獲取無限的資訊。這讓人產生疑問：「為什麼要把東西記到頭腦裡？上網就可以查得到啊！」（見圖9-5）。

的確可以上網就查得到，但大腦比Google更能提供資訊來進

【圖9-5】為什麼要記得二次方程式之類的東西？ 2016年，當時的 Google 教育應用程式（Google Education Apps）總監喬納森・羅樹爾（Jonathan Rochelle）在一場產業會議上說：「如果答案就在Google上，我不知道（我家小孩）為什麼不能直接問Google就好。」[8]出處：© Getty Images

行認知處理歷程，這可以分成幾個重要的方面。首先，如果你在閱讀時停下來上網查資料——例如上網查yegg的定義——那麼你的閱讀會受到干擾。你會很容易忘記正在閱讀的內容。因此，閱讀時停下來上網查資料很快就會讓人不耐煩。的確，相較於從書本裡查資料，上Google搜尋要快速得多——用不著好幾分鐘，上網只要幾秒鐘就能找到答案。但大腦又比Google快得多，只需要遠低於一秒鐘的時間，就能從記憶裡找出某個字詞的定義。

需要將資訊記在頭腦裡的第二個原因更加重要。你的大腦對上下文的敏感度遠高於Google。讓我說明這句話的意思。請你回想本書第二章提到的這句話：「我不該在老闆來吃晚飯時使用新的燒烤爐！」這句話會讓你想起一件事實，即是人們第一次使用新設備時不一定很能得心應手。但如果這句話改成「我不該用我的新燒烤爐來烹煮容易沾黏的焦糖漿。」你閱讀這句話時會想到新鍋爐的另一特點：不是第一次使用時容易出錯，而是希望能讓新燒烤爐保持乾淨。或假設這句話改成：「我得等羅伯能過來，讓他看我把他送的禮物拿出來用，到那時我才該使用新燒烤爐」或者是「我得先更換瓦斯管連接頭，到那時我才該使用新燒烤爐。」要理解上述每個句子，你需要利用記憶中對於新燒烤爐的不同知識：需要練習才能正確使用、希望能保持乾淨、想要拿出來展示、有時候會需要新配件。

你擁有不少對於新燒烤爐的知識，但當你閱讀時，大腦不會將這些知識全都提取出來。你雖沒有意識到，但大腦會根據上下文選擇合適的資訊，藉以幫助你理解正在閱讀的內容。這一點是Google無法做到的。如果你讀不懂前述的第一個句子而上Google搜尋「新燒烤爐」，猜得出來會發生什麼事吧？你會搜尋到好幾百萬條的搜尋結果，而且得花好長的時間才能找到正確的資訊來填補作者的略過未說的話。

第三個例子是一項科技用品造成了看似單純、實則複雜的改變：上課時使用筆記電腦做筆記。這與之前的兩例稍有不同，因為我們正確預測到被設為目標的認知歷程會受影響，但這項科技也影響了其他的認知歷程。學生在課堂上用筆記電腦做筆記，因為他們覺得相較於書寫，電腦打字更快，而且之後要編輯筆記也更為容易。這麼想的確沒錯。③

但是上課用筆記電腦做筆記的學生，會因為能輕易上網而分散了注意力。不論他們迷上網路上的任何東西—Snapchat、Pinterest、Zappos或其他的功能，都只需點擊按鍵就能輕鬆取得，這種誘惑真是難以抵抗。幾年前，有個學生承認在上我的課時偷看YouTube影片，他告訴我他看影片是在「你上課很無聊的時候」。我問他要怎麼知道何時該回過神來聽課。他面無愧色說道：「等你上課變得比較有趣的時候。」因此我認為讓學生用筆記電腦做課堂筆記通常弊大於利（見圖9-6）。

【圖9-6】有些老師不希望學生用筆記電腦作上課筆記，但即使如此，老師仍必須記住：筆記電腦是某些學生的輔助性科技（assistive technology）。為了盡量不讓學生尷尬，在學年剛開始時，我會說明我對筆記電腦使用的規定，也會告訴學生：只要覺得這個規定不適合自己，就該來找我談，如果我認為合理，就會允許使用筆記電腦。這樣，同儕就不會知道某學生上課為何使用筆記電腦，除非該學生選擇告訴他們。出處：© Getty Images/picture alliance

我聽過有人反駁

說：「沒錯，這很容易造成分心，但現今的世界就是這個樣子。學生得學會如何抵抗分心的誘惑。」這種論點有兩點錯誤。首先，論點中對於抵抗誘惑的標準太高，難以達成；青少年控制衝動的能力不如成年人，而且青少年很需要社交。因此，社交媒體是一個可怕的誘惑。而且，說到抵抗誘惑，就連成年人也經常無法達到前述的標準；你難道不常看見別人一邊開會、一邊回電子郵件或上網購物嗎？（見圖9-7）。

【圖9-7】康妮・伯納德（Connie Bernard）是路易斯安那州巴頓魯治學區學區教育委員會（school board）委員，2020年時被發現一邊開會一邊上網購物，因而登上美國國內頭條新聞。光是這樣已經夠糟糕了，但當時社群成員正在向委員會提出是否要將羅伯特・E.・李（Robert E. Lee）高中的名稱，換成另一位更能反映社區價值觀的人的名字，以示敬意。出處：via YouTube, © Gary Chambers Jr

第二點，根據心理學家，想要抵抗誘惑，聰明的做法是改變環境。例如，想減肥卻又對自己說：「我必須學會抵抗櫥櫃裡餅乾的誘惑」，這樣頗不明智。別買餅乾就行了！

我要強調，我並不是要抨擊科技工具。除了剛才所提的例子之外，我也可以舉出許多其他正面的例子，尤其是輔助科技：讓聽力有困難的人更可欣賞影片的隱藏字幕、讓運動能力受限的人能輸入文字的語音轉文字軟體、讓視力受限的人可以閱讀的文字轉語音軟體、語音識別軟體、螢幕放大軟體、翻頁軟體、背景噪音掩蓋軟體、語音計算機等。這些工具或能取代某個認知歷程，或能輔助有障礙的認知歷程，並且對學生和成年人都可能帶來根本上的大改變。

我要說的重點是，即使是很單純的科技工具也能對認知造成驚人的影響。我認為這一向都是採用新科技時的需要考量的一件大事。許多看似明顯的好處後來卻沒有成真，讓大家覺得受騙了。請謹慎看待科技，對於科技能帶來的好處，必須眼見為憑。

科技改變校園生態

我們已經探討了科技可能「改變一切」的兩種方式：第一種是改變孩子們的思考過程（例如縮短孩子的注意力持續時間），第二種是製造出一項新產品或工具，從而顛覆我們對學習的看法。但目前這兩者都未有實證。實際上，科技似乎對於幾項特定的任務或任務的特定部分造成了些微的改變。但如果有個學生受到某項認知歷程之苦，科技帶來的一項改變對於該項認知歷程有所幫助，那麼科技造成的改變可能給這位學生帶來很大的好處。

即使科技工具帶來的改變通常不大，但科技工具繁多，會影響孩子們生活的許多方面，例如社交、飲食、學習、娛樂等。也許教育工作者應該要了解科技如何改變孩子們的生活方式，並想方設法將這些納入教學時的考量。

我們先來思考這些改變的本質。美國孩子們的螢幕使用時間不停穩定增加，直到2015年之後才持平，或許是因為科技設備在當時幾乎完全普及化了；智慧手機的價格低廉，因此大多數青少年都人手一機。我剛才提到，平均每日的螢幕使用時間依然很長，八至十二歲的孩子每天將近五小時，十三至十八歲的青少年則是每天略微超過七小時。孩子們每天好幾小時的螢幕使用時間都在做什麼呢？

你可能還記得2000年代初的樂觀情緒，當時富裕國家普遍都有高速網路，許多孩子因此可以在家上網。關心教育的人士當時認為我們可能正準備迎來爆發式的學習，這個預測看似頗為合理，是因為很多人有這樣的猜想：認為小孩天生就有好奇心又渴望學習，又認為學校規範孩子的學習內容而因此不能滿足孩子的好奇心，於是自然而然就認為網際網路的普及表示孩子終於能探索他們感興趣的事物。

但實際情況並非如此，因為我在第一章中已經說過，人類的確天生就有好奇心，但好奇心很脆弱，如果沒有合適的條件，好奇心就會消失。如果你好奇的主題很有挑戰性（例如歐洲歷史），要滿足你的好奇心又更困難了，因為你不知道該從哪裡尋找，而且許多資訊來源缺乏巧妙的設計，無法維持你的興趣。別的網路內容——如社交媒體、影片部落格（vlogs）、電玩遊戲和Buzzfeed等資訊娛樂（infotainment）網站——都經過精心設計，能帶來速效的娛樂。

因此，網路普及化並沒有帶來自學的蓬勃發展。青少年的螢幕使用時間中，大約有百分之三十用於傳簡訊，百分之二十五用於觀賞影片、百分之十八用於遊戲、百分之五用於視訊聊天，還有百分之十八用於其他各種的網站上（其中大部分可能是社交媒體）。[8]換言之，現今的孩子使用科技所做的事情，與我在他們這個年齡且沒有網路時所做的差不多——就是和朋友找樂子。

那麼，孩子們的螢幕使用時間那麼長，又接觸大量且多樣的網路內容，這對孩子是否有任何影響？

我要把話說清楚：我在這裡排除了強迫性的上網。對於是否有種可明確定義且可被命名為「網路成癮」的疾病，專家們的意見分歧，但有些網路使用者確實表現出與成癮相同的行為和情緒。他們幾乎成天上網，對此有罪惡感，又因為這種強迫行為而影響人際關係，不能上網時會感到戒斷等等。對於強迫性網路使用的研究仍處於起步階段，但有充分的理由擔心這樣使用網路確實會對心理健康、情緒調節和社交關係產生負面影響。

有些人，例如一般青少年，雖不至於被稱為成癮者，但仍長時間上網，他們的情況又如何呢？

在2010年代末期曾有一場恐慌，當時研究人員注意到，隨著社交媒體的使用在青少年之間遽增，抑鬱、焦慮和自殺也快速變多。但我在撰寫本章時，已有一些後續研究指出，若考量其他的風險因素，就會發現上述的關聯性極小，甚或根本無關。此外，雖然確實會有網路霸凌的問題，但更為普遍的其實是原有的互動方式從網路外轉移到網路上，通常就是朋友互動（安排見面、討論共同關注的問題等），而且彼此都很和善。[9]

因此，孩子閒暇時利用螢幕使用時間所從事的活動雖然對他們沒有太大的好處，但也沒什麼證據顯示這些活動會對他們有害。多數孩子利用科技，正是為了要做青少年很感興趣的事，這些事並沒有因為科技而明顯改變。

但上網或許會產生機會成本。我的意思是，如果孩子沒有上網，或許就用這些時間去做有益的事，而上網則使他們沒有機會獲益。

有一項機會成本很容易理解：睡眠不足。晚上帶手機或平板電腦進臥室的孩子，睡眠時間與睡眠品質都低於沒那麼做的孩子。這很容易理解，因為這既合乎邏輯——我們可預料孩子會選擇傳簡訊給朋友或玩遊戲，而不是睡覺——又與過去的研究相似：以前就曾發現孩子若在睡前玩電視遊樂器或是看電視節目，就會睡眠不足。

還有一些觀察此現象的人擔心，螢幕使用時間已取代閱讀，成為人們的休閒活動。科技佔去大量的時間，一天的光陰還剩下多久？事實上，一些調查指出：過去二十年間，成人[10]和兒童[11]的閱讀量都減少了。當然，除了數位設備的使用增加之外，或許還有其他因素導致閱讀量下降，其中一項證據是，有些研究顯示，閱讀量下降在1970年代末期就已經發生，當時數位時代尚未開始。[12]

「科技取代了閱讀」這種論述的另一個問題是，大多數的研究方法不盡理想；研究人員只是詢問人們的閱讀習慣：「你通常一週的閱讀量是多少？」或「你去年讀了多少書？」大家可能覺得要是回答「我完全不閱讀」，會不受社會認可，因此就誇大估算的閱讀量。這幾年閱讀量看似下降，可能是因為愈來愈少人會擔心承認自己不讀書的回答是否能被社會認可。

「美國時間使用調查（American Time Use Survey）」採用了較佳的研究方法，要人們將自己從事的活動全都記錄在日記裡。[13]因為每天都要記錄，所以不太會記錯，此外，人們也較不會不願意在日記中寫下「我整天都沒閱讀」，畢竟，即使是有閱讀習慣的人，也有可能恰好某一天完全沒閱讀。

美國時間使用調查指出了兩個重要的結論（見圖9-8）。

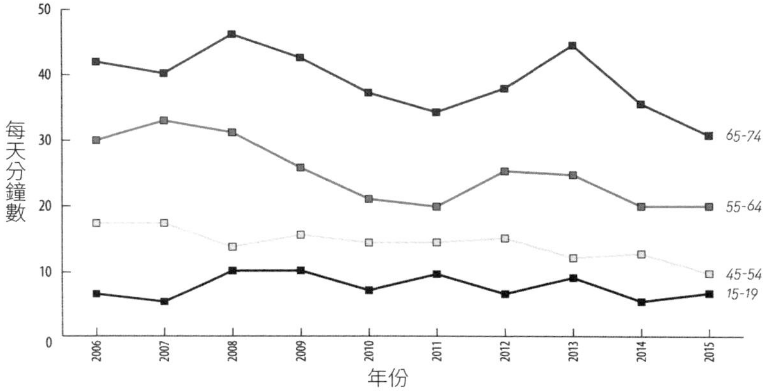

【圖9-8】圖中的數據資料指出一般美國人（依年齡不同）每天的閱讀量，以及該數值在多年間的變化。出處：© Greg Cully, data assembled by Daniel Willingham from American Time Use Survey, https://www.bls.gov/tus#

第一，從2003年（收集數據的第一年）開始，休閒閱讀就一直在減少，但這項觀察卻不是發生在被認為沉迷科技的青少年之中，而是年紀較大的人。第二，要觀察到青少年的閱讀量減少的機會不多，因為青少年本來就不太閱讀。

總之，我在這個部分要說的是：強迫性的上網不好，把行動裝置帶上床也不好。但沒有充分數據顯示一般青少年的螢幕使用時間導致了什麼普遍性的問題。

但是我承認，一般青少年的螢幕使用時間的確令我不安。首先，我已經說過，螢幕使用時間並沒有減少閱讀量，因為數位設備變得很普及的時候，青少年本來就不太閱讀，因此閱讀時間也沒有減少。如果想要改變這一點，就要讓青少年在課外有多一些喘息時間。如果課外的每個時刻都被影片、遊戲、傳簡訊之類的事情占據，那麼青少年就無暇閱讀、運動、當志工或從事任何其他活動。

第二，青少年上網時間很長，這表示他們隨時都受到同儕影響。我這麼說吧。我當年是典型的青少年，費許多心思在我和同儕之間的關係（或是彼此之間怎麼沒有關係），以至於每天上學我都會經歷許多情緒的高低起伏。但回到家後，我的世界就縮小到只有父母和兄弟姐妹。我可能會因為當天社交方面的得失有一些情緒起伏，但更多時間我會與家人互動。當今的青少年不停上網，就無法脫離社交世界。我認為這樣不好。家庭時間很重要。

但為什麼青少年不願意脫離社交世界？為什麼他們很難放下手機？

青少年為何著迷於手機？

你是否曾見過某件藝術品或自然風景，美麗迷人得令周遭的人全都暫時放下手機？上一次發生這種情況是多久以前的事了？（見圖9-9）

大學教授忿忿不平地抱怨說，如果上課時不夠有吸引力，學生就會偷用手機傳簡訊；我也見過許多研究人員在會議講座時回

【圖9-9】在仰光大金寺（Shwedagon Pagoda）前打簡訊的女子；這張照片是擺拍，但我敢說你見過類似的場景。不論是在加拿大國家電視塔（CN Tower）頂端，或是在尼加拉大瀑布（Niagara Falls）底部，我都曾看過有人在打簡訊。出處：© Getty Image/EyesWideOpen

覆電子郵件。不過我認為，青少年想要保持上線的渴望可能比成年人更極端。教育工作者或父母都會不禁注意到青少年熱衷於與彼此連結，還因而打斷其他活動。這背後有什麼原因？

這裡有幾個因素。首先，人類會想要尋求資訊。我在第一章中說過，當我們判斷環境中有需要學習的東西時，好奇心就會被激發，而手機通知就是極其明確的信號，告訴我們有需要學習的事物。無論手機通知的是新的「點讚」、Instagram發文還是簡訊，接收者可以肯定的是：這必然是新奇且與自己相關的事物。當然，這並不表示接收者看完通知後會認為這特別有趣或重要。這一點證明了我們有很強的傾向會想要尋求資訊，因此我們雖然知道手機通知通常只是微不足道的小事，卻仍想查個明白。

青少年的這種強迫行為更為強烈，因為手機通知經常帶有社交資訊，青少年非常需要社交。雖然成年人常認為青少年過於在乎同儕看法，但心理學家們認為這是一項能力而非毛病。[14]青少年的心思執著於同儕，是因為他們快要到了必須與父母分離的年齡。他們仔細研究同儕，藉此學習離家後要如何待人處世。

但「立即」對青少年而言意義非凡。請你跟我一起進行圖9-10描述的思想實驗。

【圖9-10】想像你在雜貨店，看到最喜愛的巧克力片冰淇淋，你心想：「用這個當今晚的甜點一定很棒！」但你想起醫生要你避免脂肪食品，所以你必須忍住不買冰淇淋。現在，想像你在家剛吃完晚餐。你的另一半拿一碗冰淇淋到餐桌，說：「我真是粗心。我拿了自己要吃的冰淇淋，卻沒問你是否要甜點。你想要這碗嗎？」哪種情況比較難抗拒冰淇淋呢？出處：冷凍櫃© Getty Images/Jamie Squire；碗©Shutterstock/http://Photobank.kiev.ua/Slavica Stajic

當我們覺得立即能獲得回饋時，會覺得回饋的價值較高。預期在未來才能獲得回饋時，會覺得回饋的價值較低。例如，相較於馬上就可以享用的冰淇淋，要是得等幾小時後才吃得到，就會比較容易拒絕冰淇淋的誘惑。

那麼，你可以想像一個向下的曲線，代表回饋的價值會隨著等候的時間愈久而下降（見圖9-11）。與成人的曲線相比，兒童的曲線向下坡度較陡，表示對兒童而言，回饋的價值降低得比較快。教小學低年級的老師就知道這一點；老師可能第一次跟全班說：「如果大家這個星期都乖乖的，我們星期五就辦一場披薩派對。」一年級的學生覺得披薩派對很有趣，但得要立即舉辦。幾天後才舉辦的披薩派對無法鼓舞他們，只會讓他們覺得聽起來像是為其他小孩舉辦的派對，而且遙不可及。

青少年成天黏著手機令我們覺得無奈，這時我們通常會建議他們先把手機收起來，大約每隔兩個小時再查看一次。但現在你可以理解為何這種策略對青少年毫無吸引力。這就像是給他們看一碗冰淇淋，但不是現在就可以吃，而是要他們把冰淇淋放在一邊，等幾個小時後才吃。

但新簡訊和新的抖音影片還有另一層面的價值。請注意，在前述冰淇淋的例子中，無論是在中午還是晚上，冰淇淋的客觀價值都維持不變——心理作用的價值會變，但中午或晚上吃起來都一樣美味。但社交訊息的價值會隨時間而改變，很快就過期了。

我可能有一則八卦超想告訴你——像是「吉娜發文說奧莉薇亞的壞話，我把連結傳給你，超傻眼的」——這八卦過了幾小時就沒那麼有趣了，部分是因為到時候大家都知道了，也有部分是因為

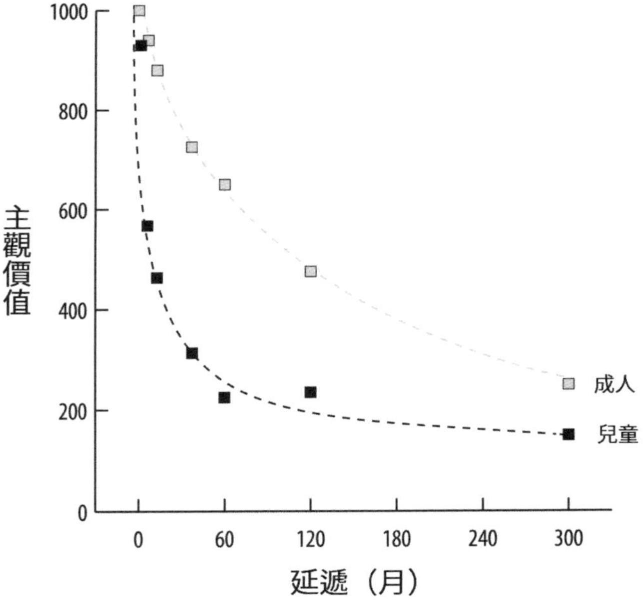

【圖9-11】研究人員可能會問：「你比較想要一個月後拿到二百美元，還是一年後拿到一千美元？」研究人員提出許多這樣的問題（更改金額和延遲的時間），就可以判斷：在未來的不同時間，受試者會感覺金錢的價值是高或低。如圖所示，獲得金錢的展望離現在愈久，金錢的主觀價值就會愈低。這種主觀價值的減少，發生在兒童的速度比起成人要快得多。出處："Discounting of Delayed Rewards Across the Life Span: Age Differences in Individual Discounting Functions," by L. Green, J. Myerson, and P. Ostaszewski, in Behavioral Processes 46: 89–96. Copyright © 1999. Reprinted with permission from Elsevier

會有新消息蓋過這則八卦。

總之，大家——包含青少年和成年人——都隨時準備著要查看手機，是因為知道這樣做就可以獲取可能與自己相關的新消息。青少年的這種傾向更為強烈，因為（一）這類訊息通常具有社交性質，而青少年對社交訊息特別感興趣；（二）延遲回饋對任何人都不好受，青少年比成年人更覺難受；以及（三）社交訊息通常時效很短，這使得「立即查看手機」與「稍後再查看手機」之間的價值差異更被放大。

總結

我們在本章檢視了一些數據，得知各種新科技帶來的改變沒有大多數人預測的那麼大。首先，大腦雖具可塑性，會隨經驗而改變，但是心智的基本結構可能不易改變，所以科技並沒有「改變當今孩子們的思考方式」，姑且先不論這樣是好是壞。第二，科技並沒有像某些人預測的那樣徹底改變教育。第三，難以預測科技會以什麼細微的方式改變認知；有些改變看似對認知影響不大、甚至毫無影響（例如，用螢幕閱讀而不是閱讀紙本），卻可能對學生的學習和情緒產生重大影響。第四，概括地認為隨時使用科技會對孩子的生活有顯著影響，此一想法似乎也沒有成真，無論是好的影響（孩子經常使用網路自學）或是不好的影響（焦慮和抑鬱症的比率提升）。最明顯的變化似乎是現今的青少年（以及許多成年人）對於手機愛不釋手。

課堂上的應用

我在本書的其他章關注的是每一項認知分析如何可能應用於實際教學。但是，科技在學生的課後生活占據了很大部分，這表示教育工作者要思考的不僅是科技在學校的意義，也要考慮科技在家庭中的意義。當然，我認識的大多數教育工作者在此一方面尊重家長的自主權，但也覺得教師有責任要告知家長，他們在家庭中做出的決定，會對孩子們的在校情況產生影響。因此，我在此的論述會兼顧在家和在校的建議事項。

公平性

說到科技相關的事情時，「公平性」會有不同的含意，不僅是評估所有學生是否在校都擁有同樣的數位設備和學習機會，也是承認利用科技學習時，「家庭」扮演了重要的角色，可分為以下兩方面：

首先是關於硬體。十年前，這方面的問題被稱為「數位分水嶺（the digital divide）」，亦即富裕的孩子家裡有電腦，而較貧窮的孩子通常沒有。現在有些學校會提供筆記電腦或平板電腦給學生使用。這當然是好事，但數位分水嶺依然存在，分的是學生在家裡能否連上網際網路。貧窮學生在家上網可能連線緩慢或不穩定，甚至根本連不上網路，只能被迫尋找公共無線網路。理想情況下，提供硬體的學校會選擇有足夠內部儲存空間的設備，讓學生可以儲存程式和文件，也可以選擇不依賴雲端的軟體。教師應該盡量指派不需要上網就能完成的作業。也有替代的做法，就是由學校出租無線熱點，讓學生可以登記借用並帶回家。

第二方面是關於課程。如果富裕的孩子在家裡可以輕易取用數位設備，他們使用科技設備時就能很得心應手，貧窮的孩子卻不能，不是嗎？有許多的職業理所當然地要求對於科技使用能得心應手，這表示貧窮的孩子處於很大的劣勢，不是嗎？我認為這是個重大的議題，但我們也應該注意機會成本。

我們知道大多數孩子不會用悠閒的螢幕使用時間來學習什麼深層的知識，但他們確實學會操作至少一個作業系統和一些常見的應用程式，也能學會多個平台共通的慣例，像是分層檔案結構等。在家裡沒有這類經驗的學生，就需要在學校學會。

但是，別想用開課教學生寫程式或是其他專業課程來解決數位分水嶺的問題。這些內容連富裕的孩子也不會在家裡學到，何況還有潛在的機會成本；要犧牲什麼課程才會有時間上寫程式的課？而且，雇主或許期望員工都會操作Windows，但員工若不知道物件導向式資料庫（object-oriented database）和關聯式資料庫（relational database）之間的差異，雇主應該也能體諒。缺乏特定專業能力或專業能力已經過時的人，仍有機會被聘雇，這並不罕見，因為這些人可以透過課程來提升技能。但是缺乏閱讀、寫作、數學的基本能力的人，卻很難找到工作。

採用科技產品

大約十年前，我與一位教育科技領域的教授聊天時，他突然眼睛一亮。「對了！我想讓你看看這個！」那是第一代的智慧筆，可以一邊寫字一邊錄音。搭配的筆記紙看起來很普通，但可以讓使用者輕易連結書面筆記和錄音——因此，如果使用者在課後看課堂筆記時不懂自己畫的圖表，可以在錄音檔中找到與圖表對應的特定片段。那位教授演示了這個產品，然後對我說：「這是製造商寄來給我的，他們希望我能提出使用方面的建議。你有什麼想法嗎？」

依我的經驗來看，製造商的做法在學校並不罕見；他們告訴教師：「我們現在有這個新工具。你能用它解決什麼問題嗎？」顯然，這個過程應該倒轉過來：先找出教學時最為迫切的問題，然後才尋找解決方法，不論是否會用到科技。

不過話說回來，如果你只願意考慮與自己的迫切問題相關的科技創新，可能會錯過某些好東西。以下清單是我面對新教學工具時會自問的問題：

1. 我是否有充分的理由當早期試用者？我所謂的「早期」，是指尚未有公開數據，甚至還沒有可靠的教育工作者提出任何詳細說明的時候。或者我是否有理由等其他人先試用？
2. 我是否很自信能猜中新的教學工具對於我的學生會有什麼影響？如果我手上有公開的研究數據，那麼數據裡的學生和學校情況是否與我的相似？我還要考慮到我在本章中提到的區別：我比較擅長猜測僅有特定功能的工具（如電子實物投影機）的用途，而不擅長猜多功能工具（如iPad平板電腦）的用途。
3. 新科技取代舊科技時，就會犧牲掉某些東西。我要確認我清楚了解被犧牲掉的是什麼，也要確認這項犧牲不會令我不安。我舉個舊式科技用品的例子來說明這個原則：使用投影機代替黑板。教師若使用投影機，就可以提前準備透明片（如此一來，透明片就可以仔細設計、精彩呈現），還可以搭配影印機，就能複製書本中的圖表，投影給全班看。但黑板有一個容易被忽略的特點：教師可以從黑板左邊開始向右邊書寫上課內容，因此，隨著課程進展，教師可以輕易回溯剛才上過的部分；就算教師不向前回溯，學生也可以這麼做。若使用透明片就不行。這一點是否重要？

4. 做好評估計劃。有些學區考慮採行（或正在執行）科技相關的重大方案，我前往訪問時，常因為他們的目標模糊而感到驚訝。他們的動機似乎大多是：使用科技能使學校跟得上時代。這顯然是好事。但我建議要說得更具體，並且要能清楚回答以下的問題：（一）我們希望改變什麼？（二）我們如何知道那個改變是否已經發生？（三）那個改變最晚要在何時發生？（四）若改變發生，我們要怎麼辦？若改變沒有發生，我們又該怎麼辦？（在我寫的《你什麼時候可以信任專家？》（When Can You Trust the Experts?）一書中，有較長的篇幅討論這個方法）

用科技輔助身心障礙生

對身心障礙的學生而言，用科技工具作為輔助有時似乎會適得其反，因為他們使用科技工具解決問題，就可以躲避重要的技能而不加以練習。舉例來說，若某個六年級學生有閱讀障礙，難以讀懂其他學生正在閱讀的小說，而他的父親詢問老師是否可以讓兒子聆聽那本小說的有聲書。這個要求有個明顯的動機——父親希望孩子能理解這本小說——但孩子有閱讀障礙，難道不需要盡量把握機會多練習閱讀嗎？

這種情況顯然需要取得平衡，但我認為即使提供的科技輔助太多，還是勝過提供的科技輔助不足。我擔心的是這位閱讀障礙的學生不僅無法好好理解老師指派的小說閱讀作業，隨著時間過去，同學們積累愈來愈多關於小說主題的知識，閱讀障礙的學生就會落後得愈來愈遠（見第二章）。更糟的是，他可能會認為只要上學，就會被反覆要求做自己天生不會，但同學顯然覺得輕而易舉的事。對他比較好的做法，是將閱讀障礙視為一個可以處理的小毛病，他不會因此無法有好的學業表現，還能夠樂於上學。

我說過，這種情況需要取得平衡，你會很希望學生努力改善困擾他的問題。但如果你提供了過多的科技輔助，最糟的後果會是什麼？他有障礙的技能會進步較緩慢，我認為這個後果與科技輔助不足相比，算是兩害相權取其輕。

使用個人電子設備的相關規範要有一致性

校內或學區內的使用個人電子設備的相關規範，大多數是教師可以輕易認同的：例如，不當網站的相關規範，或是禁止網路霸凌等。比較有爭議的是學生在校期間使用個人電子設備的規範。

沒有明確的研究證據指出什麼樣的規範最好——學校追求的其他目標和學校的文化都會對於相關規範有很大的影響。在我見過的成功規範之中，有的對於學生使用個人電子設備完全不設限，有的則是完全不允許。

根據我的經驗，造成最多困擾的規範，是交由個別教師自行決定。各自決定聽起來頗有遠見及彈性，但對於不希望學生上課時使用手機的教師，這種做法會帶給他們困擾。我說過，手機能提供及時且相關的社交訊息，因此會吸引學生的注意力。如果某個學生知道其他學生可以使用手機——也因此可能在傳簡訊或在社交媒體上發文——但自己卻無法讀取，就會造成嚴重的分心。

我所說的「使用個人電子設備的相關規範要有一致性」，所謂的「一致性」還有另一個意義：一視同仁地執行規範。我曾去過一些學校，他們訂出思慮周延的相關規範，家長和學生在學年一開始時就已經完成簽署，但旋即遺忘，直到有嚴重違規才會有人想起來。規範既然已經訂好，就應該一視同仁地執行，但執行的責任不應該主要由教師負擔。規範與執行程序不同。規範可能很不錯，但執行程序若要教師隨時盯哨抓學生違規，那麼就應該重新檢討執行程序。

讓學生可以練習維持注意力

我說過，學生的注意力持續時間並沒因為他們使用數位設備而受到影響。但調查指出，已經任教一段時間的教師明顯感受到變化。以教師為對象的調查顯示，他們覺得學生的確變得更容易分心，也覺得自己上課時必須載歌載舞才能維持學生的注意力。

我不認為這是教師的錯覺，但我想學生並非無法專注，而是不願意專注。專注不僅與能力有關，也與意願有關。

數位時代的普遍特點之一，是娛樂變得隨手可得。只要帶著智慧手機，就找得到可看、可聽、或可玩的東西。而且，取得這些娛樂幾乎不需要任何代價——只需碰觸個按鍵就行。以前的孩子無法輕易獲取無限的娛樂，所以有時候會覺得無聊，這可能讓他們從中學到了寶貴的教訓：有些活動或許剛開始時很無聊，但如果堅持下去，就會變得比較有趣。我記得小時候生病在家時，就曾經這麼想過。我當時正在看電視，但頻道不多，我只找到一部「給大人看的電影」，勉強看了一會兒，因為其他的節目更無聊。接著，大約過了半小時，我發現自己還蠻喜歡這部電影的。（我說的是芭芭拉・史坦威（Barbara Stanwyck）和亨利・方達（Henry Fonda）主演的《淑女伊芙》（The Lady Eve）。）

你可以考慮模仿哈佛大學藝術史教授珍妮佛・羅勃茲（Jennifer Roberts）的做法。羅勃茲教授注意到她的學生似乎欠缺耐心、容易無聊，雖然這些特質或許可以用於某些需要快速思考和立即行動的任務。她認為學生練習不足的是緩慢審慎的思考和沉浸其中的注意力。因此，她給予學生這方面的練習。她要求每個學生都要去當地的博物館選擇一件藝術品，花整整三小時仔細觀看，並將觀察和問題都記錄下來。

正如羅勃茲教授所說，這個實驗有幾個可能很重要的特點。首先，實驗持續的時間很長——感覺太久，似乎怎麼想都不划算。第二，這麼做的確很划算。實驗成功的原因在於學生原本確信過了一下子，例如十分鐘後，他們就不會在挑中的藝術品上有任何新發現。但實際上他們仍有新發現。第三，博物館很安靜，這幾乎可以肯定是一項影響因子，提供了不會造成分心的環境，讓學生可以沉浸其中。

如果這個假設——注意力持續時間看似縮短了，但實際上是人們愈來愈快就下定論而自以為：「我很無聊」——那麼二十一世紀最需要的技巧，或許是要有能力控制注意力，保持耐心和警覺。

教育家長

我在前面引用了數據指出一般學生花很多時間盯著螢幕。父母大多對這種情況並不滿意。仔細想想，你會覺得這很奇怪。

通常的情況（據我猜測）是：孩子還小的時候，父母會覺得螢幕娛樂很可靠，能讓他們得到些微的平靜（你應該曾在餐廳裡看到有些父母無奈地把手機交給哭鬧的六歲孩子吧？）心理學家大衛・丹尼爾（David Daniel）是這麼說的：「大家以為智慧手機和平板電腦為孩子提供立即的滿足。但獲得立即滿足的人其實是父母。」

一晃眼，父母發現孩子已經十一歲，每天花上好幾小時盯著螢幕。父母並不覺得孩子的這段時間是在做糟糕的事，但仍希望這些事所花的時間加總起來差不多三十分鐘就好了。

這樣的狀況發生在家裡，老師如何能幫上忙呢？老師可以做三件重要的事：

1. 有些父母只是需要安撫。他們不知道本章中提到的資訊，也不確定限制孩子的螢幕使用時間是否會剝奪孩子的科技能力。有時候，老師就只需要提醒父母：可以對孩子說「不」。
2. 所有父母都需要實際的幫助來透徹地思考策略；例如晚上訂出一段時間暫時不使用手機，或是必要時由老師推薦可以監控手機使用的軟體，諸如此類的事情。如果你的學校同事有時間和興趣，不妨以此為主題，辦一場家長工作坊。重點不僅是給父母關於限制手機使用的建議，你也可以藉此機會告知父母新資訊，例如多工的相關研究以及我在本書中說過的其他主題。

3. 老師的身份非常適合擔任手機使用相關問題的資訊流通中心；資訊流通非常重要，因為各個學生家庭之間的若能有一致的作法，會很大的好處，正如我談到學校訂定使用個人電子設備的規範時，也很強調要有一致性。比方說我要求女兒在晚上八點放下手機，要是她知道所有朋友也都這麼做，她就不會有太強烈的反抗。

問題與討論

1. 我說過，你若要在班級或學校採用新的科技工具，應該要小心謹慎，其實也就是在問你是否有充分的理由去當個給別人做實驗的小白鼠？何不讓別人冒險先試用新的科技設備，然後再問他們覺得教學情況如何？這會延伸出一些問題：你會相信誰的意見？你要向試用者詢問些什麼？還有，他們若對試用結果感到滿意，你要等多久才會加入他們？
2. 我已告訴過你別擔心，學生有能力可以集中注意力，只是比較不耐無聊……好吧，但學生變得比十多年前更容易不耐煩、更渴望課堂娛樂，而你終究得面對這樣的學生。我聽過老師們對這種狀況有截然不同的回應。有的老師說：「教室不是劇場，學生需要學會集中注意力，甚至該學會忍受一些緩慢的時刻。」另一些老師則說：「現況就是如此，我們有責任因應學生的需求。」你對此有何看法？

3. 大多數人會說：「我對科技本身沒有好惡，我對於新科技用品的評價，是根據我是否覺得它對我的學生有益。」但我們其實對於「科技本身」還是會有意見，這也是理所當然的事。有些人喜歡探索新的軟體和設備，有些人很不願意採用新科技。在使用新科技方面，你會如何描述自己？如果你對科技的個人觀點影響你判斷是否要採用新科技用品，這樣聽起來似乎含有偏見，但也可以說：你對於新科技用品熱中與否，的確會影響該用品能否有效地運用在你的課堂。話又說回來，或許你也該克服自己的成見。我們該如何思考這個問題？在決定是否要在課堂中採用科技時，是否該考量你對科技的個人感受？

4. 2020年三月，歐洲和北美的學校實施遠距教學，其中多數學校大幅依賴視訊會議。許多老師能夠看到孩子在家中學習的情況——兄弟姐妹經過或干擾、寵物走來走去等等。即使現在學生已經恢復上學，許多學生仍然有回家作業要完成，而這場全球疫情凸顯了老師本來就猜得到的一件事：家長不知道如何為孩子準備適合學習的環境。你可以建議家長「保留一個寫作業的空間」，但對許多家庭來說這建議行不通。你能給家長提出什麼具體的策略，讓家長能盡量增進孩子在家讀書時的效率？

5. 你如何在社交媒體上與學生互動？我認識的老師大多都不願讓

學生在臉書或Instagram上窺探他們的個人生活，但也有些老師會創一個專門用來與學生互動的帳號；還有的老師老實告訴我，他們創這些帳號是為了知道學生在社交媒體上做些什麼。社交媒體在你的教學中是否有功用？

6. 想想你學校的使用個人電子設備的相關規範。學生真的知道規範的內容有哪些嗎？教職員知道嗎？規範內容是否適用全體學生？這些規範應被認真以待，但若有人不把規範當一回事，你認為可以怎麼做讓這些規範更有感？
7. 你自己曾經試過「數位斷捨離」嗎？不使用任何數位設備，持續個……比方講，四十八小時？你覺得這樣的經驗如何？你會建議學生這麼做嗎？如果會的話，為什麼？你要如何說服學生試試看？
8. 我說過，雖然在網路上幾乎任何事情都學得到或體驗得到，但學生只探索了其中的一小部分。你認為原因是什麼？你會怎麼做來讓學生更願意探索網路上的新知識？

【參考書目】

大眾閱讀

1. Carr, N. (2010). The Shallows: What the Internet Is Doing to our Brains. New York: WW Norton & Company; and Wolf, M. (2018). Reader, Come

Home: The Reading Brain in a Digital World. New York: Harper. 這兩本書廣受關注，論述的內容是長期使用網路會使人難以維持注意力。

2. Odgers, C. (2018). Smartphones are bad for some teens, not all. Nature, 554: 432–434. 此名研究人員認為：大多數青少年的網路生活都沒問題，但少數青少年在生活中遭遇了問題，可能會發現這些問題轉移到網路上，而且可能更加惡化。

3. Organisation for Economic Cooperation and Development. (2015). Students, Computers and Learning: Making the Connection. PISA. Paris: OECD Publishing. doi: http:// dx.doi.org/10.1787/9789264239555-en (accessed 13 July 2020). 此篇綜述內容全面但易讀，談論的是電腦在教育方面的使用，有許多章節，主題包括公平性、科技與學習的連結、標準化測驗的線上實施與書面實施的比較等等。

4. Pinker, S. J. (2010). Not at all. https://www.edge.org/responses/how-is-the-internetchanging- the-way-you-think (accessed 13 July 2020). 此文篇幅不長，文章題為《完全沒有》，要回答的問題是：「網路是否改變人們的思考方式？」

5. Roberts, J. L. (2013). The power of patience. Harvard Magazine (November-December).https://www.harvardmagazine.com/2013/11/the-power-of-patience. (accessed 19 July 2020). 作者要求她的學生長時間看單一幅畫作，練習耐心觀察；此篇文章說明了作者這麼做的思慮過程。

6. Willingham, D. T. (2017). You still need your brain. New York Times (21 May), p. SR5. 此文說明了為什麼不能只靠Google。

7. Willingham, D. T. (2019). The high price of multitasking. New York Times (15 July), p. A21. 此篇文章對於多工的影響有更多的論述，內容涵蓋各種情境的多工。

專業文獻

1. Bork, A. (2003). Interactive learning: twenty years later. Contemporary Issues in Technology and Teacher Education, 2(4): 608–614. 此篇回顧性文章的作者以前是「電腦會徹底改變教育」信念的早期擁護者，文中探討為什麼該信念沒有成真。請注意文章的日期！

2. Carter, B., Rees, P., Hale, L., Bhattacharjee, D., & Paradkar, M. S. (2016). Association between portable screen-based media device access or use and sleep outcomes: a systematic review and meta-analysis. JAMA Pediatrics 170(12): 1202–1208; and Hale, L., & Guan, S. (2015). Screen time and sleep among school-aged children and adolescents: a systematic literature review. Sleep Medicine Reviews: 21, 50–58. 兩篇文獻綜述，內容指出孩童睡前在房間內使用科技設備會導致睡眠不良。

3. Chukharev-Hudilainen, E., & Klepikova, T. A. (2016). The effectiveness of computer-based spaced repetition in foreign language vocabulary instruction: a double-blind study. Calico Journal 33(3): 334–354. 你應該會想：要是有一款應用程式，根據實驗數據來分散練習時間，提醒你何時該讀書，使用起來應該會很簡單……事實的確是如此！這類應用程式有一些似乎真能達成宣稱的功效。

4. Clinton, V. (2019). Reading from paper compared to screens: a systematic review and metaanalysis. Journal of Research in Reading 42(2): 288–325. 此篇綜述文章指出用螢幕閱讀的小缺點。

5. Creighton, T. B. (2018). Digital natives, digital immigrants, digital learners: an international empirical integrative review of the literature. Education Leadership Review 19(1): 132– 140. 此文獻對於「數位原住民」與「數位移民」之間的差異進行的檢視與評價。

6. Delgado, P., Vargas, C., Ackerman, R., & Salmeron, L. (2018). Don’ t throw away your printed books: a meta-analysis on the effects of reading media on

reading comprehension. Educational Research Review 25: 23–38. 此篇綜述文章指出：相較於用螢幕閱讀，閱讀紙本時的理解略勝一籌。

7. Donald, J. N., Ciarrochi, J., & Sahdra, B. K. (2020, June 18). The consequences of compulsion: a 4-year longitudinal study of compulsive internet use and emotion regulation difficulties. Emotion doi: http://10.1037/emo0000769. Online ahead of print. 此份研究指出：強迫性的網路使用會對情緒生活產生不良影響。

8. Gaudreau, P., Miranda, D., & Gareau, A. (2014). Canadian university students in wireless classrooms: what do they do on their laptops and does it really matter? Computers & Education 70: 245–255. 在這項研究中，研究人員詢問一組學生上課時使用筆記電腦是在做哪些事，又以電子方式監控另一組學生的筆記電腦（當然有取得這些學生的同意）。從兩組學生得出的結果都顯示：學生會花大量時間在與課程無關的活動上，而且花費愈多時間在這些活動上，成績就愈低，即使研究人員已用統計方式排除學業態度、網路成癮等因素的影響。

9. Jeong, S. H., & Hwang, Y. (2016). Media multitasking effects on cognitive vs. attitudinal outcomes: a meta-analysis. Human Communication Research 42(4): 599–618. 此篇摘要文章檢視的是：一邊做需要動腦的工作、一邊看電視或播音樂，會有什麼影響。

10. Odgers, C. L., & Jensen, M. R. (2020). Annual research review: adolescent mental health in the digital age: facts, fears, and future directions. Journal of Child Psychology and Psychiatry 61(3): 336–348; and Coyne, S. M., Rogers, A. A., Zurcher, J. D., et al. (2020). Does time spent using social media impact mental health?: an eight year longitudinal study. Computers in Human Behavior 104: 106–160. 早期有研究說：使用社交媒體與心智健康問題（特別是焦慮和憂鬱，尤以青少女為主）有關，但更完整的分析則指出：此兩者的相關性並非因果關係，而是有其他因素的影響。

11. Salthouse, T. A., Hambrick, D. Z., Lukas, K. E., & Dell, T. C. (1996). Determinants of adult age differences on synthetic work performance. Journal of Experimental Psychology: Applied, 2(4), 305. 此份報告指出：平均而言，年輕人比較年長者更擅長多工。

12. Shi, Y., Zhang, J., Yang, H., & Yang, H. H. (2020). Effects of interactive whiteboard-based instruction on students' cognitive learning outcomes: a meta-analysis. Interactive Learning Environments, 1–18; and Zheng, B., Warschauer, M., Lin, C. H., & Chang, C. (2016). Learning in one-to-one laptop environments: a meta-analysis and research synthesis. Review of Educational Research, 86 (4): 1052–1084. 這兩則近期的文章檢視了在課堂中引入科技有何影響；文章內容指出：平均而言，引入科技會有些微的幫助。

13. Somerville, L. H. (2013). The teenage brain: sensitivity to social evaluation. Current Directions in Psychological Science, 22(2), 121–127. 青少年有超高的社交需求，此文獻檢視了與此需求相關的大腦變化。

14. Uncapher, M. R., & Wagner, A. D. (2018). Minds and brains of media multitaskers: current findings and future directions. Proceedings of the National Academy of Sciences of the United States of America, 115(40), 9889–9896. 有複雜的文獻探討媒體多工（media multitasking，就是一邊看影片或聽音樂的多工）的長期影響；此篇綜述對於這些文獻進行了簡要的檢視。

15. Wiradhany, W., & Nieuwenstein, M. R. (2017). Cognitive control in media multitaskers: two replication studies and a meta-analysis. Attention, Perception, & Psychophysics, 79(8), 2620–2641. 有研究審視媒體多工與注意力控制之間的關係；此文獻是那些研究的綜述。早期研究讓人感覺兩者顯然是負相關，但後續研究顯示兩者似乎沒有明確關係。

注釋

①還不熟悉這些設備的讀者：互動式白板就像一般的教室白板，但也能當成大型的電腦顯示器和觸控螢幕。

②要比較紙本書籍和電子書的銷售，其實並不容易。一般人會以為要比較兩者的銷售，可以根據賣出的書本數量，但亞馬遜公司（Amazon）不公布電子書的銷售量。因此，本書是以銷售額來做比較，但銷售額較為複雜，頗難解讀。

③有一些報告指出，用筆記電腦做筆記時，可能會沒有動腦思考。學生可以快速打字，想要做一字不漏的記錄，但實際上只是在做聽寫轉錄；而寫紙本筆記速度較慢，所以必須精簡，也就需要思考意義。但及至我寫到這裡的時候，此議題尚未有定論。

第 10 章

如何才能精進教學方法？

問這本書大多數篇幅都在探討學生的大腦。那教師的大腦呢？

答第一章我描述了學生有效思考時必備的認知條件：他們的工作記憶必須有空間、相關背景知識、實用思考程序的經驗。在之後的章節裡，我詳述大腦運作的原則，闡明這些條件該怎麼達成。本章所根據的認知原則如下：

教學和所有複雜的認知技能一樣，一定要練習才能進步。

到目前為止，我們所有的討論都聚焦於學生的大腦。那你的呢？教學不也是一種認知技能，那麼我們能不能把這些認知科學的發現應用到你的大腦上？

教學確實是一種認知技能，所有我說過關於學生大腦的概念，也都適用於你的大腦。讓我們再看一遍第一章的心智圖，藉此喚起你的記憶。要讓任何一種形式的有效思考出現，包含有效教學，圖中的認知機制必須就位。（見圖10-1）

思考就是以新的方式組合訊息，比方說把太陽系的結構和原子的結構相比，辨識出兩者之間的相似點。這類訊息處理出現在工作記憶中，也就是我們常說的思考舞臺。在工作記憶中處理的訊息可能來自於環境（來自於所見所聞，例如教師描述原子的結構），或者來自於長期記憶（來自於我們已知的事物，例如太陽系的結構）。

我們使用心智程序來處理訊息（例如將太陽系的特徵及原子的特徵相比較的程序）。我們的長期記憶可以儲存簡單的程序，如「比較這兩個物件的特性」，也有複雜多階段的程序，來支援有很多中間步驟的任務。舉例來說，你可能已經儲存了做煎餅的程序，或是給汽車換機油的程序，或寫一段條理分明文字的程序。

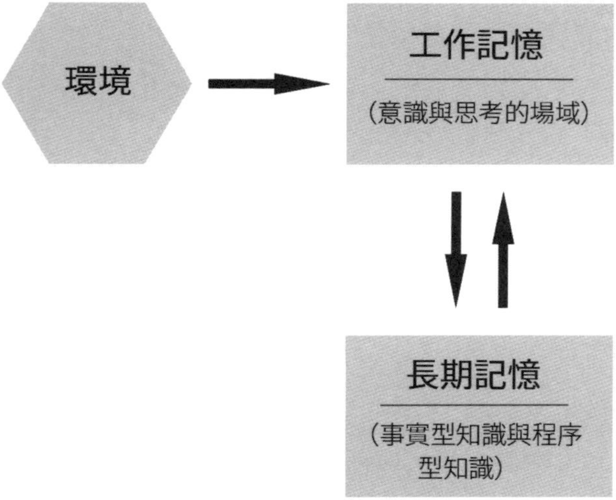

【圖10-1】史上最簡單心智模式之強勢回歸與告別演出。
出處：© Greg Culley

為了有效思考，我們需要工作記憶有足夠的空間，無奈工作記憶其實容量有限。我們也需要長期記憶中有適當的事實型與程序型知識。我們來想想看如何用此架構來看教學。

教學是一種認知技能

我向教師描述過認知心理學家如何談論工作記憶：他們認為

工作記憶是我們同時拋擲多個球的心理場域，如果一次試圖拋太多球，難免會有一、兩個球沒接到而落地。教師們的反應有志一同：「沒錯！那完全就是我上班的寫照。」研究也證實了這個強烈的直覺：教學非常耗費工作記憶。

同樣明顯的，事實型知識對教學也相當重要。許多觀察者強調教師應該要具備豐富的學科知識（意思是，想要教歷史，就該有豐富的歷史知識），而且似乎也有資料顯示，學養豐富的教師教出來的學生學到的東西更多，特別是在中學時期，尤其是數學課。還有一些重要性不亞於前者，但較少人知道的數據顯示，學科教學知識（pedagogical content knowledge）也很重要。也就是說，對教師而言，對代數瞭若指掌是不夠的，你還必須具備教代數的專門知識。學科教學知識可能包括能掌握一般學生對於斜率的概念知識，或是學生在做因式分解時常犯的錯誤，又或是熟知哪些類型的概念需要大量練習、哪些不需要。想想看，如果學科教學知識不重要的話，那任何一個會代數的人都可以教得好，但我們知道事實並非如此。

還有一事顯而易見，教師大量使用儲存在長期記憶中的程序。有些程序處理瑣事，比方說發考卷，或是每天早上帶領學生進行效忠宣誓，或是要學生輪流朗誦課文。這些已儲存的程序可能還要更複雜許多，比方說解釋函數極限的方法，或是處理學生在餐廳裡一觸即發的衝突。

那麼，如果教學也是種認知技能，你該如何將我所說的這些應用到自己的教學上呢？你該如何增加(1)工作記憶的空間；(2)相關的事實型知識；(3)相關的程序型知識？你或許還記得，第五章所根據的認知原則是沒有充分練習，腦力活動便不可能熟練自如。因此，要讓你的教學進步，最好的方法就是練習。

刻意練習的重要

到目前為止，我談到練習時都有點隨興。在前面的第五章，我甚至沒想要去定義練習是什麼；我當時認為你懂練習的意思是「反覆」，這樣的理解對於第五章已經差不多了。但現在還得更詳細。

的確有些事情是你可以只「反覆」去做就能得到「練習」的好處，通常是簡單的技術，例如鍵盤打字或記住基礎數學運算。但若是複雜的技術，你可能累積很多經驗——也就是說你一再重複某件事——卻沒有進步。舉例來說，我不覺得現在的我比十七歲時開車技術進步很多。現在的我開車經驗比十七歲時豐富許多，但在過去四十年期間，我並沒有努力提升駕駛技術。當年我剛開始駕駛汽車時，確實對於開車技巧做過一些努力，但經過大約五十小時的努力，我自認技巧已足夠，於是就不再精進（見圖10-2）。

【圖10-2】我開車經驗豐富，但是練習開車的時間相對稀少，因此這四十年來開車技術沒怎麼進步。出處：© Daniel Willingham

你可以理解為什麼有些教師一旦能把課上得不錯就不再力求進步了。確實有大量資料顯示，從學生學習來估量，教師在他們投身教職的最初五年會有大幅進步。但過了最初的五年後，就不太清楚情況究竟是如何了。這是頗為棘手的研究問題，因為測量進步有很多種方法，也有不同的統計技術可以選用，而且這些測量方法和統計技術都說得通。現在研究人員大多認為，教師在任教職的最初五年之後，仍會持續進步，但進步得比最初五年緩慢，而且進步的多寡在個別教師之間會有很大的差異。很可能有些教師不斷努力求進步，有些教師則一旦覺得自己還不錯就不再努力，還有很多教師是介於前述的兩者之間。

大家很容易憤憤不平地想：「每個人都應該不斷追求進步！」但是刻意練習並不容易，很費時，也需要大多教育體系並不提供的資源。但我有信心，既然你一路讀到這裡了，表示你已經準備好要下功夫了。所以我們就開始吧。

我剛才悄悄用了「刻意練習」一詞，這個詞有特定的含意，所以我們就從這一點開始談。刻意練習具有以下特點：（一）在你自知不擅長的技能上，挑一個細節，試著改進，要設定一個具體的目標，不要只是「變得擅長」這種模糊的目標；（二）在練習這項技能的過程中，你會獲得某人給你的反饋，而且此人對這項技能的知識不亞於你；（三）你會逼自己超越舒適區——會嘗試新事物；（四）你會發現刻意練習對於心理方面的要求頗高，老實說，這可不好玩；（五）你會參與能間接提升該技能的活動。①

刻意練習要如何用於教學呢？上述五個特徵之中有三個似乎很簡單明瞭：從你的教學上想要改進的部分，挑一個具體、明確的方面，努力以各種方式發揮創意、努力改進它，而且預期這個過程對心理方面要求頗高。刻意練習剩下的兩個特點——獲得反饋和使用間接方法來改進——這需要我做一些補充說明。

反饋有什麼特別要注意的嗎？當然，從學生臉部和肢體語言表達的專注或無聊，你可以不斷得到直接、即時的反饋。沒錯，你看得出課上得是好是壞，但這種反饋並不具指導性，不會讓你知道可以做什麼改變。此外，如果你是新手教師，你忽略的課堂細節可能比你想像中多。你忙著教，無暇觀察教室裡的狀況，當你身處課堂竭盡全力讓教學流暢之時，很難同時兼顧教學的情

【圖10-3】 大多數人將Scrabble拼字遊戲視為娛樂，但Scrabble競賽選手卻要努力訓練，有教練給他們反饋和指導。奈及利亞國家隊在過去五年的Scrabble拼字國際比賽中稱霸，贏得三座世界冠軍，他們把這一大成就歸功於教練。出處：© Getty Images/ Pius Utomi Ekpei

況！（會有這樣的麻煩又是工作記憶的緣故。）（見圖10-3）

給自己教學回饋也不管用，因為我們的立場不夠客觀。有些人缺乏自信，對自己過分嚴苛；有些人（其實是我們大部分人）以對自己有利的方式來詮釋他們的世界，社會心理學家稱之為自利偏差（self-serving bias ）。如果事情順利，是因為我們厲害又努力；如果事情不順利，是因為我們運氣不好，或因為別人出差錯（見圖10-4）。基於上述原因，透過他人的眼光看你的課堂，通常能得到更多訊息。

刻意練習除了需要回饋外，往往還意味著要投資時間於非目標任務上，因為從事這些活動可以提升目標任務的品質。舉例來說，各類型運動員會做重訓和心肺功能訓練來提升從事運動時的耐力（見圖10-5）。

簡言之，如果你想當個更好的教師，就不能妄想進步會隨

【圖10-4】 法國高中生得知畢業會考成績。老師經常發現，學生得知考試結果時會表現出自利偏差：考得好是因為自己很用功，而不是因為碰巧考的題目都是他們會回答的；要是考不好，都是因為問題有陷阱或不公平。出處：© Getty Images/Eric Feferberg

著教學經驗的逐年累積而自然且必然地發生。你必須進行刻意練習。當然，做到這些的方式有很多，此處我建議一種方法。

獲取及給予回饋的方法

我現在要提出的方法，根據的是另一個已經被證明為有效的方法（此方法研發於我任職的維吉尼亞大學）。但我做了一些更動，稱不上有什麼研究根據。這個方法足夠你用來入門，但我鼓

【圖10-5】西洋棋大師法比亞諾・卡魯阿納（Fabiano Caruana）為比賽做準備，包括跑步五英哩、打網球一小時、打籃球半小時、和游泳至少一小時。高階的西洋棋賽會造成心理壓力，選手很需要耐力。[1]出處：© Getty Images/Tristan Fewings

勵你將此方法當作試驗，找出對你自己最有效的方法。我也鼓勵你去仔細思考這類練習中，我認為必然重要的幾個特性。

首先，你必須至少找一位夥伴教師。我已經說過，別人能觀察到你自己上課時會忽略的事物，因為他不是當事人，所以可以更公正無偏見（當然，他的背景和經驗與你不同也有幫助）。再者，運動的人都知道，有個伴能讓你堅持下去，面對困難任務（見圖9-7）。第二，你必須有心理準備，著手改善教學對你的自尊來說將是個威脅。教學是很私人的事情，用放大鏡檢視（而且還邀請一個或多個人來觀課）是很可怕的。不要對這樣的顧慮不屑一顧（逞強地說「我可以承受！」），反而要按部就班地以切合實際的方法來面對。

第一步：找到你想合作的另一位（或兩位）夥伴教師

如果夥伴教師的科目和學生都與你的相似，當然最好。但更重要的是，你們彼此信任，你的夥伴也和你一樣認同且投入這個計畫。

第二步：上課錄影，獨自觀看

將上課過程錄影的好處多多。我之前也提過，你忙著教課時很難觀察課堂風景，但是你可以有空時看錄影，還可以重覆播放重要段落。可用來固定手機的三腳架手機座在網路上都買得到，價格也不高。

記得要寫通知書請學生帶回家，告知家長課堂有錄影，但影片純粹用在你的專業發展中，不會挪作他用，學年結束後影片也會刪除（應先與校長確認通知家長的相關事宜）。

將攝影機固定於腳架上，放在你認為能夠捕捉大部分教室風景的位置，一上課就開始錄影。前幾堂課的錄影大概會讓你瞭解一些操作流程的重要訊息。你可能無法錄下每一種類型的上課內容，比方說，你只有一臺攝影機，所以只能看到部分的教室。此外，聲音通常不容易錄清楚，所以喧鬧的討論課程錄下來的效果不會太好。如果你願意再多花些錢，可以考慮買一個能夾在手機上的廣角鏡頭，這樣你就可以錄到較大範圍的教室；也可以添加麥克風，在有回音的教室可以給你較佳的音效品質。可以上YouTube搜尋「如何自拍」（how to film yourself），就能學到很多有用的技巧。

我建議你先錄覺得上得特別流暢的課。要觀察自己（之後還要批評）不容易，所以先給自己一點好康沒關係。之後有的是時間讓你檢驗你懷疑自己的不足之處。

你心裡有個底，大概要花一、兩節課，學生才會習慣課堂錄影一事，不過這通常不是什麼大問題。同樣的，大概要看過幾次錄影檔，你才會習慣聽到自己的聲音、看到自己的動作。②

等到你把這些執行面都搞定，就能專注於內容上了。看錄影檔的同時請作筆記，但不要一開始就評斷自己的表現。先思考課堂上有什麼事情出乎你意料之外？你注意到學生有哪些表現是你之前不知道的？先花時間觀察，不要急著批評（見圖10-6）。

第三步：和夥伴教師一起觀看其他教師的上課錄影

一旦你習慣觀看自己的課堂錄影，就是把夥伴拉進來的時候了，但還不要看彼此的錄影。先看其他教師的錄影。你可以輕易在網路上找到許多課堂錄影。③

先看其他教師的錄影是有道理的，可以練習有益的觀察與評論，並且在無利害關係的情況下練習。此外，你還可以知道你和夥伴是否適合一起合作。

看錄影時要找什麼重點？只是坐下來像觀賞電影一樣看著老師和課堂，這不會有什麼成效，你應該先有具體的目標，例如觀察教室管理或教室氣氛。會放上網站的教學錄影大多有特定原因，所以很容易看出上傳的人覺得影片有意思的地方。

【圖10-6】積極的高爾夫球選手會幫自己錄影，想藉此瞭解自己的揮桿動作。一開始此舉看似古怪：他們難道不知道自己在做什麼嗎？令人驚訝的是，他們確實不知道。大家都以為自己對於揮桿動作駕輕就熟，但可能都做出了不良的弓背姿勢。出處：© Anne Carlyle Lindsay

假設你觀察的教師現在和你共處一室，想想看你會對他說什麼。總的來說，議課時給的意見應該具備下列兩種特性：

1. 意見應該是正向的：正向鼓勵不代表你就只能說好話，而是即使你持負面意見，出發點也是在鼓勵支持該教師。議課的重點不是在「挑錯」。正面意見應該多於負面意見。我知道這乍聽之下很迂腐，因為教師聽到正面評價時，心裡免不了會想：「他那麼說只是因為他知道應該說好話。」即使如此，正面意見讓授課教師知道自己做了很多正確的事情，而這些事情應該得到認可並強化。（如果你不太會正面陳述意見，可以在社交媒體上練習留言評論。）
2. 意見應該是具體的，而且要針對觀察到的行為，而非你推斷的特性：因此，不要說「她真的很會解釋事情」，而是說「她舉的第三個例子，真的讓學生明白那個觀念」。不要說「他的教室管理很糟糕」，而是說「我注意到當他要求學生坐下時，很多學生都沒聽進去」。

第四步：和夥伴教師觀看評論彼此的課堂錄影

在進入這個階段之前，你一定要覺得和夥伴一起觀看其他教師的課堂錄影十分自在才行。也就是說，你應該可以放心的說話，而且你應該感受到夥伴也知道該如何給予正面回應；換句話說，即使你的夥伴是針對你提出意見，而非影片中的教師，你也不會介意。對影片中其他教師發表意見的基本原則也適用於此：

正向、具體、針對特定行為。因為這個過程現在變成互動式，所以還有額外幾點要思考（見圖9-9）。

透過影片被觀課的教師應該訂出本次討論的目標。他應該描述希望夥伴這次觀察的重點。觀課者尊重這樣的要求是很重要的，即使觀課者在影片中看到他認為重要的問題也是一樣。如果你播放上課錄影，希望探究關於地方政府的一堂課如何能引起學生興趣，結果你的夥伴卻說：「老天，你的教室秩序管理有問題」，你一定會覺得遭到突襲，也不再有興致要繼續進行。

要是你的夥伴一直想處理枝微末節之事，但你發現他忽略了更大的問題呢？如果你和夥伴已經習慣課堂錄影，則那個問題改天自然會在別的討論當中浮現。你和夥伴也或許應考慮訂個規矩，比方說看過十次課堂錄影後，就跟對方建議有哪些該注意卻遺漏的地方。

最後一點。觀看夥伴教師的課是為了幫助他反思，思考他的教學。你只要客觀描述你見到的情況，對方沒開口問之前，不要主動建議別人該怎麼改進。不要表現得好像你最懂。如果夥伴想知道你會如何處理某個問題，他會主動問你，到時候你當然就該傾囊相授。但在人家主動問你之前，請繼續當個小心謹慎、正向支持的觀課者；不要搖身一變為救星，不管你對自己的好辦法多麼有信心。

第五步：回頭應用在班級裡，後續追蹤

給自己的課堂錄影是為了讓你更能掌握教室裡的情況，也用全新角度審視自己在做什麼、為什麼做，以及學生在做什麼、為什麼做。有了這層體悟，幾乎都會激起決心要做出改變。你可以嘗試以下方法：擬訂計畫，在某個課程單元裡做一件事，去處理你在意的問題。即使你想做的有三件事，也只先做一件就好。不要弄得太複雜，之後你有的是機會可以去做其他兩件事。當然，也要把這堂課錄下來，才能看到進行的狀況。別因為第一次不太順利而灰心。想想或許你只需要微調你的新策略或是多練習幾遍。

☆☆☆

我在此處所規劃的作法是深植於之前我講述過的認知原則。比方說，我在第一章強調，思考最大的限制就是工作記憶的容量，因此我才會建議課堂錄影，因為你實際上場教學時，很難同時針對教學進行深刻思考。而且，因為記憶是根據思考內容而來（第三章），我們不能期望之後會鉅細靡遺地記得課堂狀況；我們只記得課堂中我們有注意到的部分。在第六章裡，我說專家看世界的方式和新手不同，專家見到深層結構，而非表面結構，而

關鍵就在於專家在所屬領域有既深又廣的經驗。仔細觀察各類型的課堂，有助於你更快掌握課堂互動與氣氛；而仔細觀察你自己的課堂，會幫助你看出自己教學慣有的班級風景。

在第二章裡，我強調要有效解決問題，背景知識絕不能少。背景知識不只是學科知識，對教師來說，還有瞭解學生，瞭解學生如何和教師、和同儕、和教學內容互動。仔細觀察，特別是和另一位見多識廣的教師搭檔，是增加該類背景知識的好辦法。最後，第八章樂觀描述了人類能力，人類能力可以透過持續不斷的努力而改變。我們完全有理由相信教學也是如此。

有意識地求進步：自我管理

我說過，有意識地努力想要使你的教學進步，這是刻意練習一大重點，也聽起來是最容易實施的部分。你會說：「當然，我想進步。這是我讀這本書的原因。開始吧！」但通常沒那麼簡單。（見圖10-7）以下幾點建議或許幫得上忙。

第一，你不妨事先規劃時間給必要的額外工作。我在第一章指出，多數人多數時候都處於「自動駕駛」模式。我們會從記憶中提取過去做過的事，而不是時時刻刻都在考慮怎麼做最好，教學也不例外。一旦你累積了充足的經驗，想當然爾至少部分時間會進入「自動教學模式」。此事沒什麼不對，但是認真致力於提

【圖10-7】 下決心要做某件辛苦的事很容易，但要堅持下去卻很難。因此，一月份時健身房擠滿了認真下決心要在新的一年運動健身的人。但到了二月中旬，健身房就變成這樣空蕩蕩的。出處：© Getty Images/Jeff Greenberg

升教學，意味著你不會那麼常進入「自動教學」模式。這麼做很累，而且仔細思考你沒做的事情，以及你想做的事情相當耗費心神。你可能需要親朋好友的支持，可能在規劃休閒時間時必須謹慎一點。

你也會花更多時間在教學上。除了在家花時間改考卷、備課等等之外，現在你還得花比平常更多的時間看課堂錄影、審視自己在課堂上表現的好壞，並且計畫該怎麼改變現狀。如果你每週要多花五小時（或三小時，或一小時）在教學上，這些時間從何而來？家人和朋友能否在情感支持外，更實際地為你找出可自行運用的時間？倘若事先規劃出時間，就比較有可能真的實踐。

最後，記得你不需要一次就做到好。期望自己在一、兩年內就晉升「卓越」並不實際。因為你不是要一口氣就改變一切，你必須排出優先順序，決定哪個部分是當務之急，把心力放在具體可行的步驟上，按部就班往目標前進。

不積跬步，無以至千里

總結

從認知角度來看，你的心理當然與學生的一樣。就像學生一樣，你若想精通某事，就需要事實型知識、心理歷程和工作記憶容量。因此，前幾章裡提到以學生為對象的「課堂上的應用」，大多也適用於你，但在本章中，我詳細說明了一項：利用刻意練習。刻意練習要求有意識地想要進步、尋求反饋，並為了進步而從事特定的活動，即使這些活動並不直接有助於技能提升。我提出了一種練習方法，最主要是錄下自己的教學過程，然後與夥伴一起看錄下的影片。當你上課時，心思忙於教學而難以注意到某些方面，透過錄、看影片的過程，你就可以看到了；而你的夥伴也可以藉此給你新鮮的觀點。

課堂上的應用

毫無疑問，我所制定的計畫非常耗時。我完全可以想見有些教師心裡會想：「理想當然是如此，但是我要照顧小孩、照顧家庭，還要做那一百萬件應該做但沒做的事，我就是沒時間。」這點我絕對尊重，所以就從小地方開始吧。以下提供一些比較不費時的方法，讓你提升教學。

寫教學日誌

把教學預定流程以及你認為過程順利與否記錄下來。這節課基本上成功嗎？若不成功，你認為原因為何？每隔一陣子就花點時間讀過去的紀錄，看看有無出現固定模式，哪一類的課順利，哪一類不理想；看看哪些情況會讓你沮喪；看看教學的哪些時刻是支撐你走下去的動力等等。

很多人開始寫日誌後，發現很難堅持到底。我提供幾個訣竅，或許有幫助。第一，找出一天中可以書寫的時間，一定要是你可以持續的時間（比方說我是晨型人，所以我知道如果我打算睡前寫，一定不可能做到）。第二，盡量每天都寫點東西，即使只是「今天普普通通」這樣的內容。堅持每天拿出日記寫點東西，有助於形成習慣。第三，別忘了，這件事純粹是為了你。別擔心日誌的品質，沒寫很多也不用愧疚，即使幾天或幾週沒寫也不要苛求自己。如果你真的一段時間沒寫，不用去補，你不會記得之前的事，而且一想到要補那麼多會讓你想乾脆放棄。最後，誠實看待對自己的批評或讚賞，沒有理由不沉浸在值得你自豪的時刻裡。當然，你可能會發現教學日誌還有其他我沒提到的用

處。（見圖10-8）

和同事組成討論社群

找一群同事，每月或每半個月聚會一次。我建議用實體聚會，而不是線上會議，除非大家彼此都很熟。大家真正來到同一空間時，會更加投入，而且面對面會有較多的社交溝通線索，有助於大家認識和信任彼此。

這類社群至少有兩個目的。第一個目的是給予及獲得同事支持，提供教師機會發牢騷、分享成功經驗等等，目的在於讓教師感受自己不孤單，有人支援。第二個目的和前者有幾分相似，就是充當論壇，讓教師能提出自己所遭遇的問題，然後

【圖10-8】作家大衛・賽德瑞斯（David Sedaris）[2]談到寫日記：「其中大部分都是唉聲嘆氣，但三不五時就會有一些以後用得上東西：一則笑話、一段描述、一句名言等等。跟別人爭論想要贏，日記會是無價的助力。我可以和對方說：『你在1996年二月三日可不是這麼說的。』」。出處：© Getty Images/Ulrich Baumgarten

社群夥伴給予建議。一開始就界定社群的屬性是不錯的主意，看社群的功能是第一種、第二種，或是兩者皆有。如果大家對於社群的目的認定不同，就有可能會傷感情。如果你的社群非常目標導向，你也可以請成員讀專業期刊（如《American Educator》、《Educational Leadership》或《Phi Delta Kappan》）的文章，共同討論。

觀察你的班級

我說過，上課錄影的目的之一是：教學時你需要全神貫注，沒有剩餘的工作記憶容量來好好觀察學生；上課錄影，課後你就能像停在教室牆上的蒼蠅，仔細觀察自己的教學。

有另一個策略可以達到同樣的目的，就是由別的老師上課，而你來觀察學生。你親自上課時，或許可以在學生無需指導的時候進行一些觀察——請你務必試著這麼做—— 但你仍是負責課程進行的人，這必然會使你無法專注於觀察。因此，「客座教師」必須是你覺得能夠承擔課程進行之責的人。所以，可以考慮找一位能與你相互觀課的同事。請記住，這個練習沒有最低時間要求。

你的目標是觀察學生的行為。也許你可以要求客座教師進行以教師為中心的課程，這樣你就可以專心觀察班級裡的互動，看看哪些互動造成或沒有造成學生浮躁。也許你會想要仔細觀察那些安靜、不想引人注意的學生——他們在想什麼？還有班上比較活潑的學生呢？他們會因為客座教師而改變互動方式嗎？

如果同一位客座教師來上過幾次課而你的學生已經認識她，你可能會看到雙方的關係發展。你可以觀察：誰和客座教師交談的方式不同於和你交談時？誰展現了不同的肢體語言、不同的注意力模式？客座教師是否有和你截然不同的教學方法？你的學生對此有何反應？

或者，你可以請客座教師安排學生分組運作，讓你有機會觀察學生之間的關係。就像我對於上課錄影所給的建議一樣，我認為最好是進教室前就已經有所計畫，而不是像在電影院一樣只是輕鬆坐著觀看。

觀察陌生的孩子

你所教的那個年紀的學生為什麼會有某些行為？什麼事能引起他們的動機？他們之間怎麼溝通？他們熱中什麼事？學生在課堂上的樣子你大概很瞭解，但學生在課堂表現出的是真實的一面嗎？如果看到他們課堂之外自然地「做自己」，或觀察他們與另一群孩子相處的情形，會不會對你有幫助？

找個地方觀察和你學生同齡的孩子。想觀察學齡前幼兒就去公園；想觀察青少年，就去滑板公園或咖啡店。你可能得去別的社區，或甚至別的城鎮，因為如果你被認出來，這個練習就沒用了。[④] 純粹觀察小孩就好。不用有特定的計畫或目的，觀察就好了。一開始你可能會覺得無聊，你會想：「哎，這我都看過了呀。」但如果你持續觀察，真的好好觀察，你會開始注意到從來不曾注意過的事情。你會注意到更多社交互動的微妙之處、各種不同的性格、學生思考的方式。給自己一些時間和空間單純只是觀察，你會有重大的發現。

出奇制勝

我說過，刻意練習常包括一些不會直接有助於提升目標技能的活動，就像高爾夫球手為了增強體力和耐力而去舉重和慢跑。這個原則如何應用於教學呢？一個明顯的例子是提升你的學科核心知識——如果你教歷史，就多學習歷史知識。還有很多同樣明顯的例子：如果你在群眾面前說話會感到有點不自在，就去修演講課，或者如果你對科技缺乏自信，就去找線上教學資源，學習與學校使用的科技工具相關的知識。但我認為這個原則可以應用得更廣，而不僅是容易想到的情況。

幾年前，我遇到一位教師，她覺得自己在教室裡表現得不錯，但是不太能臨機應變。就算知道有機會可以讓課堂變得很有趣，她仍無法偏離既有的計畫。所以她修了即興戲劇的課程，讓自己更有勇氣可以把握當下、即時反應；她想讓自己認清：拋開計劃，事情仍能有好的結果。

如果你覺得自己創作的視覺輔助不夠生動，可以去學平面設計的相關知識。

如果你的背（或腿、或腳）因為站立太久而疼痛，可以先花錢買較好的鞋子。然後考慮去學瑜珈。（網路上可找到很不錯的免費瑜珈課程。）

如果你覺得你的教案內容有點緩慢且單調、需要增添一些精采和活力，可以去學舞台魔術表演，或許可以學到如何營造懸疑和化解謎團。

如果你覺得把教案編寫成故事（見第三章）是好方法，但你不太懂得故事結構，可以去修短篇小說寫作的課程。

如果你想讓學生更自主，但仍擔心無法管控班級，可以去學習領導技巧以及學習如何賦予責任。

當然，我還會建議大家都去修個認知心理學的課程！

問題與討論

1. 我在第四章中說明：理解抽象概念本身就困難，等到好不容易搞懂了，也再次看到也不容易認得出來，因為抽象概念可能以不同的表面結構出現。在第六章中，我說認得這些抽象概念的能力是專業的標誌之一。這些事實似乎直接指出了觀察課堂教學的重要性。例如，有的老師能知道學生的小組討論快要有所突破，或是知道哪個容易激動的學生快要發脾氣了，這都是經驗賦予老師的第六感。你是否能經常觀察其他老師？如果答案是「很少」或「完全沒有」，是因為有什麼阻礙嗎？既然已知觀察課堂教學有明顯的好處，你能否想出創新的方法來實踐觀課？

2. 我在「注解」部分提到：根據刻意練習最原始的說法，刻意練習適用的領域（例如學習拉小提琴），所需學習的技巧在順序方面是有普遍共識的。你認為老師們能否也制定類似的順序，即使很粗略也無妨？我給你個點子當作起點：第一年任教職的老師經常有個抱怨，就是他們過去的師資培育課程，在班級經營方面教導得並不夠。或許可以說：班級經營的技巧應該是教師技巧排序的第一位。你覺得呢？
3. 許多學校都有一、二個成效不彰的老師，他們完全沒有表現出任何想要求進步的樣子。大家心裡都知道誰是這樣的老師，也當然會為這種老師班上的學生感到惋惜，覺得學生這一年本來可以學習得更好。（其中感受最深的，莫過於這些學生明年的老師。）我在本章已清楚說過：求進步並不容易。怎麼做才能說服這些成效不彰的老師力求進步？他們會認為有什麼阻礙？

要如何消除或克服這些阻礙呢？

4. 在你的學校，第一年任教職的老師能夠得到多少指導？是否會對他們進行觀課？（我在此所說的觀課，是以改善新老師的教學為目的，而不是為了評量他們。）我可以想像是否要對新手老師進行觀課的正、反方論點。一方面，我們可能認為新手老師需要較多的觀課——既然要給他們指導，何不盡早呢？另一方面，在新手老師任教的第一年，上課都已經夠困難了，觀課只會給他們更大的壓力。你對此有何看法？相較於對經驗較豐富的老師進行觀課，對新手老師的觀課是否應該有所不同？

5. 在一些國家（尤其是美國），許多教師對專業發展有很多不滿，例如：主導專業發展課程的人不清楚現況，或是對有疑慮的事卻聲稱有研究證據支持等等。專業發展是本章的重點，通常只有一天的課程，大概像是：課程講師告訴受訓老師：「你們該做x、y、z……」說完就走了。這種課程有幾點缺失：（一）當你嘗試做x、y、z等事時，應該要有具備相關經驗的人從旁觀察並且給予指導；（二）應該要給你機會，讓你可以嘗試做x、y、z等事，並反思這些事對你的學生和教學有何意義。一個明顯的解決方法，就是把這兩點缺失納入專業發展課程裡。如果行不通，你和其他老師可以採取什麼措施來確保專業發展課程能提供實踐和反饋，不論是在課程期間或是課程之後的幾天乃至於幾週？

【參考書目】

大眾閱讀

1. 《原子習慣》（Atomic Habits）一書作者詹姆斯・克利爾（James Clear）在他的網站上有一份很實用的〈刻意練習初學者指南〉（Beginner's Guide to Deliberate Practice）。請搜索「James Clear deliberate practice」。

2. 有一支三分鐘影片很不錯，影片中迪倫・威廉（Dylan Wiliam）區分了「對人」（ego-involving）和「對事」（task-involving）的反饋。你和夥伴教師觀看彼此的教學錄影時，這會很有用。請上YouTube搜索「Dylan Wiliam: Feedback on Learnin」。

3. 「Deans for Impact」為非營利組織，致力於師資教育計畫（我曾與之合作），他們出版了一本非常有用的十四頁小手冊，內容是關於如何透過刻意練習來改進教學。請搜索「Deans for Impact Practice with Purpose」。

專業文獻

1. Early, D. M., Maxwell, K. L., Ponder, B. D., & Pan, Y. (2017). Improving teacher-child interactions: a randomized controlled trial of Making the Most of Classroom Interactions and My Teaching Partner professional development models. Early Childhood Research Quarterly, 38(1), 57–70. 這篇文章陳述了一項研究，指出「我的教學夥伴」（My Teaching Partner）能改善教學。「我的教學夥伴」要求教師錄下自己的教學過程並與專業訓練員討論錄影內容。我在本章中描述的方法就是根據「我的教學夥伴」的這項技巧。

2. Ericsson, K. A., & Harwell, K. (2019). Deliberate practice and proposed limits on the effects of practice on the acquisition of expert performance: why the original definition matters and recommendations for future research. Frontiers in Psychology, 10, 2396. 此為一份近期的綜述文章，內容檢視了刻意練習的相關文獻，作者正是最早指出刻意練習之特點的研究員。（我先給個警語：對於練習的效力，並非所有研究人員都與此文獻作者一樣抱持著那麼極端的觀點。）

3. Feldon, D. F. (2007). Cognitive load and classroom teaching: the double-edged sword of automaticity. Educational Psychologist, 42(3), 123–137. 本文檢視「自動模式」在教學上扮演的角色，以及其發展的正面影響與負面後果。

4. Keller, M. M., Neumann, K., & Fischer, H. E. (2017). The impact of physics teachers' pedagogical content knowledge and motivation on students' achievement and interest. Journal of Research in Science Teaching, 54(5), 586–614. 實際研究指出：教師的學科教學知識，會影響高中學生在科學課程的學業成就。在數學科也有類似的發現，請參看：Campbell, P. F., Nishio, M., Smith, T. M., et al. (2014). The relationship between teachers' mathematical content and pedagogical knowledge, teachers' perceptions, and student achievement. Journal for Research in Mathematics Education 45 (4): 419–459.

5. Mezulis, A. H., Abramson, L.Y., Hyde, J.S., & Hankin, B.L. (2004). Is there a universal positivity bias in attributions? A meta-analytic review of individual, developmental, and cultural differences in the self-serving attributional bias. Psychological Bulletin, 130,711–747. 此文獻綜合評述人類傾向以有利自己的方式解釋模稜兩可的事件。例如，若你的班級行為不佳，我可能覺得那都是因為你的教室經營不好，但若我的班級行為不佳，我會覺得那是因為學生本身就很壞。也因此，找個夥伴一起改進教學是非常有用的。

6. Papay, J. P., & Kraft, M. A. (2015). Productivity returns to experience in the teacher labor market: methodological challenges and new evidence on long-term career improvement. Journal of Public Economics, 130, 105–119. 在本書的第一版中，我引用了一些研究，指出教師在任教職的最初幾年在教學上能大幅進步，但過了這幾年後就沒有了。這篇文章（以及後來的其他文章）使用了更加複雜的分析技術，顯示教師進步的持續時間遠遠超過了最初幾年。

7. Schneider, M., & Preckel, F. (2017). Variables associated with achievement in higher education: a systematic review of meta-analyses. Psychological Bulletin, 143(6), 565–600. 過去一百年來，許多研究證實反饋對學習的重要性。此一研究檢視了成功的大學教師的共同特徵，並觀察到其中一個特徵就是有效地利用反饋。

注釋

①「刻意練習」理論是由安德斯・艾瑞克森（Anders Ericsson）提出的，在他的觀念中，刻意練習適用的領域，在訓練順序方面是專家們大致都有共識的。例如，如果你想學鋼琴或芭蕾舞，大家都同意應該先學什麼、接著又應該學什麼，依此類推。教學卻並非如此；大家對於專業教學應當如何都意見分歧，對於達成專業教學前的確切培訓計畫更沒有共識。話雖如此，我仍認為這四個原則受到普遍支持，且可用於增進教學實踐。

②家父在大約四十歲時開始禿頭，他後腦杓掉髮比較嚴重，從前面看起來不明顯。但到了五十五歲，他禿頭的面積已經變大了。當時他看到一張一群人的照片，他也在人群中，只是背對鏡頭。他指著自己說：「這位禿頭紳士是哪位啊？」由此可知觀看鏡頭下的自己並不容易。

③在本書的第一版中，我列舉了兩個很不錯的課堂教學影片資料庫。我準備寫這本第二版時，那兩個網站都已不再提供原本的功能；其中一

個現在是供人觀看線上電影的泰文網站。因此，我請各位讀者自行搜索。

④我朋友的太太教七年級。朋友告訴我，和太太在小市區散步簡直就像陪著名人出巡——大家都認識他太太，就連「很酷」的小孩都會和她打招呼，還會因為獲得回應而欣喜若狂。朋友提到他太太也很樂於利用她的權威。「她會一付老師的口吻，叫那些調皮搗蛋的小孩收斂一點，而他們總是乖乖聽話。」

結論

知名作家普萊斯（Reynolds Price）是1980年代初我就讀杜克大學時任教於該校的名人之一。他常跨著大步在校園裡走動，圍著一條厚實明亮的紅圍巾，似乎渾然不知自己是眾人注目的焦點。

我修普萊斯的創意寫作課時，他散發出令人生畏的氣息，這點頗符合學生對於藝術家的期待，他的舉止優雅自信，信手拈來都是他見過的名人軼事。我們對他不只是敬重，還很崇拜。儘管如此，他還是謙沖有禮，認真看待我們每一個人，雖然大概不太可能有人會比我們更看重自己。

有一次，普萊斯告訴我們，每位作家都應該假設讀者真正想做的事其實是丟下書本，然後打開電視，或是開罐啤酒，或是打高爾夫，你能想像我們聽了有多驚訝，他簡直就像在時尚派對上點燃一枚臭氣彈。看電視？喝啤酒？我們以為自己是為了很有品味的讀者而寫，為文青而寫；普萊斯怎麼會要我們迎合媚俗呢？學期中我才瞭解，他只是打開天窗說亮話：如果你寫的東西不有趣，怎麼會有人要讀？

幾年後，我用認知心理學而非文學的角度來檢視這些話。閱讀要動腦，確實會改變讀者的思考歷程，因此每一篇文章、每一首詩詞都是在提議：「讓我帶你踏上一段思想之旅，跟著我，相信我，或許路程有時崎嶇不平、陡峭難行，但我擔保這會是值回票價的冒險。」讀者可能會接受你的邀請，但決定過程不會在此就停止。每踏一步，讀者都有可能會認定路途太艱辛或風景太單調，於是選擇終止這段思想之旅。因此作家必須時時提醒自己，讀者是否覺得自己所花費的時間心力得到適度回饋。付出要是大於回饋，作家在這條路上獨行的可能性也會增加。

我認為這個比喻也適用於教學。教師試圖引導學生的思緒走入特定的路徑，或許繼續探索更寬廣的新領域。那對教師來說也可能是全新的國度，師生要一起踏上旅途。教師始終鼓勵學生繼續向前邁進，遇到障礙也不要灰心，利用過去旅程的經驗來鋪路，並欣賞沿路美麗的風景與給我們的驚奇。正如作者必須說服讀者不要把書丟下，教師也必須說服學生不要中止旅程。教學就是勸說的展現。①

那你怎麼勸說學生跟著你？你首先想到的可能是我們會跟隨我們尊敬、能啟發我們的人。確實如此，如果你獲得學生的敬重，學生便會注意聽，因為他們想討好你，也因為他們信任你；你認為哪些知識值得學習，學生也願意相信你。問題在於學生（和教師）對於自己的心智掌控能力有限。

雖然我們總以為自己能夠決定要注意什麼，我們的大腦卻有自己的主張和要求。比方說，你可能坐下來讀點什麼（就說是一份報告好了）你覺得會很無聊，但無論如何都想細讀的東西。儘管你本意如此，但你不由自主地會想起別的事情，眼睛只是掃過文字。相同地，我們大多遇到過這樣的老師：學生喜歡他，但覺得他不太有效率，上課沒有條理，甚至有點乏味，但是他人很好又認真。我在第一章說過，聽起來有趣的內容不保證會贏得注意力（我舉的例子是我七年級時的性教育課，還記得嗎？）不論學生原本是想瞭解知識，或是想取悅老師，都不能保證他們會專心在課堂上。

那教師該如何盡可能增加學生跟隨他的機會？我的另一位大學寫作教師說過一句話，間接回答了這個問題：「寫作絕大部分是在預測讀者的反應。」要在這趟思想旅程中好好引導讀者，你必須知道每一個句子會帶他們往哪裡去。讀者會覺得有趣、困惑、詩情畫意，還是難受呢？影響讀者反應的不只是你寫的內容，還有讀者是誰。「教學就像寫作」這樣簡單的句子，聽在幼兒園教師和店員的耳裡所引發的想法截然不同。要能預測讀者的反應，你必須瞭解他的個性、品味、偏見以及背景知識。我們都聽過「知己知彼」這樣的建議，我的教授解釋了為什麼寫作是如此，我相信教學也是如此。

因此，為了確保學生跟隨你，你必須讓他們有興趣；為了確保他們有興趣，你必須預測他們的反應；為了預測他們的反應，你必須瞭解他們。若要總結本書的內容，那就非「瞭解學生」莫屬了。這條準則聽起來不就是bubbe心理學嗎？如果你沒意識到你應該瞭解學生（我確定你知道啦），那連你阿嬤都能告訴你這個道理。認知科學可不可以再高明一點啊？

認知科學可以提供的是進一步的闡述和補充。學生的有些事情你應該瞭解，其他事情則可以安然地忽略。瞭解之後，有些行動你必須採取，有些行動看似合理，卻會有反效果。表C-1整理了本書各章的認知原則、有效運用原則所需的知識類型，以及我認為最重要的課堂啟示。

認知科學家對於大腦的認識，當然不只這十個原則。我選了這十個原則，是因為它們符合以下四個條件：

1. 正如本書前言所述，這些原則古今適用，放諸四海皆準，不管那個人是在實驗室或教室，單獨一人或身處群體。大腦很複雜，所以大腦的特性隨著環境內容經常改變。這十個原則始終適用。
2. 每個原則都根據大量資料而來，非僅是一、兩個研究的結論。如果這些原則有絲毫差錯，也都與事實相去不遠。我不認為十年之內會有新的資料推翻結論，讓我還得為這本書寫第三版或刪除某些章節。
3. 用不用上述原則對於學生表現會有很大的影響。認知科學家知道許多其他關於大腦的事情可以應用在課堂上，但是

【表c-1】本書討論的十大認知原則、有效運用原則所需的知識，以及每條原則最重要的啟示。

章	認知原則	關於學生的必備知識	最重要的課堂啟示
1	人天生好奇，但並非天生善於思考。	什麼事情超乎我學生的理解與能力?	把要學習的教材看作答案，花必要的時間對學生解釋問題。
2	要先有事實型知識，才能培養能力。	我的學生知道什麼?	若缺乏某主題的相關事實型知識，就不可能有效思考該主題。
3	記憶是思考的殘餘物。	課程當中學生會想到什麼?	每份教案的最佳檢測指標就是「這會讓學生思考什麼?」
4	我們在已知事物的架構下理解新事物。	學生有哪些先備知識可以作為理解新內容的立足點?	務必將深層知識當作你的目標，不管是明說還是暗指，但也承認要先有表層知識。
5	熟練自如需要充分練習。	我該怎麼讓學生練習而不無聊?	仔細思考學生要精通哪些內容，安排分散時間練習。
6	訓練初期的認知能力和後期的認知能力截然不同。	我的學生和專家之間有何不同?	努力讓學生有深刻理解，而非創造新知識。
7	孩子在學習與思考方面的相似點比不同處多。	學生的學習風格為何不重要?	思考課程的內容，而非學生差異，來決定教學方式。
8	智能可以透過不斷努力來改善。	我的學生對智能的看法是什麼?	談論成功或失敗時，要用努力而非能力的角度來衡量。
9	科技改變一切……但非你想的一樣（科技沒改變你的思考方式）。	科技對於複雜認知所造成的改變難以預測。	別以為你能預料在課堂中使用新科技會有什麼成果。
10	教學和所有複雜的認知技能一樣，一定要練習才能進步。	我的教學的哪些部分對學生有效，哪些需要改善?	求進步需要的不只是經驗，還要有意識的努力與回饋。

應用那些原則效用不大，所以不清楚值不值得為此花費精力。

4. 在確定納入原則之前，我必須有十足把握大家知道可以怎麼應用。舉例來說，「注意力是學習的必要條件」雖然符合上述三點，卻不符合這一點，因為該原則並未提供教師任何實質建議，去進行教師原本不知道可以做的事。

我說過，這些原則確實有用，但這麼說不代表應用這些原則很容易。（「只要施展我的祕招，你就能搖身一變為優良教師！」）表C-1列出的所有原則都得經過良好判斷才能發揮作用，任何一個原則都有可能用過頭或扭曲變形。如果認知科學不能提供強而有力的處方，那在教育實務上又能扮演什麼角色呢？

注釋

①我相信普萊斯也會同意他的建議亦適用於教學。他後來也有寫過關於教學的文字：「如果你的方法只能傳達給專心的學生，那你要嘛就是想出新法子，要嘛就自認失敗。」Feasting of the heart. New York: Scribners, 81.

詞彙表

抽象知識（Abstract knowledge）：此種知識適用於許多情況，且論及此種知識時，不需依賴任何特定情況。「類別」通常就屬於抽象知識；例如，定義「狗」的概念時，不需依賴特定哪一隻狗。解題方法也可能是抽象知識，例如：會解「長除法」題型的知識，不需依賴用來當被除數的特定數字。

不假思索、自動化（Automatic/Automaticity）：若某一心理歷程成為自動化，就不太需要占去注意力的資源。若環境中有合適的觸發物，自動化就有可能發生，即使你並非刻意這麼做。

自動駕駛（Autopilot）：此為日常用語，而非專業術語，指的是一種感覺，好像自己在做什麼複雜的事，卻沒必要動腦思考。開車是一個好例子；你停等紅燈、轉彎時打方向燈、換車道時察看後視鏡等等，做這些動作幾乎不需要動腦思考。

背景知識（Background knowledge）：對於世事的認識。背景知識可以是任何主題——知道天空是藍色的、知道聖馬利諾（San Marino）靠近亞得里亞海等。閱讀理解和批判思考都需要相關主題的背景知識。

意義組塊（Chunking）：結合多個較小的知識單位的過程，例如，將英文字母「b」、「e」和「d」組合成單一知識單位「bed」（床）。意義組塊是一個重要的方法，可以避開工作記憶的空間限制。請注意，意義組塊需要從長期記憶提取資訊；例如，要看到字母「b」、「e」和「d」並認得此三字母可以組成單字「bed」（床），先決條件是在長期記憶中已經知道「bed」這個單字。

認知能力（Cognitive ability）：某些思考類型方面的能力或成就。基本上是指你能否將某件事做好，例如用文字思考或用數字思考。與「認知風格」形成對比。

認知風格（Cognitive style）：以特定方式思考的成見或傾向，例如用文字思考或用視覺型的心智圖像思考。基本上是指你較偏好如何做某事。各種認知風格之間並無優劣之別，但一般認為：相較於被迫使用非偏好的認知風格，若使用自己偏好的認知風格會有較好的思考成果。

具體知識（Concrete knowledge）：相對於抽象知識，具體知識是對於特定事物的知識。例如你可能學到某幾個特定個體稱為「狗」，所以你知道那幾個特定個體是狗——但若你的記憶裡沒有「狗」的抽象概念，會因此而無法識別出一隻未曾見過的「狗」。

確認偏誤（Confirmation bias）： 是指人相信某事時，遇到模稜兩可的證據時，會無意識地將其解釋為符合自己的信念；搜尋證據時，找到的證據也都證明自己信念，而不是反駁自己信念的證據。

考前填鴨（Cramming）：將所有的練習（或讀書）都安排在快要考試前。

提示（Cue）：能引發記憶的環境事物或念頭。

深層知識（Deep knowledge）：是一種知識類型，特點在於：有深刻的理解，知道具體的例子，也知道深刻理解和實例如何搭配。擁有深層知識的人可以將其知識延伸到新的例子，也可以思考假設性的「如果……會怎麼樣」的問題。深層知識與機械式學習和淺層知識形成對比。

刻意練習（Deliberate practice）：刻意練習時，需要選擇某件複雜任務中的一小部分作為求進步的目標，需要尋求他人對自己表現的反饋，並需要嘗試新事物以求進步。我們已知刻意練習很費心力，因為刻意練習時需要非常專注。

數位移民（Digital immigrant）：是指成長過程中沒有大量使用數位設備的人，也就是出生於1980年代中期之前的人。有人提出數位移民使用數位設備時會感到不自在，就像非母語人士講話那樣。此外，還有人提出持續使用數位設備真的會改變認知歷程和認知偏誤。與數位原住民形成對比。

數位原住民（Digital native）：是指成長過程中經常使用數位設備的人。「數位原住民」一詞在2001年時被廣泛使用，用以指稱出生於1980年代中期或之後的人。數位原住民經常使用數位設備，因此有人認為他們不僅使用數位設備時如魚得水，而且也擁有不同的思考方式。與數位移民形成對比。

折現率（Discount rate）：在近期未來的某物件或經驗所被賦予的價值，相對於其在遠期未來的價值。相較於遠期未來才得到的回饋，若回饋相同但可在近期未來就獲得，則後者會較有價值。回饋的價值會隨著時間過去而陡降，而且對於年紀愈小的人，價值陡降的速度就愈快。折現率也稱為延宕折扣（delay discounting）、時間折扣（temporal discounting）、時間折現（time discounting）或時間偏好（time preference）。

分散練習（Distributed practice）：將讀書時段或練習時段間隔開來的方法。在分散的兩段讀書時間之間若能睡眠，可達到分散練習的最佳效果。分散練習與「間隔練習」（spaced practice）同義，與「考前填鴨」（cramming）相對。

固定型思維模式（Fixed mindset）：認為天賦（包括智能）大多受

基因遺傳影響，也認為遺傳賦予個人在任何領域的任何天賦，個人大致上是無力改變的。

弗林效應（Flynn effect）：是指以一國之中有代表性的人口樣本為對象，量測出在一段時間內平均智商有顯著的增加。在許多國家都觀察到這樣的智商增加。這一點很重要，因為國家的基因庫不會改變得如此快速，所以無法用基因來解釋智商的增加。因此，弗林效應證明了環境對智力有重大影響力。

四年級落後群（Fourth-grade slump）：據觀察，此一現象發生於低收入家庭兒童的閱讀成就。這些孩童在三、四年級前能達到同年級的閱讀水平，但在那之後，他們就突然落後同儕。這種現象發生的時間，正是閱讀測驗從原本大半著重於解碼字義（顯然適用於低年級）轉變為對理解有較高的要求，因為大多數孩子到此時已很擅長解碼字義了。有閱讀理解問題的低收入家庭孩子比例較高，因為他們在家獲得事實型知識的機會較少。

綜合智能（g，general intelligence）：綜合智能不是特定的認知心理學術語。綜合智能其實是一個數據模式，指出的事實是：幾乎所有心智能力的評量表現都有相關性。在不同的評量當中，相關性也不完全相同，但必然是正相關，這被解讀為存在著一種綜合智能，廣泛影響了各種心智能力。

恆毅力（Grit）：是指對長期目標的熱情和堅持。有些人說到教育方面的恆毅力時，想到的只是堅持，卻忘了熱情——對所學的事物應該要滿懷熱情！

成長型思維模式（Growth mindset）：認為可以藉由努力、有效的策略和有益的反饋來開發天賦（包括智能）。與固定型思維模式（fixed mindset）形成對比。

全基因組關聯分析（genome-wide association study, GWAS）。這些研究尋找基因區域和特徵之間的關係，包括行為特徵。GWAS 不同於舊有的技術，因為可以同時檢查所有基因區域，而不需依據某些假設選擇檢查一小部分的基因組。

智能（Intelligence）：心理學家大多有共識，認為智能是指有能力理解複雜的概念、使用不同形式的推理、利用思考克服障礙、以及從經驗中學習。

學習風格（Learning style）：參看「cognitive style」（認知風格）。

長期記憶（Long-term memory）：有如大腦的倉庫，用以存放事實型知識以及程序記憶（如何做事）。資訊不易進入長期記憶，但一旦進入，就會留在長期記憶中，可能永久保存。

後設認知（Metacognition）：對於「思考」的思索，可能包含思考階段性的計畫來解決問題，或者想起以前有人教過你某個策略是關於遇到難懂的文章時該怎麼辦，或者決定如何準備小考。

記憶術（Mnemonic）：可指任一種記憶技巧，特別有助於記得某些本身不具意義的內容。

多元智能（Multiple intelligences）：霍華德·加德納（Howard Gardner）提出的智能理論，指出有八種大致獨立的智能。心理學家大多同意智能有許多面向（也就是說，智能並非單指一件事），但不同意加德納提出的智能列表。

多工（Multitasking）：一般認為多工是指「同時做兩件事」，但當我們自以為同時進行兩件事時，其實是在兩件事之間快速切換。

過度學習（Overlearning）：是指好像已經掌握某些內容或技能，但依然繼續練習或學習。過度學習似乎不會讓人更進步，但持續的練習可以防止遺忘。

學科教學知識（Pedagogical content knowledge）：教師不僅要知道教材內容，更要有「如何教學」的相關知識。例如拼字的內容知識是單字的拼寫，而拼字的學科教學知識則包括：知道如何幫學生記住拼字、知道學生會覺得哪類字容易或困難、知道某些好方法可以評量學生的拼寫知識等。

練習（Practice）：是指重複做某事，但不包含某些構成「刻意練習」的要素。

程序性記憶（Procedural memory）：關於如何做某事的記憶，例如鍋子在爐上滾溢時該如何處理，或者在紙本地圖上要如何找到兩點之間的最佳路線等。

機械式學習（Rote knowledge）：是指記得卻不甚理解或全無理解的事物，例如，孩子們學唱國歌時，其實只是記得歌詞的文字而已。與淺層知識和深層知識形成對比。

自利偏差（Self-serving bias）：是指一種心理傾向，認為好事發生是因為自己的優點（品格、能力或努力），而壞事發生則是因為外部因素（例如，運氣不佳或別人的能力差）。

淺層知識（Shallow knowledge）：淺層知識是知道內容意義的——意思是，學生對內容意義有所理解，但仍很有限。淺層知識的理解是具體的事物，且僅限於少數的實例。與機械式學習和深層知識形成對比。

社會認同（Social proof）：是指人的一種傾向，會因為別人相信某事所以自己也跟著相信。這似乎很愚蠢，但我們無法遇到每一件事時都評估其證據才決定是否採信，因此，我們認識的人若大多都相信某事為真，我們通常就會願意接受該事的確為真。

間隔（Spacing）：將讀書時段或練習時段分散開來的方法。在分散的兩段讀書時間之間若能睡眠，可達到間隔的最佳效果。間隔與「分散練習」（distributed practice）同義，與「考前填鴨」（cramming）相對。

故事（Stories）：故事具有以下特徵：內容包含鮮明的人物，與單一人物或多個人物相關的核心衝突驅使著故事事件的發生，人物努力解決衝突時會使情況更加複雜，而且故事中的事件彼此因果相關。待學習的內容若能以故事結構呈現，就會比較容易記憶。

知識移轉（Transfer）：成功將既有知識應用於新遭遇的問題。

工作記憶（Working memory）：是指一種心智空間，用以暫時保存資訊，也是思考的集結區。一般認為工作記憶與「意識」同義。工作記憶的空間有限，感到困惑的常見原因之一就是工作記憶的負荷過大。

引用書目

第一章

1. Roitfeld, C. (2016). Icons: In bed with Kim and Kanye. *Harper's Bazaar* (28 July). https://www.harpersbazaar.com/fashion/photography/a16784/kanye-west-kim-kardashian-interview/ (accessed 24 July 2020).
2. Duncker, K. (1945). On problem-solving. *Psychological Monographs* 5: 113.
3. Townsend, D. J., and Bever, T. G. (2001). *Sentence Comprehension: The Integration of Habits and Rules,* 2. Cambridge, MA: MIT Press.
4. Simon, H. A. *Sciences of the Artificial*, 3e, 94. Cambridge, MA: MIT Press.
5. Aristotle. (2009). *The Nicomachean Ethics* (trans. D. Ross; ed. L. Brown), 137. Oxford, UK: Oxford University Press.

第二章

1. In Everett's preface to his English translation of Deschanel, A. P. (1898). *Elementary Treatise on Natural Philosophy*. New York: Appleton.
2. Virginia Department of Education. Released Tests and Item Sets. http://www.doe.virginia.gov/testing/sol/released_tests/index.shtml (accessed 17 July 2020).
3. Yip, K.Y., Ho, K. O., Yu, K.Y., et al. (2019). Measuring magnetic field texture in correlated electron systems under extreme conditions. *Science* 366(6471): 1355-1359.
4. Melville, H. (1902; 1851) *Moby-Dick,* 135. New York: Scribners.
5. Recht, D. R. and Leslie, L. (1988). Effect of prior knowledge on good and poor readers' memory of text. *Journal of Educational Psychology* 80: 16–20.
6. Bransford, J. D., and Johnson, M. K. (1972). Contextual prerequisites for understanding: some investigations of comprehension and recall. *Journal of Verbal Learning and Verbal Behavior* 11: 717–726.
7. Wason, P. C. (1968). Reasoning about a rule. *Quarterly Journal of Experimental Psychology* 20: 273–281.

8. Griggs, R. A., and Cox, J. R. (1982). The elusive thematic-materials effect in Wason's selection task. *British Journal of Psychology* 73: 407–420.
9. Van Overschelde, J. P., and Healy, A. F. (2001). Learning of nondomain facts in high- and low-knowledge domains. *Journal of Experimental Psychology: Learning, Memory, and Cognition* 27: 1160–1171.
10. Bischoff-Grethe, A., Goedert, K. M., Willingham, D. T., and Grafton, S. T. (2004). Neural substrates of response-based sequence learning using fMRI. *Journal of Cognitive Neuroscience* 16: 127–138.
11. Willingham, D. T., and Lovette, G. (2014). Can reading comprehension be taught? *Teachers College Record* www.tcrecord.org, ID Number: 17701.

第三章

1. I'm not trying to be funny. College student really do remember jokes and asides best. Kintsch, W., and Bates, E. Recognition memory for statements from a classroom lecture. *Journal of Experimental Psychology: Human Learning and Memory* 3: 150–159.
2. Dinges, D. F., Whitehouse, W. G., Orne, E. C., et al. (1992). Evaluating hypnotic memory enhancement (hypermnesia and reminiscence) using multitrial forced recall. *Journal of Experimental Psychology: Learning, Memory, and Cognition* 18: 1139–1147.
3. Nickerson, R. S., and Adams, M. J. (1979). Long-term memory for a common object. *Cognitive Psychology* 11: 287–307.
4. Hyde, T. S., and Jenkins, J. J. (1973). Recall for words as a function of semantic, graphic, and syntactic orienting tasks. *Journal of Verbal Learning and Verbal Behavior* 12: 471–480.
5. Barclay, J. R., Bransford, J. D., Franks, J. J., et al. (1974). Comprehension and semantic flexibility. *Journal of Verbal Learning and Verbal Behavior* 13: 471–481.
6. Allyn, B. (2020, 23 January). Fidget spinners, packing, note-taking: staying awake in the senate chamber. *National Public Radio*. https://www.npr.org/2020/01/23/799071421/fidget-spinners-pacing-note-taking-staying-awake-in-the-senate-chamber (accessed 17 July 2020).

第四章

1. Searle, J. (1980). Minds, brains and programs. *Behavioral and Brain Sciences 3*: 417–457.
2. Gick, M. L., and Holyoak, K. J. (1980). Analogical problem solving. *Cognitive Psychology 12*: 306–355.
3. Thorndike, E. L. (1923). The influence of first-year Latin upon ability to read English. *School and Society 17*: 165–168.

第五章

1. Rosinski, R. R., Golinkoff, R. M., and Kukish, K. S. (1975). Automatic semantic processing in a picture-word interference task. *Child Development* 46 (1): 247–253.
2. Willingham, D. T. (2017). *The Reading Mind: A Cognitive Approach to Understanding How the Mind Reads*. San Francisco, CA: Jossey-Bass.
3. Whitehead, A. N. (1911). *An Introduction to Mathematics*, 61. New York: Holt.
4. Ellis, J. A., Semb, G. B., and Cole, B. (1998). Very long-term memory for information taught in school. *Contemporary Educational Psychology* 23: 419–433.
5. Bahrick, H. P., and Hall, L. K. (1991). Lifetime maintenance of high school mathematics content. *Journal of Experimental Psychology: General* 120: 20–33.
6. Green, E. A., Rao, J. M., and Rothschild, D. (2019). A sharp test of the portability of expertise. *Management Science* 65 (6): 2820–2831.

第六章

1. Kaplow, L. (Writer), and O'Fallon, P. (Director). (2004, November 23). Paternity [television broadcast]. House, MD. (D. Shore and B. Singer, Executive producers). New York: Fox.
2. Chase, W. G., and Simon, H. A. (1973). Perception in chess. *Cognitive Psychology* 4: 55–81.
3. Chi, M. T. H., Feltovich, P. J., and Glaser, R. (1981). Categorization and representation of physics problems by experts and novices. *Cognitive Science* 5: 121–152.
4. Chi, Feltovich, & Glaser (1981), 146.
5. https://www.carnegiehall.org/Visit/Carnegie-Hall-FAQs (accessed 19 July 2020).
6. Ericsson, K. A., Krampe, R. T., and Tesch-Römer, C. (1993). The role of deliberate practice in the acquisition of expert performance. *Psychological Review* 100: 363–400.
7. Simon, H., and Chase, W. (1973). Skill in chess. *American Scientist* 61: 394–403.
8. Celebrating Jazz Pianist Hank Jones. (2005, June 20). Interview on Fresh Air. http://www.npr.org/templates/story/story.php?storyId=4710791 (accessed 29 July 2020)
9. Salzman, M. (1987). *Iron and Silk*, 98. New York: Knopf.
10. Cronbach, L. J. (1954). *Educational Psychology*, 14. New York: Harcourt, Brace.
11. Emerson, R. W. (1883). *Works of Ralph Waldo Emerson*, 478. London: Routledge.

第七章

1. Kraemer, D. J., Rosenberg, L. M., and Thompson-Schill, S. L. (2009). The neural correlates of visual and verbal cognitive styles. *Journal of Neuroscience* 29 (12): 3792–3798.

2. Tolstoy, L. N. (1899). *What Is Art?*, 124 (trans. A. Maud). New York: Thomas Crowell.
3. Wilson, E. O. (2013). *Letters to a Young Scientist*, 33. New York: Norton.
4. Mineo, L. (2018). "The greatest gift you can have is a good education, one that isn't strictly professional." *Harvard Gazette* (9 May). https://news.harvard.edu/gazette/story/2018/05/harvard-scholar-howard-gardner-reflects-on-his-life-and-work/ (accessed 19 July 2020).
5. Armstrong, T. (2000). *Multiple Intelligences in the Classroom*, 2e. Alexandria, VA: Association for Supervision and Curriculum Development.
6. Gardner, H. (2013). Howard Gardner: Multiple intelligences are not learning styles. *Washington Post* (16 October) https://www.washingtonpost.com/news/answer-sheet/wp/2013/10/16/howard-gardner-multiple-intelligences-are-not-learning-styles/ (accessed 21 August 2020).

第八章

1. Kovacs, K., and Conway, A. R. (2019). What is IQ? Life beyond "general intelligence". *Current Directions in Psychological Science* 28 (2): 189–194.
2. Zushi, Y. (2017). In praise of Keanu Reeves, the nicest of meatheads. *New Statesman* (24 February). https://www.newstatesman.com/culture/film/2017/02/praise-keanu-reeves-nicest-meatheads (accessed 19 July 2020).
3. Savage, J.E., Jansen, P.R., Stringer, S., et al. (2018). Genome-wide association meta-analysis in 269,867 individuals identifies new genetic and functional links to intelligence. *Nature Genetics* 50: 912–919.
4. Selzam, S., Ritchie, S. J., Pingault, J. B., et al. (2019). Comparing within- and between-family polygenic score prediction. *American Journal of Human Genetics* 105 (2): 351–363.
5. Dickens, W.T. (2008). Cognitive ability. In: *The New Palgrave Dictionary of Economics* (ed. Palgrave Macmillan). London: Palgrave Macmillan. doi: https://doi.org/10.1057/978-1-349-95121-5 (accessed 13 July 2020).
6. Duyme, M., Dumaret, A., and Tomkiewicz, S. (1999). How can we boost IQs of "dull" children? A late adoption study. *Proceedings of the National Academy of Sciences* 96: 8790–8794.
7. Nisbett, R. E., Aronson, J., Blair, C., et al. (2012). Intelligence: new findings and theoretical developments. *American Psychologist* 67 (2): 130–159.
8. Flynn, J. R. (1987). Massive IQ gains in 14 nations: what IQ tests really measure. *Psychological Bulletin* 101: 171–191.
9. Blackwell, L. S., Trzesniewski, K. H., and Dweck, C. S. (2007). Implicit theories of intelligence predict achievement across an adolescent transition: a longitudinal study and an intervention. *Child Development* 78 (1): 246–263.
10. Organisation for Economic Cooperation and Development. (2019). *PISA 2018 Results (Volume III): What School Life Means for Students' Lives, PISA*. Paris: OECD Publishing. doi: https://doi.org/10.1787/acd78851-en (accessed 19 July 2020). See also Sisk, V. F., Burgoyne, A. P., Sun, J., et al. (2018).

To what extent and under which circumstances are growth mind-sets important to academic achievement? Two meta-analyses. *Psychological Science* 29 (4): 549–571.
11. Yeager, D. S. Hanselman, P., Walton, G. M., et al. (2019). A national experiment reveals where a growth mindset improves achievement. *Nature* 573 (7774): 364-369.
12. Rege, M., Hanselman, P., Solli, I. F., et al. (accepted for publication). How can we inspire nations of learners? Investigating growth mindset and challenge-seeking in two countries. *American Psychologist.*
13. Yeager, D., Walton, G., and Cohen, G. L. (2013). Addressing achievement gaps with psychological interventions. *Phi Delta Kappan* 94 (5): 62–65.
14. Sisk, V. F., Burgoyne, A. P., Sun, J., et al. (2018). To what extent and under which circumstances are growth mind-sets important to academic achievement? Two meta-analyses. *Psychological Science* 29 (4): 549–571.
15. Dweck, C. (2015). Carol Dweck revisits the growth mindset. *Education Week* 35 (5): 20–24.

第九章

1. Prensky, M. (2001). Digital natives, digital immigrants. *On the Horizon* 9(5): 1–6.
2. Kennedy, G., Judd, T., Churchward, A., and Gray, K. (2008). First year students' experiences with technology: are they really digital natives? *Australasian Journal of Educational Technology.* 24(1): 108–122.
3. Valtonen, T., Pontinen, S., Kukkonen, J., et al. (2011). Confronting the technological pedagogical knowledge of Finnish Net Generation student teachers. *Technology, Pedagogy and Education* 20(1): 3–18.
4. Rideout, V., and Robb, M. B. (2019). *The Common Sense census: Media use by tweens and teens, 2019.* San Francisco, CA: Common Sense Media. https://www.commonsensemedia.org/sites/default/files/uploads/research/2019-census-8-to-18-key-findings-updated.pdf (accessed 19 July 2020).
5. Rogers, R. D., and Monsell, S. (1995). Costs of a predictable switch between simple cognitive tasks. *Journal of Experimental Psychology: General* 124(2): 207–231.
6. Warschauer, M. (2005). Going one-to-one. *Educational Leadership* 63(4): 34–38.
7. Yau, J.C., and Reich, S.M. (2017). Are the qualities of adolescents' offline friendships present in digital interactions? *Adolescent Research Review* 3: 339–355.
8. Singer, N. (2017). How Google conquered the American classroom. *New York Times* (May 14): p. A1.
9. Twenge, J.M. 2017. *IGen.* New York: Simon and Schuster.
10. Iyengar, S. (2018). US trends in arts attendance and literary reading: 2002–2017. National Endowment for the Arts. https://www.arts.gov/impact/research/publications/us-trends-arts-attendance-and-literary-reading-2002-2017 (accessed 19 July 2020).

11. Scholastic. (2019). *Kids and family reading report*, 7e. https://www.scholastic.com/readingreport (accessed 19 July 2020).
12. Twenge, J.M. (2017). *IGen*. New York: Simon and Schuster.
13. Data for the American Time Use Survey are available from the Bureau of Labor Statistics, https://www.bls.gov/tus/ (accessed 19 July 2020).
14. Casey, B. J. (2019). Arrested development or adaptive? The adolescent and self control. Kavli Keynote address presented at the International Convention of Psychological Science. Paris, France (7 March). https://www.youtube.com/watch?v=1xCmPwXxyvA&feature=emb_logo (accessed 19 July 2020).

第十章

1. Kumar, A. (2020). The grandmaster diet: How to lose weight while barely moving. https://www.espn.com/espn/story/_/id/27593253/why-grandmasters-magnus-carlsen-fabiano-caruana-lose-weight-playing-chess (accessed 27 July 2020).
2. New Yorker (2009). Ask the Author Live: David Sedaris. (14 August). https://www.newyorker.com/books/ask-the-author/ask-the-author-live-david-sedaris (accessed 28 July 2020).

久石文化事業有限公司

讀者回函卡

Better Living Through Reading

請沿虛線裁下裝訂寄回，謝謝！

親愛的讀者，謝謝您購買這本書！這一張回函是專為您、作者及本社搭建的橋樑，我們將參考您的意見，出版更多的好書，並提供您相關的書訊、活動以及優惠特價。請您把此回函傳真（02-25374409）或郵寄給我們，謝謝！

您的個人基本資料

姓　名：__________ 性　別：______ 出生日期：________年____月

地　址：______________________________

E-mail：____________________ 電話：__________

學　歷：□高中以下　□高中　□專科與大學　□研究所以上

職　業：□1.學生　□2.公教人員　□3.服務業　□4.製造業　□5.大眾傳播　□6.金融業　□7.資訊業　□8.自由業　□9.退休人士　□10.其他

您對本書的評價

您購買的書的書名：**學生為什麼不喜歡上學？（全新增訂版）** 書號：L052

得知本書方法：□書店　□電子媒體　□報紙雜誌　□廣播節目　□DM　□新聞廣告　□他人推薦　□其他__________

購買本書方式：□連鎖書店　□一般書店　□網路購書　□郵局劃撥　□其他__________

內　　容：□很不錯　□滿意　□還好　□有待改進

版面編排：□很不錯　□滿意　□還好　□有待改進

封面設計：□很不錯　□滿意　□還好　□有待改進

本書價格：□偏低　□合理　□偏高

對本書的綜合建議：______________________________

____

您喜歡閱讀那一類型的書籍（可複選）

□商業理財　□文學小說　□自我勵志　□人文藝術　□科普漫遊

□學習新知　□心靈養生　□生活風格　□親子共享　□其他____

您要給本社的建議：______________________________

____

裝訂口

請貼
郵票

久石文化事業有限公司　收

104 臺北市南京東路一段25號十樓之四
電話：02-25372498

請沿虛線對折後裝訂寄回，謝謝！

LONGSTONE PUBLISHING